# 博物馆管理与藏品保护研究

辛亚勤　张玉静　◎著

中国华侨出版社

·北京·

图书在版编目（CIP）数据

博物馆管理与藏品保护研究 / 辛亚勤，张玉静著
. -- 北京 ：中国华侨出版社，2023.3
ISBN 978-7-5113-8882-7

Ⅰ．①博… Ⅱ．①辛… ②张… Ⅲ．①文物－藏品保
管(博物馆)－研究 Ⅳ．①G264.2

中国版本图书馆CIP数据核字(2022)第160081号

## 博物馆管理与藏品保护研究

著　　者：辛亚勤 张玉静
责任编辑：高文喆
封面设计：北京万瑞铭图文化传媒有限公司
经　　销：新华书店
开　　本：787毫米×1092毫米　1/16开　印张：17　字数：260千字
印　　刷：北京天正元印务有限公司
版　　次：2023年 3 月第 1 版
印　　次：2023年 3 月第 1 次印刷
书　　号：ISBN 978-7-5113-8882-7
定　　价：68.00元

中国华侨出版社 北京市朝阳区西坝河东里 77 号楼底商 5 号　　邮编：100028
发行部：(010)69363410　　　传　真：(010)69363410
网　址：www.oveaschin.com　 E-mail：oveaschin@sina.com

如发现印装质量问题，影响阅读，请与印刷厂联系调换。

# 前言

博物馆是一个为社会及其发展服务的、面向公众开放的非营利性常设机构，以教育、研究、欣赏为目的，收藏、保护、研究并展出人类活动和自然环境的见证物。博物馆是一个征集、收藏和陈列人类文化遗产和相关实物的永久的文化教育机构，在博物馆里，那些有着历史、科学或艺术价值的物品被进行分类和展示，为社会公众提供知识，对社会公众进行教育。

博物馆的管理的意义不仅要保护好文物，更要吃透文物，认识文物的价值和意义，奠定学术研究的基础，为观众与文物的沟通造就合理的机制和平台。文物藏品是博物馆开展科研的物质基础，学术研究是文物再生的空气和阳光。开展学术研究就是一个不断学习、不断思考、不断总结、不断创新的过程，也就是馆藏文物充分进行"光合作用"的过程，不历经这一过程，文物的社会效应就难以发挥出来。

博物馆的藏品涉及领域比较多，大部分在文化、历史方面，而且具有比较高的价值，也是人类历史、文化发展遗留的瑰宝，它展示了人类发展进程中的历史、文化、科学等。从博物馆角度来看，博物馆藏品的管理与保护不仅有很强的历史价值，对博物馆未来的可持续发展有重大影响。因此，如何在实现对博物馆藏品进行保护的前提下最大限度地利用其收藏价值，就成为博物馆收藏管理者必须研究的问题。明确管理保护，合理利用藏品价值，是博物馆藏品保护和利用过程的关键所在。基于此，本书从博物馆学与博物馆的基础理论出发，对博物馆的藏品管理、展览管理、质量管理、环境管理等作详细阐述，最后对博物馆各类藏品的保护进行探索与研究。本书可作为全国博物馆专业学习人员和博物馆工作人员的参考阅读。

# 目录

# 第一章 中国博物馆学理论体系发展趋势

## 第一节 中国博物馆学理论体系的基本特点

在博物馆学人的共同努力下，中国的博物馆学在普通博物馆学、应用博物馆学、专门博物馆学三方面都取得了许多成果，并正在不断丰富和完善着这一学科的理论体系。但对一门学科来说，百年的发展时间并不算长，况且与博物馆事业发展相伴随的中国博物馆学，在这百年里又几经社会变革影响，因此与其他学科相比，在学术理论和学术方法上不免存在一些薄弱之处。

从中国博物馆学理论体系结构与内容来看，各分支学科的发展呈现不均衡态势，专门博物馆学领域不断扩大，应用博物馆学发展迅速，而普通博物馆学发展则相对薄弱。在中国博物馆学理论体系的三个主要组成部分中，有关应用博物馆学和专门博物馆学的著述数量明显居多，且呈上升趋势；而对普通博物馆学研究，尤其是在博物馆学的基础理论方面，研究成果较少。由于应用博物馆学和专门博物馆学与博物馆工作实践联系密切，比较易于入门，又是广大博物馆工作者所必须掌握的，因此开展的研究也较为广泛；而在普通博物馆学中，相对于博物馆学基础理论来说，大众对博物馆这一事物更具熟知性，关于博物馆的基本理论较易被理解和运用，相对而言形成了博物馆学基础理论研究显得最为薄弱的状况。

从长久看来，普通博物馆学的薄弱，对博物馆学理论体系的影响主要有两方面：一是使博物馆学自身学科地位难以提高；二是由于缺乏普通博物馆学的指导，应用博物馆学和专门博物馆学难以深入。由于其他理论与博物馆工作具有直接的密切性，更为博物馆界所关注，客观上造成了这种"避虚务实"的研究局面，对此应从两方面分析：一方面它说明了目前在博物馆学范畴内的论述，容易停留在实际操作的层面，往往局限于感性经验之谈，以至难以上升到理论和理性的高度；另一方面也应看到，经历这样一个阶段对中国博物馆学来说也是正常和必要的，从博物馆学的自身产生和发展来说，最初也是先基于在应用博物馆学发展基础之上，普通博物馆学再逐渐发展起来的，没有应用博物馆学和专门博物馆学的积累和沉淀，普通博物馆学的深度和高度都难以达到，因此不能轻易地否定这种状况。但这个积累阶段达到一定程度，必须上升到更高的理论层次，否则就会影响到博物馆学科的整体发展，因此今后的课题应在如何向普通博物馆学再深入方面进行必要的探讨，使博物馆学基础理论有更多突破。

在从传统博物馆学向现代博物馆学的转化过程中，博物馆学理论体系受到自身和外界各种因素的影响，其结构与内容都必然发生变化，致力于与国际接轨并具有自身特色的中国博物馆学理论体系正越来越成熟。现代社会给博物馆带来的直接变化就是新的理念和新的技术，博物馆不再被简单地视为一种社会机构，它被作为一种有目的的文化现象来加以重新审视，博物馆文化正逐步形成一种理念和行为模式，博物馆的观念也发生了根本变化，立足之本从"物"转向"人"，它的功能从为观众服务向为社会和社会发展服务延伸，面对博物馆与全球化、博物馆与文化遗产、博物馆与环境、博物馆与社区、博物馆与经济等与社会发展密切相关的新课题，博物馆学研究领域出现了许多新内容。同时相关学科的理论成果也促进了博物馆学领域内交叉学科、边缘学科的产生，冲击着博物馆学原有的理论体系框架。正因如此，博物馆学研究者在与国际接轨中更应提高理论观察和分析能力，在博物馆实践中发现和总结自身特色，积极利用各种有利因素，克服消极影响，在现代社会发展趋势下完善自身建设。在目前良好的国际、国内环境下，中国博物馆学理论体系正呈现着前所未有的快速发展势头。

中国的博物馆学理论体系虽然尚不完善，但发展趋势是极为有利的，积极的因素越来越多，消极的因素越来越少，博物馆界普遍提升了对博物馆学的关注和研究，但还有许多需要加强的方面，对此有以下几点建议。

**一、加强博物馆学综合研究**

在目前的中国博物馆学会之下，藏品保管、陈列艺术、社会教育、地质博物馆、博物馆数字化、名人故居纪念馆、民族博物馆、服装博物馆、钱币与银行博物馆、美术馆、高校博物馆等专业委员会纷纷成立；在博物馆内各部门分工上，保管部、陈列部、群工部也是各司其职。基于这种局面，形成了博物馆学术会议专门领域探讨多、综合领域探讨少；博物馆学著作论文集多、专著少的现象，而且能够融会贯通博物馆学各领域的博物馆学专家也是屈指可数。因此中国博物馆学作为学术领导和组织机构，可以多举办综合性专题研讨会，在学术期刊上集中展开一些综合性专题探讨，使中国博物馆学向纵深发展。

## 二、加强博物馆学高层次人才的培养

博物馆学作为一门学科，不仅需要博物馆一般工作者的讲演总结和升华，而且需要众多学科理论建设研究者，中国博物馆学要实现与国际接轨，就要了解自我，了解世界。中国自改革开放之后，大批人才被派出留学，但在博物馆学领域深造的极少。要掌握和领会西方博物馆学理论精髓，短期的访问和参观是不可能做到的。在目前中国的博物馆学研究中，论述中国博物馆学各类课题和介绍翻译西方博物馆学内容的居多，直接研究西方博物馆学的则很少，这种状况得不到改善，就难以实现与国际接轨的目标。

## 三、加强博物馆学学科地位

对于博物馆学的学科地位一直提升不上去的原因，有很多不同看法：有的认为是博物馆学没有独立的方法论，有的认为博物馆学缺乏深厚的理论支撑，有的认为是博物馆学与实践相脱节，等等。其实原因是多方面的，博物馆学研究者应从自身做起，加强学科意识。博物馆学论文的规范性问题已是老生常谈，一个作者在其他领域发表论文讲究学术规范，而在博物馆学领域发表论文就不遵守，表现出博物馆学研究者自身对博物馆学学科地位的轻视。一般在与博物馆学高等教育同设置在一起的历史学、考古学等领域，都很少有这种命题的学术讨论会，如果这种课题的讨论会过多，就会引起其他学科对博物馆学科的偏见。自身的轻视，再加上外部的偏见，会使中国博物馆学的发展进程受到影响。尽管目前由于受中国博物馆实践的制约，中国的博物馆学理论体系仍不成熟，但在中国各学科加速进步的良好学术环境下，博物馆学研究也要立于高处，从学术规范、学术课题等方面有整体提高。

## 第二节 影响中国博物馆学理论体系发展的内外因素

在中国博物馆学理论体系百年发展及未来趋势中，受到的影响是多方面的，其中既有内在因素，又有外在因素。这些因素相互作用，推动或阻碍着博物馆学的发展状况。

### 一、内在因素

所谓内在因素，主要是由博物馆学自身的学科特点所决定的。同外在因素相比，这些特点对于博物馆学理论体系构建及发展具有更为深远影响。

分析来看，博物馆学自身的学科特点有四种倾向：

（一）博物馆学的理论水平与博物馆实践积累密切相关

博物馆学本身就是在博物馆实践中形成和发展起来的，博物馆学的理论水平与博物馆实践积累密切相关，二者之间的关系是相互促进、相互制约的。博物馆实践越丰富，直接产生的应用博物馆学必然得到相应发展，建立在应用博物馆学基础之上的普通博物馆学才能达到一定深度，循序渐进，推动着博物馆学的整体水平无限上升。博物馆实践相对薄弱，使得以博物馆为研究对象的博物馆学在很长时间内都没有得到长足的发展，但这一状况随着中国博物馆事业的发展已有很大改观。

（二）博物馆工作中一般直接需要的是操作性强的应用博物馆学

在博物馆实际工作中，往往直接需要的是操作性强的应用博物馆学。中国的博物馆学与一般社会科学不同，它虽然被划分在历史学科之下，但它与历史学、考古学却很不一样，其理论要求具有很强的实践操作性，与图书馆学、档案学相比较有一些共同之处。长期以来，博物馆界一直偏重于与博物馆业务工作有关的应用理论研究，如博物馆藏品学、陈列学、教育学、管理学等，这些都直接来源于实践经验的积累，而且博物馆的日常运转也离不开这些理论的运用和指导；反之，对博物馆的特征、性质、功能等以及博物馆学的研究对象、学科性质、内容与结构等基础理论的研究则相对淡薄。在博物馆工作中，即使对博物馆学的基础理论没有深入研究，只具备一般性了解，也可以将博物馆应用理论运用自如；反之，即使对博物馆学基础理论研究水平再高，如果没有掌握博物馆应用理论，就无法做好博物馆工作。正因如此，在博物馆实际工作中，应用理论显得更为重要，往往为博物馆工作所直接需要，操作性强，不懂得这些必需的应用理论就无法开展博物馆工作，掌握这些应用理论的水平越高，博物馆工作完成得就越出色。

（三）博物馆学科理论指导博物馆无限广泛的实践活动的局限性

在博物馆的工作中，除需要掌握博物馆学基础和应用理论之外，为发挥博物馆传播知识的教育职能和加强博物馆各项任务，各类博物馆都还要承担各种科研任务，这些科研工作在博物馆内所占分量甚至超越对博物馆学的研究。

不容否认的是，这些存在于博物馆内的高水平科学研究往往处于博物馆学理论指导范围之外，博物馆的"博"注定了博物馆涉及内容的包罗万象，博物馆学的理论所能运用的范围既不是单纯的"物"，也不是单纯的"馆"，而是一种如何能将"物"和"馆"做到最佳组合的学问。对单纯的"馆"进行研究属于建筑学领域，对单纯的"物"及其相关背景进行研究都是与其相应的博物馆工作所必需的，但并不属于博物馆学的研究内容，历史类、科技类、民族类博物馆等都有各自不同的"物"，对这些不同种类的"物"单纯进行研究，内容分属于历史考古、科学技术、民族民俗等多门专业领域，也都不属于博物馆学领域。只有将"物"和"馆"二者结合研究，如何更好地使"馆"收藏"物"和使"物"展示于"馆"，才是博物馆学的研究领域。正因如此，与博物馆无限广泛的实践活动相比，博物馆学科理论的指导性显然有着很大的局限性。

二、外在因素

影响中国博物馆学发展的外在因素有许多，有国内的，也有国外的，主要有国内社会环境和学术环境、与国外博物馆学的交流等。

（一）国内社会环境

博物馆学是与博物馆实践相辅相成的，博物馆作为社会文化机构，其发展受社会环境影响较大，这种影响自然要波及博物馆学的发展，社会环境的影响又可分为行政影响和经济影响，这两种影响对博物馆学的发展具有不同的作用。而这两种影响又可体现在宏观和微观两大方面。

## 1.宏观方面

行政影响过大，必然弱化博物馆学对实践的指导作用；而且博物馆的实践模式单一，致使博物馆学应用理论不发达，造成基础理论空谈、假繁荣的现象；经济影响过大，博物馆的实践就会越复杂，博物馆学研究面临的课题也更多，应用博物馆学发展速度较快，对基础理论研究需求更高。社会环境的影响是博物馆学自身所不能左右的，它们对博物馆学既有积极的影响，也有消极的影响，博物馆学研究要善于处理行政影响和经济影响之间的关系，使应用理论和基础理论形成良性的相互促进，使自身不断发展。

另外，从博物馆学的研究内容来看，社会的发展还会带来许多新的研究课题，在本书的理论体系梳理中可以看到，有关当今社会变革和体制转换的博物馆管理学探讨最多，格外受博物馆界关注。从中国目前社会体制改革的整体环境看，对此的研究仍将是今后一段时期内博物馆学研究的主要内容。博物馆学研究虽然不能摆脱社会环境的外界影响，却可以积极面对它们，首先自身要尽量避免用过多政治术语阐释学术观点，其次理论积蓄要深厚，博物馆学研究基础越是坚实，抗外界干扰的能力就越强，从而实现与社会的和谐共进。

## 2.微观方面

行政的影响也很明显，国家文物局以及各级管理部门对博物馆学的重视和指导是非常关键的，中国博物馆学会虽属于群众性、非营利性的学术团体，但其业务主管单位是国家文物局，管理机关是中华人民共和国民政部，在工作方式上或多或少也带有一些行政特点。组织学术会议、创办学术刊物、有关学术课题立项、开展对外学术访问等一系列重要活动，都要依赖于他们的引领和指导，对博物馆学的研究推动具有至关重要的影响。经济的影响更为直白，经济是上层建筑的基础，没有资金投入，连研究资料都无力购买，何谈研究。现在有许多博物馆用于购买图书资料及刊物订阅的经费都很紧张，科研条件简陋，已严重影响到业务人员开展博物馆学研究的积极性。但随着中国经济实力的大幅提高，这方面将会得到根本性好转。

### （二）国内学术环境

任何学科的产生和发展都不可能是完全独立的，学科的含义是指知识体系或学术分类，学科的分类是由各学科之间的内在联系和外在不同所造成的。在博物馆学领域内，也存在着与其他相关学科之间千丝万缕的联系，任何时代的博物馆学研究水平都要受当时学术环境的制约，这种学术环境是由自身研究条件和相关学科的发展水平等多方面构成的。

同样，中国博物馆学目前的发展必然与当今学术环境相关联。

首先，当代社会的知识结构整体已发生了深刻变化，各学科之间不断渗透，相互整合，借助于相关学科的理论成果，在博物馆学理论体系内部又形成了众多分支学科，博物馆传播学、博物馆信息学、博物馆伦理学、博物馆公共关系学、博物馆市场学（营销学）、博物馆心理学、博物馆生态学、博物馆馆统计学等，都丰富和扩充着现有博物馆学的内容与结构，没有这些相关学科的支持，是不可能形成这些分支学科的；而且当代中国的自然科学和社会科学研究水平越来越高，给博物馆学的发展带来了深刻的影响，不仅扩大了博物馆学的学术领域，而且提升了博物馆学的理论深度。

其次，博物馆学的自身研究条件也在不断提高，各种期刊著作大量涌现，开设博物馆学教育的高等院校越来越多，教育层次也从本科、硕士提高到博士，研究课题的投入也越来越大，学术探讨氛围更加浓厚，这些都极大地促进了对博物馆的理论性研究。

## 第三节 中国博物馆学理论体系发展趋势分析

中国目前的博物馆实践、社会环境、学术环境以及国际环境对于中国博物馆学理论体系发展有利的因素越来越多，中国博物馆学理论体系正在逐渐完善，内容也更加丰富。随着时代与社会的不断变化，当代博物馆快速发展，博物馆的新理念、新职能、新技术、新类型相继出现，中国的博物馆学理论体系也在逐渐扩充。

因此，从传统博物馆学向现代博物馆学的转化，创立与国际接轨的具有中国特色的博物馆学科体系，也成为中国博物馆学理论体系今后发展的主要趋势。

### 一、从传统博物馆学向现代博物馆学的转化

现代博物馆学是指随着时代发展，当博物馆出现了新的博物馆物质、新的博物馆职能、新的博物馆技术、新的博物馆形态等现象后，需要用新的

概念、新的范畴、新的方法构成博物馆理论的新体系。"传统"与"现代"是相对的、动态的，社会在不断发展，任何时代的传统与现代都是并存的、相互渗透与交融的，但当今社会的发展速度是以往任何时代所没有的，经济全球化、政治多极化、文化多元化已成为发展的大趋势，文化越来越成为一个国家综合国力的重要组成部分，人们的思想发生根本转变以及现代科学技术的应用，对当代博物馆产生了巨大影响，直接导致了与博物馆实践相适应的博物馆学理论体系发生了根本性变化。在普通博物馆学领域内，关于博物馆研究对象、博物馆及博物馆学定义、博物馆职能、博物馆类型等概念及命题都需要重新进行解释；在应用博物馆学领域，新兴的博物馆藏品管理的信息化、博物馆陈列的高科技动态化、博物馆教育的社会化、博物馆管理的现代化、博物馆建筑的智能化等内容都极为丰富；在专门博物馆学领域，各种多样化、专业化的新兴博物馆更是层出不穷，大大扩展了这一领域。

现代博物馆学建立于传统博物馆学基础之上，一门学科的发展是动态的，博物馆学既要随着博物馆实践而发展，又要吸取其他学科的理论成果来壮大，现代博物馆学正在不断推进自身学科体系的建立和完善。现代博物馆学对于博物馆的建设具有五个方面的传统作用：① 作为一种清晰的博物馆思想和实践的知识库；② 提供统一的博物馆工作原则；③ 为政府文化资源管理政策的制定提供基础概念；④ 为博物馆专业人员的培训提供基本课程；⑤ 为科学研究提供理论上的参照系。此外还应担负起汲取现代科学技术知识运用于博物馆，促进博物馆与社会、自然、人之间的和谐共进这两大作用。这些作用对博物馆学理论水准要求不断升高，推动着现代博物馆学的创立与深入。

从传统博物馆学向现代博物馆学的转化，并不是简单的内容扩充，还要随之完善清晰其体系结构。在学科内容急剧增加的过程中，学科理论必然会更加复杂，交叉学科数量也在增加，原有的分支领域相互渗透，使旧有的体系框架产生了模糊和错位，特别是在应用博物馆学领域内，博物馆管理学的范畴呈现出越来越广的趋势，不仅需运用行政和经济两大杠杆，而且要充分运用这两门学科的原理和概念，如果细化研究，博物馆管理学还可以涉及甚至涵盖博物馆藏品、展览、教育、建筑、安全等几乎博物馆所有工作项目。虽然在当前的理论体系研究中它还是与博物馆藏品管理学、博物馆陈列学、博物馆教育学、博物馆建筑学等相并列，但从博物馆管理学的发展趋势来看，它的体系内容和结构还会有许多变化，这也应是现代博物馆学的一个重要研究内容。因此对现代博物馆学的理论体系要适时予以梳理和研究，将该分离的领域进行分离，将该合并的领域合并，以便随时了解学术趋向，确立一个科学规范、完整清晰的学科体系，彻底完成从传统博物馆学到现代博物馆学的转换。

### 二、创立与国际接轨的具有中国特色的博物馆学科体系

中国博物馆学理论体系的发展趋势，今后将致力于两大目标：一是与世界博物馆学理论体系接轨；二是形成中国的特色。

这两大目标之间是把普遍性与特殊性相结合，对此我们要有正确认识。在博物馆学理论体系当中，主要是由普通博物馆学、应用博物馆学、专门博物馆学三部分组成，在中国目前的普通博物馆学中，博物馆定义、博物馆物、博物馆与非物质文化遗产等内容都是在与世界博物馆学交流中展开探讨的，而应用博物馆学领域更多的是针对中国具体的博物馆实践的理论总结和探索。前者更能体现出博物馆学的学科作用，中国的博物馆学在世界博物馆学理论体系之下，在普通博物馆学方面，二者必然向普遍一致的趋势接轨；而由于各国博物馆实践的不同，在应用博物馆学方面，中国博物馆学则体现出很多特殊性，博物馆学作为一门社会科学，在不同国家中理论内容会有所不同，这是必然的，也是可理解的。

正因如此，中国博物馆学理论体系的未来发展，必须使两大目标和谐共进，不可偏废。不与世界博物馆学接轨，中国的普通博物馆学就难以达到学科高度，所体现的特色也将是落后的特色；而只是做到与世界博物馆学接轨，没有自己的特色，不从中国的博物馆实践出发，将会导致照抄照搬，应用博物馆学理论与中国实际相脱节，根本就不会实现真正的接轨。只有这两大目标共同实现，才会使中国博物馆学理论体系更加完善，内容也更为丰富。

中国的文化背景和政治体制与西方不同，在博物馆的管理理念和管理方式上有很大差别，从中国国情来看，我们的博物馆管理体制是与中国国情相符合的，博物馆作为社会公益机构，得到国家的财政和人员保障，可以有更多精力投入发挥博物馆作用上，在这方面相比西方许多博物馆面临的资金紧张还好一些。当然，存在的问题也很严重。例如，宏观规划不尽合理，国

家、省市级大馆有规模过大、投入过多的倾向，县级小馆却勉强维持；微观管理上，工作人员缺乏危机感，不能正确处理经济利益与社会效益的关系，职业道德亟待加强。正因如此，需要博物馆管理学在博物馆发展战略、博物馆体制改革等方面总结现有经验和不足，运用行政管理学、经济管理学双重杠杆探讨出适合中国博物馆的发展之路。只有这样，中国的博物馆学才能真正指导中国博物馆实践，从而建立起符合中国国情的有中国特色的博物馆学理论体系。

# 第二章 博物馆的基本理论

## 第一节 博物馆的含义

今天我们汉语中所使用的"博物馆"一词是近代才由英语"Museum"翻译而来的。而包括英语、法语、德语、意大利语、西班牙语在内的大部分西方语言，甚至俄语中的"博物馆"一词则全都来源于希腊语"Mouseion"。1683 年，世界上第一座现代意义的博物馆——阿什莫尔艺术和考古博物馆建成开放并正式使用"Museum"命名。自此，"Museum"遂成为博物馆的固定称谓，并一直沿用至今。

### 一、博物馆的定义

我们现在所能看到的较早的关于现代博物馆的定义可能产生于 17 世纪下半叶。在阿什莫尔与赫斯特关于特拉德斯干收藏归属问题的诉讼中，可以看到当时的法院将博物馆定义为：一个"贮存和收藏各种自然、科学与文学珍品或趣物或艺术品的场所"。由此可见，虽然博物馆在当时已经被看作为了保护藏品的安全而专门营造的建筑，却没有包含对藏品的测定、陈列和研究。因此，可以说，那时对博物馆的理解依然停留在与传统珍品收藏所相等同的层面上。

这种定义显然无法反映自那以后，特别是近代以来博物馆翻天覆地的变化。20 世纪以来，博物馆不仅在各国的社会生活中发挥着日益重要的作用，而且其发展也已逐渐成为国际性事务，尤其是博物馆学和国际博物馆协会产生之后，各国博物馆学者们更是对博物馆的定义提出了迫切的要求，希望就此达成国际范围内的共识。因为如果没有一个科学、合理、准确、全面的博物馆定义，现代博物馆间的交流、合作以及博物馆学的教学和研究都很难进行。可是，人们在探索博物馆定义的实践中才慢慢发现，由于博物馆形态的多样性、职能的多重性、区域性文化特征与意识形态的差异性以及博物馆内涵与外延的历史性变化等原因，恰当定义博物馆实在是困难重重。即便如此，长久以来，许多国家的博物馆组织和学者依然努力不懈，在结合本国国情和博物馆实践的基础上，提出了不少颇有见地的博物馆定义。我国现在普遍采取的博物馆定义是 1961 年文化学院文物博物馆干部学习班所编《博物馆工作概论》中的表述：博物馆是"文物和标本的主要收藏机构，宣传教育机构和科学研究机构，是我国社会主义科学文化事业的重要组成部分"。虽然这些博物馆定义没有得到国际博物馆学界的普遍认可，但它们都为本国博物馆事业的发展起到了积极的指导和推动作用，并为日后世界通用博物馆定义的形成提供了有益的借鉴。

博物馆是为社会及其发展服务的非营利的永久机构，并向大众开放。它为研究、教育、欣赏之目的征集、保护、研究、传播并展示人类及人类环境的见证物。

博物馆之上述定义应不受任何主管机构、地方特征、职能机构或有关机构收藏方针等因素的限制而予以适用。

除被指定为"博物馆"的机构外，为特定之目的，以下具有博物馆资格：

① 从事征集、保护并传播人类及人类环境物证、具有博物馆性质的自然、考古及人类学的历史古迹与遗址；

② 收藏并陈列动物、植物活体标本的机构，如植物园、动物园、水族馆和人工生态园；

③ 科学中心及天文馆；

④ 图书馆及档案中心常设的保护机构和展览厅；

⑤ 自然保护区；

⑥ 执行委员会经征求咨询委员会意见后认为其具有博物馆的部分或全部特征，或通过博物馆学的研究、教育或培训，能够支持博物馆及博物馆专业工作人员的此类其他机构。①

与以往的博物馆定义相比，上述定义不仅更重视博物馆与社会的关系，强调博物馆要为社会及其发展服务，反映出了博物馆的社会参与性，而且更

① 上述国际博物馆协会对博物馆的定义均译自国际博物馆协会官方网站:Develop-ment of the Museum Definition according to ICOM Statutes (2007 – 1946), htlp:!l icom. muse-um/hist__def__eng.html。

加关注社会公众与博物馆的关系，强调要向大众开放，反映出了博物馆与观众的互动性。同时，随着博物馆事业在全球的发展，它也体现了博物馆外延的变化，将具有博物馆性质的设施和机构都接纳为自己的伙伴。

## 二、对博物馆定义的理解

### （一）关于"非营利"机构

博物馆定义中的"非营利"机构可以从机构性质和实际运作两个角度加以理解。

从机构性质的角度而言，"非营利"机构是博物馆的法律身份，强调的是博物馆的基本性质。一方面，"非营利"机构的工作经费和所需人力大多是政府资助或社会捐助的，提供资助的组织和个人并不在意经济报偿，而是更加关注组织行为的社会效益。因此，"非营利"机构没有向其资助者、管理者和组织成员分配经济收益的压力。另一方面，"非营利"机构多从事社会福利、教育、文化等方面的公益活动，其行为成效很难用经济收益标准加以评估。从上面两点可以看出，"非营利"机构是以其根本目的为导向的，即推进社会的积极变革和发展，提高公众素质，提供社会需要的物品和服务。对机构性质的说明和规定，有助于博物馆享受相关的优惠政策，更好地参与和其他相关机构的社会竞争。同时，也是对博物馆活动领域和运作方式的规范和制约。

总之，对于博物馆定义中的"非营利"可以理解为：博物馆事业像其他文化事业一样，不能像企业那样把营利作为前提和终极目的。但并不排斥尽可能地结合本馆的性质和职能，在国家政策允许的范围内，有益于社会和观众，取得合理的经济效益，以促进自身事业的发达。只要经济效益对社会效益的提高，起和谐、同步以至促进的作用时，它的存在就是合理的、积极的，它的生命力就是旺盛的。

### （二）关于"为社会及其发展服务"

博物馆定义中所提出的"为社会及其发展服务"，标志着博物馆界终于开始正确认识到自己与社会的关系。首先，博物馆之所以历经数百年而不衰，其重要原因就在于它保存和管理着人类社会发展历程的见证，就在于它满足了不同时代人们通过历史呈现出来的对现实和未来的渴望。这便是社会对博物馆的基本需求。其次，博物馆的发展与社会政治、经济、文化的发展密切相关。近现代博物馆就是在文艺复兴、自然科学兴起、启蒙运动、资产阶级革命和工业革命等一系列社会变革的推动下发展起来的。可以说，正是社会的发展推动和促进着博物馆的发展。最后，近年来，随着博物馆界对"人"与"物"关系认识的不断深化，加上社区博物馆、邻里博物馆的兴起，博物馆和社会的联系日益强化，博物馆正在逐渐成为社会文化中心。所有这些都要求博物馆明确自身的公共责任，积极参与社会活动，关注社会的现实和未来，了解社会和公众的需求，通过科学的运作和管理，努力发挥博物馆的功用，以创造最大的社会效益，真正做到"为社会及其发展服务"。

概括地说，定义中的"为社会及其发展服务"，既可以看作对长久以来博物馆社会化运动的总结，更是博物馆的根本使命和工作目标。

### （三）关于"向大众开放"

定义中的"大众"主要强调的是博物馆服务对象的客观性和广泛性。所谓客观性就是指作为"大众"的社会公众不是以博物馆主观意愿而决定是否成为博物馆"大众"的，他们一直是客观存在的；广泛性是指博物馆的服务对象应该是构成社会的个人、团体和机构，不应因身体状况、文化差异、教育程度、社会地位等因素而受到不同的待遇。而定义中的"开放"，一方面体现了博物馆的社会开放性和公益性，博物馆作为公共资源，其包括收藏和基础设施等在内的有形资源和科研、智力、文化氛围等无形资源都应当对社会公众开放，"大众"有权利使用这些公共社会资源；另一方面，这种"开放"应当是双向互动的，博物馆对"大众"开放的同时，"大众"也应当积极地向博物馆开放，并对博物馆积极地给予反馈。当然，这些反馈既可以是有形的，如资金和藏品的捐赠等；也可以是无形的，如为博物馆发展出谋划策、提供志愿和义务服务等。同时，还应当注意的是，博物馆既然将"为社会及其发展服务"作为其根本使命和工作目标，那么，所谓的"开放"就应当是平等互利的开放，而不能以"知识宝库""学术精英"自诩，居高临下地俯视自己的服务对象。

总而言之，博物馆定义中提出的"向大众开放"，是博物馆的一个基本性质，不仅强调了博物馆作为公共社会资源的开放性和公益性，而且说明了博物馆与社会公众之间平等的双向互动关系。只有"向大众开放"，吸引更多的观众，才能更好地实现博物馆"为社会及其发展服务"的目标。

（四）关于"为研究、教育、欣赏之目的"

定义中"为研究、教育、欣赏之目的"的表述与"为社会及其发展服务"的目标并不矛盾。与作为根本使命和工作目标的"为社会及其发展服务"相比，"为研究、教育、欣赏之目的"则可以说是博物馆较低层面的目的，也可以看作博物馆具体业务活动的指导观念和基本目的研究和教育也一直是我国博物馆的基本性质，所以，对于将它们作为博物馆的目的我们不难理解。在这里我们重点关注的是所谓"欣赏之目的"。其实，在欧美博物馆界"欣赏"早已被赋予了崇高的地位，是博物馆重要的目的之一。但是，长期以来，由于受到传统教育思想以及纲要性陈列体系的影响，我国博物馆界一直对此认识不足。一般而言，"欣赏"具有两种不同的形式，一种是专门用于欣赏的陈列或展览，另一种则泛指所有陈列的审美价值和可欣赏性，作为博物馆业务活动的基本目的，两者兼而有之。博物馆完全可以通过陈列、展览和艺术鉴赏等活动，使观众的情操得以陶冶、修养得以提升、思维得到促进、创造力得以激发，从而达到"欣赏之目的"。

在理解博物馆"为研究、教育、欣赏之目的"的过程中，需要特别注意的是，这种表述很容易给人造成博物馆单方面要达到"研究、教育、欣赏之目的"的错觉，从而忽略了观众的主观能动性，忽视了观众自主学习、自发参与的特点。因此，我们应当将"为研究、教育、欣赏之目的"理解为：它虽然是博物馆业务活动的指导观念和基本目的，但需要通过博物馆与观众的共同努力才能够得以实现。

（五）关于"征集、保护、研究、传播并展示"

一方面，博物馆在进行收藏保护、科学研究、陈列展览、争取更多的观众以及与观众交流互动的过程中，"征集、保护、研究、传播并展示"这些业务活动无不融入其中，发挥着不可替代的作用。另一方面，只有通过征集、保护、研究、传播和展示等这些具体的工作，才能够达到"研究、教育、欣赏之目的"，进而最终实现"为社会及其发展服务"的目标。因此，博物馆定义中的"征集、保护、研究、传播并展示"，既可以看作对博物馆各个工作环节的抽象概括，也可以当作实现博物馆"为研究、教育、欣赏之目的"的具体方法或手段。

（六）关于"人类及人类环境的见证物"

"人类及人类环境的见证物"其实就是博物馆的工作对象。这里所谓的"人类及人类环境的见证物"，既包括有形的或物质的人类和自然界的见证物，如出现在各国博物馆定义中的文物、自然标本、人工制品、物质遗产、物品、物证等；也包括无形的或非物质的人类社会和环境的见证物，即非物质文化遗产、电子信息技术生成的虚拟信息等。需要注意的是，在理解"人类及人类环境的见证物"的过程中，还应当突破我们传统的"以古是宝""以稀为贵"的认识误区，努力做到不仅关注古老的、稀有的自然界和人类社会的见证物，同时也应关心现当代的、活的、日常的、大众的、具有代表性的见证物。最终，见证物能否成为博物馆的工作对象，关键还要取决于它是否具有证明人类活动及人类环境状况的能力。

总之，博物馆定义中"人类及人类环境的见证物"的表述，不仅对博物馆的工作对象进行了高度概括，而且正确地反映了现代博物馆与人类生存和发展的关系。

综上可知，现在通行的国际博协对博物馆的定义不仅明确指出了博物馆的性质，即博物馆是"非营利"的常设社会公益机构，而且指出了博物馆的根本使命和工作目标是"为社会及其发展服务"，基本目的是"研究、教育、欣赏"，它们可以通过对博物馆工作对象即"人类及人类环境的见证物"的"征集、保护、研究、传播并展示"而得以实现。此外，还可以从其基本目的和工作环节中看出博物馆具有收藏、研究、教育的基本功用。

鉴于我国的基本国情以及博物馆的实际情况，我国对博物馆的理解与上述定义存在着一些差异。首先，从性质而言，我国博物馆作为社会主义科学文化事业的重要组成部分，属于事业单位，虽然也具有非营利性和社会公益性，但在行政组织上依然具有一定的政府性，是政府的附属机构，在业务上也体现着政府的意志，在经济上仍带有一定的计划经济色彩。同时，其公益性也非志愿公益性，而是垄断公益性。其次，我国博物馆的基本任务是为科学研究服务，为广大人民服务，这种表述明显具有历史和时代的局限性，也比国际博协定义中"为人类及其发展服务"的根本使命和工作目标显得狭隘许多。虽然我国博物馆界正在不断修正博物馆与社会和公众的关系，努力增强博物馆服务大众、服务社会的能力，但由于长期形成的封闭严肃、居高临下的姿态，要真正做到"向大众开放""为人类及其发展服务"可能还需要一个过程。再次，虽然我国也规定博物馆是"收藏机构、宣传教育机构和科学研究机构"，使其在理论上也具有收藏保护、宣传教育和科学研究的功能，却没有将"欣赏"给予充分重视，而且在我国博物馆的实际工作中，也往往更多关注其社会教育作用，而忽略审美和娱乐功能。最后，我国博物馆定义只是简单地将具体的"文物和标本"作为博物馆的工作对象，相对于国际博协规定的"人类及人类环境的见证物"而言，未能考虑无形的见证物，不仅缩小了博物馆工作对象的范围，而且没有体现博物馆与人类的关系，虽然在我国博物馆的实际工作中，已经开始关注除"文物和标本"之外的能够体现人类活动和自然环境状况的物质和非物质的见证物，但仍亟须从理论上也对其予以科学的界定。

尽管我国的博物馆定义与国际博协的定义存在着一些差异，但我们相信，随着博物馆学和博物馆事业在我国的快速、健康、持续发展，我国博物馆组织和学者一定能够借鉴国内外的先进经验，为我国博物馆学制定出一个符合国情、科学合理的定义。

## 第二节 博物馆的构成要素及特征

博物馆的构成要素及特征，历来是博物馆基本理论的重要组成部分。伴随着博物馆的产生和发展，人们一直在总结和归纳博物馆的构成要素及特征，时至今日，对其认知也日趋科学和成熟。正确地认识和把握博物馆的构成要素及特征，不仅有助于加深对博物馆本质属性的理解，而且可以有效避免博物馆工作的主观性、片面性和盲目性，从而更好地发挥博物馆作为公益性社会文化机构的作用。

### 一、博物馆的构成要素

所谓要素，就是构成事物的必要因素。博物馆一般是由下述四大要素构成。

（一）一定数量的藏品

藏品是博物馆社会存在和开展各项业务活动的前提和基础。一方面，藏品既是博物馆存在的基本条件，又是体现博物馆性质、实现其社会职能的重要载体；另一方面，博物馆的收藏保护、科学研究和陈列布展等一系列业务活动都需要以藏品为基础。因此，拥有一定数量的藏品是博物馆的基本构成要素。

### （二）包括馆舍和设备在内的基础设施

博物馆也与其他社会文化机构一样，需要馆舍、设备等硬件基础。任何形式的博物馆都必须具备与之相适应的馆舍和设备。因此，包括馆舍和设备在内的基础设施是博物馆顺利开展各项工作、成功组织各种活动，最终实现其自身功能和社会职能的必备物质条件。

### （三）持续向公众开放的陈列展览

持续向公众开放的陈列展览是博物馆不可或缺的重要构成元素。持续向公众开放的陈列展览不仅是博物馆性质和功能的集中体现，而且是博物馆发挥其社会职能的重要手段和途径。博物馆只有具备了持续向公众开放的陈列展览，才能实现"物"与"人"的结合，才能实现为大众和社会服务。如果缺少了这个要素，就不能称之为博物馆，也就失去了存在的价值和意义。

### （四）一批具有专业知识技能和职业素养的博物馆工作人员

拥有一批具有专业知识技能和职业素养的博物馆工作人员是博物馆的核心构成要素，这些博物馆工作人员既可以看作博物馆的硬件，同时，他们身上承载的知识技能和道德素养也是重要的软件。博物馆的一切工作和功用都只有通过这些工作人员的运作才能够得以实现，如果没有他们，博物馆就成了没有灵魂的躯壳，所以，他们也是博物馆最具活力的构成要素，在一定程度上甚至可以说是博物馆的灵魂。

综上所述，只有同时具备一定数量的藏品、包括馆舍和设备在内的基础设施、持续向公众开放的陈列展览以及一批具有专业知识技能和职业素养的工作人员这四大要素，才能称之为现代意义的博物馆。

## 二、博物馆的特征

所谓特征，是指一事物区别于其他事物的特别显著的征象和标志，那么，作为社会文化机构的博物馆与其他社会文化机构相比，最显著的区别究竟是什么呢？有的博物馆学著作将博物馆的特征总结为"实物性""直观性""科学性"；有的则将其总结为"实物性""直观性""广博性"；此外，还有博物馆学者认为"实物性""收藏性""开放性"才是博物馆的特征。虽然这些都从不同的角度总结了博物馆的特点，但是，当我们认真考究时就会发现，其中的"直观性""科学性""广博性""收藏性""开放性"等特点并非博物馆所专有。例如，直观性在电化教育中也有着明显的表现，学校和各类科研机构也都具有很强的科学性，广博性也同样适用于百科全书，图书馆、档案馆等机构也颇具收藏性，几乎所有的公益性社会文化机构也都具有开放性。因此，只能说它们在一定程度上体现了博物馆的特点，但并不能将它们作为博物馆区别于其他社会文化机构的最显著标志。综观上述对博物馆特征的概括，只有"实物性"为博物馆学者们所公认，也只有"实物性"才是博物馆的根本特征。

"实物性"的基本含义是指真实、实在，并具有一定体量性和三维性的物。近年来，随着博物馆功能及收藏范围的扩大，一些真实、实在却非三维、非物质的东西也进入博物馆中。例如，音像资料、利用科技手段模拟的自然现象以及包括民间传说、表演艺术、社会风俗和传统手工艺技能在内的各类非物质文化遗产，等等。这些东西虽然不是具有一定体量性和三维性的实体，却属于真实、实在的现象和原理。同时，它们也能反映出传统"实物性"概念所面临的挑战，即伴随着博物馆的现代化发展，"物"的真实性和实在性正在向"现象"和"原理"的真实性和实在性扩展。但严格来讲，它们只能算是博物馆的一些特例。就目前博物馆的总体情况而言，传统的"实物性"界定依然有效，或至少是构成概念的核心。

事实上，不论是从博物馆的发展历程，还是从博物馆所从事的收藏、科研和教育工作而言，都正是包含着"非观念的实体性""非虚假的真实性""非复制的唯一性"这些要素的"实物性"，才将博物馆与其他类似的社会文化机构准确无误地区别开来。

首先，从博物馆的发展历程来看。尽管古代人与现代人在收藏的动机、方法以及对收藏品的利用方面不尽相同，而且博物馆存在的目的和社会职能在不同的历史时期也有着重大差异。然而，不论是博物馆的原始形态还是其现代形态，都离不开实物收藏，在收藏和利用实物这一点上始终没有改变。正是搜集和珍藏实物这一点将它们联结起来，使我们得以辨识出博物馆从产生到发展的历史轨迹。

其次，从博物馆进行收藏的角度来看，除了博物馆，图书馆和档案馆等机构也从事人类社会文化遗产的搜集和保藏。但是，它们之间的收藏有着明显的区别：图书馆收藏各种书籍，这些书籍主要是通过印刷生产的批量复制品，旨在保存和传播人类的科学文化知识，至于所收藏的是怎样的版本，是否为原作者的手稿、真迹，并不重要；档案馆所收藏和保存的是人类在社会生活中形成的各种文献和档案，一般而言，它们都是真实的原始材料，但是对于一个材料的利用者来说，真正重要的是材料所反映内容的真实性，如果这份原件遗失了，只要复印件被确定与原件并无二致，那么它在功能上是完全能够替代原件的。可见，对图书馆和档案馆而言，重要的是收藏品所携带的信息，而不是信息载体本身，它们所注重的是信息的真实性，而不是载体本身的真实性。然而，对于博物馆而言，情况就不同了，构成其收藏核心的必须是真实、实在的物品。这就意味着，博物馆的收藏品不仅其所承载的信息应当具有真实性，而且信息载体本身也必须是真实的。我们也可以通过对待艺术品的态度来说明这种区别：对于一般艺术品的欣赏者和收藏者来说，如果将艺术品复制得足够好，或许就能够满足他们欣赏和收藏的要求；但对于博物馆而言，不仅要考虑艺术品承载信息的真实性，而且要考虑艺术品本身的材料和制作工艺等的真实性，也就是说，博物馆必须获得艺术品的原件，任何高质量的复制品都无法替代它。

再次，从博物馆从事科学研究的角度来看。使得博物馆与其他科学研究机构区别开来的正是其研究对象的实物性。正如我们所知，博物馆的科学研究工作很大程度上是以收藏的实物作为研究对象，而在学校和其他科研机构中，其研究对象则既可以是实物，也可以是纯粹的理论。任何类型的博物馆都只有从对自己收藏的实物的研究中，才能探寻和发现有关自然和人类社会的未知世界。离开了这一点，博物馆作为科学研究机构的特性便无从体现。当然，博物馆的科研人员在研究中也难免会涉及相关学科的理论知识并对其进行探讨，但这些都是以实物研究为最终目的，是为实物研究服务的。此外，我们应当注意的是，对博物馆所收藏实物的研究并不仅限于博物馆内部的研究人员，只要是以博物馆收藏实物作为研究对象的，都可以视为博物馆科学研究的范畴。

最后，从博物馆开展社会教育的角度来看。实物性也是博物馆区别于其他社会教育机构的最主要特征。这主要表现为，博物馆总是以馆藏的实物作为教育的媒介。观众之所以要来博物馆参观，就是因为博物馆陈列着蕴含历史、科学和艺术价值的实物，也正是这些实物使观众得到异于学校教育和电化教育的知识和体验。当然，在参观博物馆的过程中，也伴随着以词语等符号为媒介的传统教育方式，如阅读说明和聆听讲解等，但它们只是作为理解实物的辅助手段，只有实物及其承载的丰富信息才是博物馆教育真正的认识对象。正是由于和实物性相联系，才形成了博物馆教育鲜明的个性特征和独特的优势，这具体表现在其认识对象的直观性、形象性和权威性。实物的直观性和形象性，使得它更容易被观众接受，特别是文化水平不高的观众；实物的真实、实在而非臆测的特性，则更容易使观众产生信赖，从而使博物馆教育具有真实的权威性。

综上所述，只有"实物性"才是博物馆特征的准确概括，诸如"直观性""科学性""广博性""收藏性""开放性"等都只是片面的或由"实物性"所衍生的博物馆特征。

## 第三节 博物馆的功用

这里所谓的"功用"，其实和其他博物馆学论著中所说的"功能""职能""效能"等一样，都是指博物馆为实现自身价值而发挥的功能以及承担的社会职责。既然如此，那么为什么诸多博物馆学者还会使用"功能""职能""效能"等这些不同的说法来表述博物馆的"功用"呢？一方面，可能是出于自身的语言习惯，毕竟这些近义词都可以表达博物馆"功用"的含义；另一方面，也可能是对其认知确实存在着误解，例如，博物馆"功能说"和"职能说"的产生就是由于过分强调所谓"功能"和"职能"的区别，却忽视博物馆自身特性与社会属性的必然联系而造成的。事实上，我们应当承认，从博物馆自身具备和社会赋予的角度来说，所谓的"功能"和"职能"确实存在着表述上的差异，但我们也应看到，由于博物馆自身特性与社会属性的密不可分，必然导致所谓"功能"和"职能"之间那种相互渗透、相互重叠、不可分割的关系。所以，博物馆的"功用"其实根本无法简单地依据"功能说"和"职能说"进行划分，毕竟它们在实质上都属于博物馆为实现自身价值而发挥的功能和承担的社会职责。而我们之所以在这里引入"功用"一词来替代"功能""职能""效能"等，对其进行讨论，一方面是因为它能够表达与它们相同的含义，即博物馆为实现自身价值而发挥的功能以及承担的社会职责；另一方面也是为了有效消除"功能""职能"等表述所产生的误解，避免产生歧义。实际上，博物馆的功用不仅是博物馆基本理论研究的重要内容，也是国内外博物馆学界长期、广泛争论的一个问题。

综上可知，将收藏、研究和教育作为博物馆基本功用的观点，已经成为国际博物馆学界经过长期、广泛探讨而形成的共识。

收藏是博物馆最古老也是最基础的功用。早期的收藏源于人们对具有纪念意义和特殊价值的实物的珍藏愿望，是一种自发行为，其规模和范围都很小，也比较零散，但正是这种自发的零星的收藏行为，为我们留下了探索自然变化与古代人类生活的线索，也成为促使博物馆萌发的重要原因。后来，伴随着人类文明的发展，现代意义的博物馆兴起并且很快取代了私人收藏和收藏室收藏，成为最主要的专事收藏的场所，其收藏行为也逐渐从自发转变为自觉。在此之后的三个多世纪，得益于人类社会政治、经济和科学文化的迅猛发展，博物馆的收藏功用也日益增强。这期间，博物馆不仅经历了从零散的、不系统的收藏到全面、系统收藏的转变，而且收藏范围也从原来的珍品、古物、动植物标本、机器设备等逐步扩大到了人类已知的方方面面，从传统的实物扩大到了自然界和人类社会物质的和非物质的所有见证物。此外，尽管博物馆在此期间依然还是有意识、有计划地收藏具有历史、科学和艺术价值的自然和人类文化遗存，但其收藏的关注点已开始从精品向有代表性的物品转移、从过去向现在转移、从精英阶层向全人类转移。如今，人们已经清醒地认识到，任何形式的博物馆都必须依靠收藏才能拥有作为博物馆全部活动物质基础的藏品，才能成为自然和人类文化遗产的收集者和保护者，才能发挥其保存记忆、传承文化的社会作用，一旦离开了收藏，离开了藏品，博物馆也就成了无源之水，失去了存在的价值和意义。

科学研究也是博物馆的重要功用，而且它同收藏一样，也是随着人类社会和博物馆的发展而逐渐强化和丰富起来的。

事实上，早在现代意义的博物馆尚未产生之前，对私人藏品和收藏室藏品的研究就已经存在了。其中，亚里士多德（Aristotle）对其自身收藏及缪斯神庙内收集品的研究就属于较为典型的例证。17世纪末，现代意义的博物馆诞生之后，为了更好地实现为社会及其发展服务的目标，对博物馆藏品的科学研究也开始变得更加系统和深入。起初，由于近代自然科学的兴起和发展，为数众多的自然博物馆所收藏的反映生物学和自然史的动植物标本、化石便成为当时研究的主要对象。凭借对这些自然科学藏品的研究，有些博物馆甚至成为当时著名的科研学术中心，例如，美国自然史和生物学的研究始终都是同哈佛大学比较动物学博物馆、纽约的美国自然历史博物馆以及华盛顿的美国国立自然历史博物馆联系在一起的。当然，这期间也存在着对古物珍品的研究，但大多以品玩鉴赏为目的，而非为科学的发展和人类的进步服务。后来，在启蒙运动等社会思潮和世界范围工业革命的影响下，艺术品、历史文物、工业革命成果等逐渐取代了早期的自然科学领域的动植物标本、矿石等而成为博物馆研究的主要内容。进入 20 世纪以来，随着社会生产力的发展和博物馆事业的兴盛，博物馆的种类越来越多，藏品日益丰富，研究对象扩展到了自然和人类社会发展所留下的一切有价值的遗存，研究领域也随之扩展到涉及自然科学和社会科学的诸多学科。同时，博物馆对藏品研究的关注程度也越来越高。对博物馆藏品的科学研究，不仅能够帮助我们更加科学合理地进行藏品的管理和保护，而且能够更加深入、全面地揭示藏品所蕴含的历史、科学以及艺术价值，从而更好地发挥博物馆传播知识、启迪智慧和社会教育等功用。同时，它也有益地推动了与之相关的诸多学科的发展。例如，借助对意大利乌菲齐美术馆所藏艺术品的研究，能够帮助我们更好地开展文艺复兴时代艺术史的研究；对博物馆收藏的甲骨、汉简和敦煌经卷的研究，则极大地拓展了历史学的视野，丰富了我们对中国历史的认识。如果说藏品是博物馆一切活动的物质基础，那么，科学研究特别是藏品研究，就是博物馆一切活动的工作基础，因为只有借助科学研究工作，才能够实现博物馆"物"与"人"的结合，才能更好地完成与藏品相关的博物馆其他工作，进而创造更大的社会效益。

当然，经过三个多世纪的发展，现代博物馆的科学研究已经不仅局限于对藏品的研究，而且包括对博物馆学的研究，即以博物馆本身及其与社会的关系作为研究对象，通过对博物馆性质和目标的分析、博物馆历史的回顾、博物馆与社会关系的反思以及各项业务活动方法的探索，最终总结出博物馆活动的基本理论和实践工作经验。此外，在对藏品和博物馆学进行科学研究的过程中，其实还应对博物馆工作所涉及的相关学科的情况也有所了解。虽然从严格意义上来讲，这并不具备学术研究的性质，但实际上，不论是对藏品还是对博物馆学的科学研究都离不开对包括历史学、社会学、民族学、教育学、物理学、化学和管理科学等在内的相关学科知识的了解和借鉴。只有在充分了解相关学科知识背景的情况下，才能有效地进行藏品和博物馆学的科学研究。而且，博物馆的科学研究在其不断强化和丰富的同时，也确实取得了丰硕的成果。这些成果不仅表现为博物馆出版发行的各类出版物，而且绝大部分都已直接应用于包括征集、鉴选、收藏、保护、陈列、管理和教育等在内的一系列实际工作当中。所以说，科学研究不仅是博物馆作为科研机构的重要体现，而且对于博物馆各项业务水平的提高以及相关学科发展的推动都起到了不可替代的作用。

此外，我们也应当承认，随着现代社会文明的发展以及人们对博物馆认识的不断深入，当代博物馆兼具信息中心、公共交流、休闲娱乐和文化象征等新兴功用。而且，这些所谓的新兴功用，无疑也是当代博物馆学者们结合博物馆的现代化发展，用时下流行的表述从不同角度对现代博物馆功用进行的积极有益且颇具时代气息和科学性的总结。但如果我们仔细推敲就会发现，实际上，包括我国学者对博物馆在现代化建设中所发挥作用的论述在内，它们都必须以博物馆的收藏和研究为基础，并且都不同程度地发挥着博物馆的教育功用。所以说，这些所谓的博物馆新兴功用其实也可以看作对博物馆三大基本功用的扩展和延伸。

## 第四节 博物馆的类型

博物馆的类型，就是指一定数量的博物馆依据某种共同的标准相互联系所形成的类别。对博物馆进行类型划分，其实是博物馆事业发展到一定阶段才提出的问题。起初，由于博物馆的数量较少且形态也相对单一，再加上早期博物馆的藏品多以奇珍异宝和纪念性物品为主，因此，并不需要对博物馆进行分类。随着近代博物馆事业的兴盛，不仅博物馆的数量大幅增加，而且其藏品也日渐丰富、形态日益多样，传统的方法已经不能适应新兴博物馆的经营和管理。

## 一、划分博物馆类型的意义

首先，对博物馆进行科学的类型划分，不仅在理论上有利于我们更好地认识和总结不同类型博物馆的特点和规律，明确各类博物馆的发展方向，而且在实践中也有利于不同类型博物馆的工作人员最大限度地发挥特长，更好地实现自身价值。博物馆的不同类型决定了它们在人才构成、组织管理、社会职能和经费来源等方面都不尽相同。因此，只有在对博物馆的类型及其特点有了正确清醒的认识之后，不同类型的博物馆才有可能切实有效地制定适合本馆的经营管理方针，其工作人员才有可能更加深刻地理解和把握自身工作的特点，明确自己的工作方向和目标，进而在各项业务活动中尽可能地扬长避短，最终为博物馆创造更大的社会和经济效益。

其次，通过对博物馆类型的划分，不但能够看出一个国家或地区博物馆建设的基本格局，而且可以针对其薄弱环节，对现有博物馆进行调整，对未来发展进行规划，从而使该国家或地区博物馆的布局渐趋合理，进而推动该国家或地区博物馆事业的健康持续发展。

最后，准确地划分博物馆类型，有益于国内外博物馆学术交流活动的开展。目前，伴随着博物馆事业在世界各地的蓬勃发展和博物馆学研究的日益兴盛，各国之间的博物馆学术交流活动也日渐频繁。其间，无论是对于国内外相同类型博物馆间深入、细致的对口交流，还是对于不同类型博物馆间的相互学习和借鉴而言，准确划分博物馆类型都显得十分重要。

由此可见，科学准确地划分博物馆的类型，认识和掌握各类博物馆的特点，对于博物馆的理论建设和实际工作都具有非常重要的意义。

## 二、博物馆的类型及其特点

从不同角度选取不同的标准，便可以将博物馆划分为各具特色的不同类型。因此，可以说，博物馆的类型划分也同博物馆自身一样具有多样性。

目前，国际博物馆学界大多是将藏品所反映内容的学科属性作为划分博物馆类型的主要标准。因为这个将藏品和科学学科相结合的划分标准，对于各国的博物馆而言都具有最普遍的适应性。所以，它也往往被认为是当代博物馆的主导性分类标准。依照这个标准，可以将现有博物馆较为宽泛地划分为历史、艺术、科学、综合和其他（特殊）五大类型。

历史博物馆可以细分为国家历史博物馆、地方性历史博物馆和专题历史博物馆。国家历史博物馆通常能够概括一个民族或国家的主要发展历程。世界著名的国家历史博物馆主要有：中国国家博物馆、丹麦国家博物馆、匈牙利国家博物馆、国立美国历史博物馆、东京国立博物馆和朝鲜国立中央历史博物馆等。地方性历史博物馆则指能够概括某个地区或城市发展历程的博物馆。

纪念馆就是纪念重要历史人物或事件的博物馆。这类博物馆所纪念的对象都是人类发展史上在不同方面不同程度推动着历史车轮前进的杰出人物和重大事件，它们大多是以所纪念历史人物的诞生地、居住地或主要活动场所及所纪念历史事件发生的原址或遗址为基础兴建的，收藏和展出的也往往是与这些著名人物和重要事件相关的各种资料。迄今为止，全世界已经拥有为数众多的纪念馆。虽然它们通常规模不太大，但其中的人物纪念馆就如同人类历史上社会精英的传记，能带给观众榜样式的激励；而事件纪念馆则似乎能够穿越时空的阻隔，使观众切身感受鲜活的历史。美国的林肯纪念堂、德国的贝多芬纪念馆、印度的甘地博物馆、莫斯科西郊的波罗金诺战役全景画博物馆，以及我国的杜甫草堂、中山纪念馆、鲁迅纪念馆、韶山毛泽东故居、遵义会议纪念馆、淮海战役纪念馆等都属于此类。

遗址博物馆通常都是依托考古发掘或历史遗留下来的各种遗址、遗迹而建立的博物馆。对遗址、遗迹的原貌展示，藏品与展示环境的完美结合以及充斥其间的神秘传说是这类博物馆的优势，这也使得观众对此类博物馆总是兴趣盎然。例如，埃及的帝王谷遗址博物馆、英国的铁桥工业遗址博物馆、意大利的庞贝古城，以及我国的定陵博物馆、乾陵博物馆、周口店北京人遗址博物馆、半坡遗址博物馆、大地湾遗址博物馆、秦始皇兵马俑博物馆等，每年都吸引着数以万计的国内外游客和学者前往参观考察。

民俗博物馆更多关注的是地区性民众生活的文化特征，主要包括特有语言、生产方式、生活习惯、文化传统等民间风俗。目前，国内外已经建成了许多著名的民俗博物馆，为推动民俗学和博物馆事业的发展做出了重要贡献。这其中就包括法国民间传统和艺术博物馆、韩国国立民俗博物馆以及我国的天津民俗博物馆、安徽歙县民居博物馆等。

民族博物馆往往收藏有大量反映某个民族历史文化的丰富材料。充分研究和利用这些珍贵的实地走访所获的第一手资料，不仅能够有效提高该民族的自信心和自豪感，而且许多民族学博物馆也因此成为对该民族研究的重要学术基地。德国柏林的世界民族博物馆、日本国立民族学博物馆和我国的中国民族博物馆、云南民族博物馆、四川凉山彝族博物馆等，都是国内外知名的民族博物馆。

人类学博物馆是随着近代人类学的发展而发展起来的。同时，它产生之后也极大地推动了人类学研究。这类博物馆在国外起步较早，发展到现在，无论是包括专业人员等在内的软件还是包括建筑设备等在内的硬件都已经颇具规模。由于人类学兼具研究人类体质和社会文化的性质，因此，有时这类博物馆也被划入后文将要介绍的自然类博物馆中。

艺术类博物馆则是指那些收藏、研究和展示绘画、书法、摄影、雕塑、民间工艺、陶瓷、织绣、文学、音乐、舞蹈、戏剧、电影等资料的博物馆。当前比较常见的有文学博物馆、文化博物馆、音乐博物馆、电影博物馆、戏剧博物馆和美术博物馆等。

文化博物馆其实同我国博物馆分类中所说的专题性博物馆非常相似，它主要通过收藏、研究和展示某种主题的藏品，进而揭示其文化内涵。如今，这类博物馆在国内外都有较快发展。

音乐博物馆承担着收藏、保护、展示和传承音乐文化的工作，是艺术类博物馆的重要组成部分。巴黎音乐博物馆、维也纳音乐博物馆和西雅图摇滚音乐博物馆都属于国际知名的音乐博物馆，我国也已经建成了黑龙江音乐博物馆，并且正在筹建中国音乐博物馆。

电影博物馆和戏剧博物馆也是现代常见的艺术类博物馆。中国电影博物馆、巴黎电影博物馆、美国的乔治·伊斯曼国际摄影和电影博物馆以及德国电影博物馆等，都堪称国际知名的电影博物馆。而意大利米兰的拉斯卡拉戏剧博物馆、英国伦敦戏剧博物馆以及我国的北京人民艺术剧院戏剧博物馆、天津戏剧博物馆和上海戏剧博物馆等，则是戏剧博物馆的典型代表。这些博物馆对于电影和戏剧的发展都具有重要的指导和推动作用。

科学类博物馆是指那些以自然界及人类认知、保护和适应自然界所需的科学技术为主要内容的博物馆。它又可以被细分为自然类博物馆和科学技术类博物馆两大部分。

自然类博物馆可以将自然界的一切作为收藏和研究的对象。它们往往会通过研究和展示包括天文、地理和生物等在内的各方面自然藏品，使人们更加深入地了解自然界发展的历史和规律。

科学技术类博物馆还可以被细分为科学技术史博物馆和科学技术博物馆。科学技术史博物馆往往会系统地收藏和介绍某种科学技术的发展历程。科学技术博物馆则主要指那些反映人类社会重要科技成果、揭示科学奥秘的博物馆。虽然从博物馆的发展历史来看，这类博物馆起步相对较晚，但由于其能够与近现代科学技术实现互动，所以发展速度较快，规模也都比较大。而且，它们的现代化程度普遍较高，在运用声、光、电的现代化展示手段和鼓励观众动手参与等方面都具有开拓性作用。因而，自诞生以来，科学技术博物馆一直都是对公众进行科普教育的重要场所。著名的德意志科学技术博物馆、法国巴黎的发现宫、英国伦敦的科学博物馆、美国的奥本海姆探索馆和科学与工业博物馆、加拿大安大略科学中心、中国科学技术馆等，都是这类博物馆的典型代表。此外，众多诸如交通、电信、广播、建筑、矿冶、农林、医药、航天等与现代科学技术相关的专业博物馆，往往也都会被划入科学技术博物馆的范围之内。

综合性博物馆的藏品丰富多样，往往兼具历史类、艺术类和科学类博物馆的性质。从世界博物馆发展的情况来看，这类博物馆形成的主要原因就在于其收集藏品时始终保留着博物馆专业化之前的特征，即将所有它们认为有价值、有意义的事物都作为征集对象，而不考虑搜集品所反映内容的学科属性。因此，这类博物馆通常都具有历史悠久、规模庞大、藏品丰富等特点。英国伦敦的不列颠博物馆、埃及博物馆、加拿大皇家安大略博物馆和印度博物馆等，都是举世闻名的综合性博物馆。我国的综合性博物馆则绝大多数属于全面系统反映某个地区自然与生态环境、社会历史、民俗风情和当代建设成果的地方综合性博物馆，也被称为地志博物馆。南通博物苑、山东省博物馆、甘肃省博物馆、湖南省博物馆、黑龙江省博物馆和内蒙古自治区博物馆等便是其典型代表。此外，需要特别指出的是，综合性博物馆如果发展得过大，往往就会像不列颠博物馆那样适时地进行分离。随着博物馆专业化程度的不断加深，这种剥离无疑会成为国内外大型综合性博物馆未来发展的必然趋势。

虽然博物馆学者按照藏品所反映内容的学科属性对众多博物馆进行了

上述的类型划分，但是，依然有不少博物馆由于其所拥有的藏品实在太过离奇，而无法被上述四类博物馆所囊括。伴随着新博物馆学运动的兴起，许多像生态博物馆和数字博物馆这样的新型博物馆，由于其藏品的特殊性，也很难进入上述四大分类体系。有鉴于此，我们在四大类型之外，将这些形形色色、奇异特殊的博物馆归为其他类或特殊类博物馆。

20世纪90年代以来，伴随着信息化时代的来临，计算机、网络技术开始进入博物馆，博物馆界随之出现了以数字化信息替代实物作为博物馆藏品的新观念，数字博物馆应运而生。数字博物馆也被称为数字化博物馆，就是指运用计算机、网络、多媒体等数字技术和手段，将实体博物馆的收藏、研究、娱乐、展示、教育等功能以数字化方式完整呈现的综合信息系统。通常情况下，一个完整的数字博物馆至少需要由数字藏品、存储平台、加工平台和互动展示平台四部分组成。但由于数字博物馆属于新型博物馆，其理论基础和实践经验都还不完善，所以，国内外各个博物馆的网站、网页和多媒体互动设备便成为当前数字博物馆的主要表现形式。即便如此，借助计算机和网络，它依然显示出诸多优势，例如，能够随意突破时间和空间的限制、实现与观众的高度互动、有效保护博物馆实物藏品、增强博物馆信息资源的开放与共享程度，等等。正因为如此，随着信息技术的不断进步和实践经验的日益丰富，数字博物馆不但会保持现有的良好发展势头，而且会成为未来博物馆不可或缺的重要组成部分。

尽管都是依据藏品所反映内容的学科属性这一标准，但是，由于各国文化传统和博物馆的实际情况存在着差异，再加上对藏品所反映内容的理解不同、对类型范围的认识各异等原因，各国博物馆学者据此得到的分类体系也不尽相同。我国则在很长时间内将博物馆据此分为社会历史类、自然科学类和综合类。博物馆类型划分的复杂性由此可见一斑。

除了作为主导性分类标准的藏品所反映内容的学科属性外，博物馆的隶属关系、观众形态、建筑及陈展方式等也都是当代国际博物馆学界比较常见的类型划分标准。

# 第三章 博物馆藏品的征集与管理

## 第一节 博物馆的藏品

博物馆藏品，是国家和民族宝贵的科学文化财产，是博物馆开展各项业务活动的重要物质基础。藏品定义体现出博物馆工作对象与范畴，随着博物馆事业的发展，藏品种类和范围也在不断扩大。

### 一、藏品的定义

博物馆的藏品，是博物馆根据本馆的性质、特点、任务，按一定标准有计划入藏的具有历史价值、艺术价值和科学价值的有关文物、标本和实物资料等物件，它是国家和民族宝贵的科学文化财产，是博物馆业务活动的物质基础。

普通博物馆一般都收藏可移动的实物、标本等物件。可以搬进库房收藏的文物就是通常所说的"库藏文物"或"馆藏文物"。

还有一部分博物馆，其建筑物本身就是文物。例如，故宫博物院所在的整个建筑群，是国家级重点文物保护单位。也可以说整个故宫建筑和庭院都是故宫博物院的藏品。

有些遗址类博物馆，把大面积的遗址、墓地用现代建筑物保护起来，例如西安市的半坡博物馆，把整个新石器时代的村落遗址都变成了博物馆内的藏品。还有一种日益流行的做法就是办露天博物馆，例如日本发掘的新石器时代的稻田遗址，就采用了这种办法。英国比米什博物馆也采用这种方式保存和展示反映英国早期工业发展和与当地居民生活有关的建筑、机械装置、各类实物和资料信息等。由此可见，博物馆的藏品并不限于可移动的物件，还包括不可移动的建筑物、遗址、墓地等。所谓"收藏"的概念，也由藏于室内而扩大到露天管理。

广义而言，凡是经过选择确定为博物馆所有产权的文物（包括文物保护单位）、自然标本和实物资料等，均可视为博物馆的藏品。

**二、藏品的种类**

博物馆藏品可大致分为四种：文物、自然标本、实物资料、非实物记录和非物质文化遗产。

（一）文物

"文物"一词在我国古代早已出现，只是该词的含义古今有所不同。最早的文和物是两个词，其中的"文"是指礼仪制度规定的各种纹饰图案；"物"是指礼仪活动中使用的器具。"文物"合成词兼有两方面含义：一方面是指礼乐典章制度；另一方面是指与典章制度相关的礼器、乐器，并进一步引申，泛指有历史、艺术价值的古代遗物。关于文物的定义，目前主要有如下几种。

文物是人类在社会活动中遗留下来的具有历史、艺术、科学价值的遗迹和遗物。也可以说，文物是历史上人们创造的或与创造活动有关的物质文化和精神文化的遗存，具有历史、艺术、科学价值，是重要的物质文化遗产。

文物，是指历代遗留下来的在文化发展史上有价值的东西，如建筑、碑刻、工具、武器、生活器皿和各种艺术品等。

当代中国根据文物的特征，结合中国保存文物的具体情况，认为文物是指人类社会历史发展进程中遗留下来的、由人类创造或者与人类活动有关的一切有价值的物质遗存的总称。

（二）自然标本

自然标本包括两类：一类是经过整理而保持原形的动物、植物、矿物等的实物样品，供观摩研究之用，如自然博物馆的东北虎标本；另一类是经过自然界的作用，保存于地层中的古生物遗体、遗物和它们的生活遗迹，即古生物学的主要研究对象，包括古脊椎动物化石和古人类化石，如北京自然博物馆的恐龙化石等。

自然标本从质地和有利于保管、保护的角度来看，可分为无机成分和有机成分的自然标本。无机成分的自然标本包括岩石标本和矿物标本、土壤标本、古生物与古人类标本；有机成分的自然标本包括植物学标本、动物学标本等。自然标本中动、植物标本在制作方法上分为生态型的剥制标本、假剥制标本，还有浸制标本等。

（三）实物资料

随着博物馆事业的不断发展，我国博物馆的类型越来越丰富，目前，已出现了许多行业性博物馆或称专门性博物馆，如煤炭博物馆、茶叶博物馆、工艺美术博物馆等，以及专业性极强的科技类博物馆，如航空博物馆、音像博物馆等。这些博物馆中的收藏品，大多属现代的产品或作品，但按照历史的观点和文明延续的观点，现代作品中的典型产品也是将来时代重要的"历史遗留下来的在文化发展史上有价值的东西"，它们会成为未来时代的文物。这些博物馆中的收藏品既不同于我们现在所说的文物，又有别于自然标本，因此，我们把它们称为实物资料或科技成果、艺术作品，它们同样也是人类社会生产、生活所创造和保存的物质财富，同样属于博物馆藏品的一个种类。

（四）非实物记录和非物质文化遗产

博物馆藏品中反映和记录客观真实存在和发生的现象与过程的文字、图像、音像和数字记录等资料，记录这些资料的载体（媒体）本身不具有文物价值，但记录的内容具有文物价值。因而这些记录资料被称为非实物记录。

"非物质文化遗产"指被各社区、群体，有时为个人，视为其文化遗产组成部分的各种社会实践、观念表述、表现形式、知识、技能及相关的工具、实物、手工艺品和文化场所。这种非物质文化遗产世代相传，在各社区和群体适应周围环境以及与自然和历史的互动中，被不断地再创造，为这些社区和群体提供持续的认同感，从而增强对文化多样性和人类创造力的尊重。

按照这一定义，"非物质文化遗产"包括以下内容：

（1）口头传统和表现形式，包括作为非物质文化遗产媒介的语言；

（2）表演艺术；

（3）社会实践、礼仪、节庆活动；

（4）有关自然界和宇宙的知识和实践；

（5）传统手工艺。

### 三、藏品范围的扩展

随着博物馆事业的不断发展，博物馆藏品的范围也在逐步发生着变化。主要表现为，藏品范围随文物范围的拓宽而扩大，由原来传统的可移动的物件扩大到不可移动的文物古迹；藏品收藏也从室内（库房）管理扩展到室外（露天博物馆）管理。藏品范围随着文物时限的延长而扩展，由传统的古代文物扩展到近代文物、现代文物。藏品范围随着遗产形态的扩展而拓宽，由传统的实物拓宽到包括非实物记录和非物质文化遗产在内的非实物的文化资源。

## 第二节 藏品征集的方法和要求

藏品征集是一项科学性很强的工作，并且有其自身的工作规律，必须建立在科学研究的基础之上，按照征集工作的规律来办事。这就要求博物馆工作者理解并掌握征集工作的规律和方法，明确征集工作的基本要求，不断提高征集工作的质量，以便取得更好的工作成效。

### 一、藏品征集的含义

藏品征集是博物馆根据本馆的性质、特点和任务需要，通过各种途径，有计划、有目的地不断积累补充文物、标本和实物资料等物件的一项基本业务工作。从根本上说，征集工作也是博物馆一项科学性极强的研究工作。藏品征集的目的，一是为珍藏、保存文物，从而妥善地保护文物，使其传之子孙后代；二是为陈列展览提供展品，使陈列展览更生动、形象，更具说服力；三是为科学研究提供实物资料，使科学研究建立在广泛的科学的基础之上。

### 二、藏品征集的途径和方法

藏品征集途径主要包括社会征集、民族学调查征集、考古发掘和自然标本采集等四个方面。

（一）社会征集

社会征集是指博物馆对流散在社会上的各种物件的搜集。主要有以下几种方式方法。

1.专题征集

专题征集是指根据某一专题，有目的、有计划地进行的搜集工作。这是博物馆征集工作中经常性的、行之有效的工作方法。这种专题征集，具有目标明确具体、工作主动深入、力量集中等特点，因而常常能够较快地取得需要的材料，收到明显的效果。这也是博物馆积累藏品的主要手段之一。

## 2. 收购

这是博物馆利用经济手段积累藏品的工作，即由博物馆付给那些传世文物或标本等物件的拥有者以一定的经济代价，从而将其收藏的文物标本等物件购归博物馆所有。这是国家保护文物标本、积累博物馆藏品必不可少的一种手段。

## 3. 接受捐赠

即博物馆接受机关团体或个人捐赠文物标本等物件。这是博物馆藏品征集的又一重要方法。

## 4. 调拨

是指由上级主管部门按各博物馆的性质与需要，有计划地拨给有关文物和标本等物件；或是博物馆之间，一方无条件地支援另一方，拨给对方有关藏品调拨是无代价的单方面的拨出或收进。

## 5. 馆际交换

是指博物馆与博物馆之间的藏品相互交换。是以本馆重复品较多，或与本馆性质、任务不相适应，而又为对方博物馆所需的那些藏品，换取适合本馆需要的藏品。这种馆际交换，体现了博物馆之间互通有无、以余补缺、相互支援的协作精神，有利于充分发挥馆藏文物标本的作用，有利于博物馆事业的发展。

## 6. 接收移交

是指博物馆接收科学考察队、考古工作队、文物商店、海关、银行、废品公司、冶炼厂、造纸厂等有关单位拨交的文物、标本等，也称拨交。其目的是使这些珍贵的文物标本受到妥善的保护、保存和利用，以满足博物馆各项业务活动的需要，丰富博物馆各项业务活动的内容。这种拨交一般是单方面的拨出或收进，没有互惠性。

## 7. 借用

是指博物馆为了举办陈列展览等业务工作的需要，采取向其他有关文博单位借用藏品在本馆中加以使用的方式。借用，不改变藏品的所有权，只改变藏品的使用地点，它可以提升借入馆藏品的品质。

（二）民族学调查征集

民族学调查是征集民族文物的主要途径。深入民族地区，实地调查搜集是主要的工作方法。开展民族学调查征集，基本上是在少数民族地区进行。接触的对象，基本上是少数民族群众。而每一个民族都有着自己的民族意识，都有着自己传统的风俗习惯和生活方式。因此，在民族学调查征集工作中十分讲究工作方法的合理性。

（三）考古发掘

考古发掘是用科学的方法发掘埋藏在必下或水下的文物，并用科学方法来研究古代人类活动留下的遗存，以揭示古代历史的真实面貌。我国地下埋藏的文物非常丰富，因而考古发掘成为文物征集的广阔渠道。有目的、有针对性地组织考古发掘，不仅是博物馆征集藏品的重要途径和博物馆藏品的重要来源，还可以为博物馆的陈列、研究和社会利用提供科学依据。

（四）自然标本采集

自然标本是各专门性自然博物馆和综合性博物馆开展各项业务活动的物质基础。采集岩石、土壤、矿物、动物、植物等自然标本是这些博物馆经常性的主要工作之一。各种自然标本的取得，除了向有关研究单位、标本培植场、地质勘探队等单位搜集外，主要是依靠本馆和配合各种有关的科学考察队去野外采集。采集自然标本，是一项细致的工作。矿物、植物、动物等不同性质的标本，有不同的采集方法；即使是同一性质的标本，采集的方法也不尽相同。因此，采集人员必须学习并掌握有关采集的知识和技能，只有这样才能做好采集标本的工作。

**三、藏品征集的要求**

征集工作的要求主要有以下几点。

（一）成立专门机构或委派专人

为了有效地开展征集工作，博物馆应该设立必要的征集工作机构。在大型博物馆可以设立专门的征集部门；中小型博物馆也可以在有关部门内设立征集小组或配备专职征集人员，从事经常性的藏品征集工作。

（二）制订科学的征集计划

博物馆开展藏品征集工作，必须在调查研究的基础上，根据本馆的性质、特点、陈列展览和科学研究的实际需要，根据本馆藏品的数量、质量，根据征集线索与本馆的人力、财力情况，制订科学的征集计划，以便有目的、有准备、有步骤地开展征集工作。

（三）征集成套完整的实物资料

开展征集工作，应该逐步建立与本馆性质相适应的完整的藏品体系。征集的重点应放在本馆藏品中的空白和薄弱环节，尽可能地填补缺门，以保证藏品的系统性、完整性。因而在征集活动中，必须重视征集工作的科学性和征集对象的完整性，必须把那些有着内在联系的可以全面、系统地说明某一方面问题的成组材料搜集回来。

（四）做好近现代文物、民族民俗文物及与非物质文化遗产相关物件的抢救性征集

随着社会经济的飞速发展，新旧事物的交替也非常迅速，近现代的革命文物和民族民俗文物，都亟须抢救性征集。由于革命文物的年代较近，相当一部分反映群众运动的文物还散存于民间，有的在社会生活中还发挥着作用。同样，民族民俗文物也有许多是流散在社会上的近现代的实物资料，人们都能经常见到它、用到它，所以就不太容易为人们所注意。许多几年前常见的东西，随着物品的更新，有的在今天已很难见到，甚至已无处可觅。如果不及时地组织力量进行专门征集和抢救这些面临绝迹的文物，时间一长，将会使这些实物资料自行消失，给历史留下一段空白。因此，对近现代的革命文物、民族民俗文物，应积极主动、不失时机地做好抢救性征集工作。

同样，随着经济全球化趋势的加强和现代化进程的加快，我国的文化生态也在发生着巨大的变化，当下引人关注的"非物质文化遗产"受到越来越大的冲击。非物质文化遗产涉及面相当广泛，与其相关的物件多散存于民间，且长时间没有引起足够的重视，许多传统技艺濒临消亡，大量有历史、文化价值的珍贵实物与资料遭到毁弃或流失境外。尤其是在非物质文化遗产相对丰富的少数民族聚居地区，由于人们生活环境和条件的变迁，民族或区域文化特色消失加快，代表这些民族或区域文化特色的相关物件也随之不断消亡。在诸如"剪纸之乡""刺绣之乡"中，民间传承人越来越少，传统的剪纸、刺绣被取代，年轻人对于传统的记忆越来越模糊。长此下去，那些与"非物质文化遗产"相关的物件，势必也将随着社会的发展、科学技术的进步和人们生活习惯的改变而日益减少，逐渐淡出人们的生活。非物质文化遗产相关物件的抢救性征集也成为迫在眉睫、亟须做好的重要工作。

（五）严格做好科学的原始记录

科学的原始记录是决定征集品是否具有科学价值的关键，在征集工作中具有头等重要的意义。如果没有原始记录或原始记录不符合科学要求，征集而来的文物标本和其他各项资料，将因没有科学根据而降低或丧失收藏、陈列和科学研究的价值。因此，要对征集时所做的原始记录给予充分重视。

## 第三节 藏品征集的范围和政策

不同类型的博物馆，因其性质、特点、任务的不同，所收藏的藏品也不尽相同，因而也就有了不同的征集范围和政策。

### 一、藏品征集的范围

藏品征集的范围，主要应根据博物馆的性质、特点来确定。一般而言，历史类博物馆应征集各类文物文献资料。革命史类博物馆应征集各类近现代文物。纪念类博物馆应征集反映历史事件或历史人物的各类文物。遗址类博物馆应该征集与遗址相关的各类文物资料。文化、文体艺术类博物馆应征集文体艺术方面的各类文物资料。民族民俗类博物馆应征集有关各民族特别是少数民族社会历史、政治、经济、文化以及生产、生活、习俗等方面的实物和文献资料，包括民族志、照片、录音、录像等。自然科技类博物馆应征集各类自然标本和科技成果等。地志综合性博物馆征集范围较广，包括地方历史的、革命的、自然的和社会主义建设时期的各种有关文物、标本等物件和文献资料。其他专门类博物馆应征集符合本馆性质、特点和任务需要的各种有关的实物和文献资料以及照片、录音、录像等。

### 二、藏品征集的政策

藏品征集政策，是指为完成藏品征集任务而制定的可以依据的标准或原则。国家应该制定藏品征集政策。征集政策应包括征集对象和范围、征集条件标准、征集方式方法等内容，还要规定征集主体的资格，即实施征集工作的单位、个人的资格。开展藏品征集，就要制定并依据一定的征集政策。中华人民共和国成立后，有关藏品征集政策，主要是以一系列文物政策法规形式发布出来的。早在中华人民共和国成立之初的 1950 年，中央人民政府政务院就发布了《关于征集革命文物的命令》，这是为当时刚刚成立的中央革命博物馆（今天中国国家博物馆的一部分，原中国革命博物馆前身）开展藏品征集工作而制定的征集政策，明确规定了征集范围，提出了征集要求和征集方式。

## 第四节 藏品管理及其制度化

藏品管理是博物馆工作中一项经常性的重要工作，主要包括对藏品的保藏、保养、保护和整理、研究。藏品管理又是博物馆工作中规律性极强的业务活动，需要制定、实行严格的规章制度，才能确保藏品安全。

### 一、藏品管理的含义

藏品管理从字面上讲有"管"和"理"两方面的含义。

藏品管理的"管"，是指博物馆对藏品所进行的保藏和保护，以便长期保存。它包含两方面内容：一是藏品作为国家和民族文化财产的保藏，二是为使藏品永久存在而进行的藏品保护。

藏品管理的"理"，是指博物馆对藏品所进行的整理和研究，以便于提供使用。它也包含两方面内容：一方面是对"内"的，指保管人员为使自己的"管"的工作能做得更好、更科学而进行的一系列整理和研究工作，以利于更好地保藏和保护藏品；另一方面是对"外"的，指保管人员为博物馆内其他部门和馆外的社会各界利用藏品提供方便服务所做的工作，以利于更好地发挥藏品作用，包括鉴定真伪，判定年代、产地，检测质地，详细的分类、编目，合理的排架，公开出版藏品目录和图录，等等。

另外，整理研究也是为了更好地保藏和保护藏品而进行的。例如，什么质地的藏品用什么方式保藏效果最好，这就是很大的研究课题。又如，哪类藏品使用率高或低，如何排架才能使其取用方便又减少损坏概率，这也是一个研究课题。这些问题"理"清了，"管"也就更有效了。

藏品管理是博物馆业务活动的重要组成部分，是博物馆实现其收藏机构职能的重要基础工作，是博物馆对藏品进行保藏、保养、保护、整理、研究等一系列工作的总称，其目的是藏品的永久保存，并为提供利用创造方便条件。

## 二、藏品属性与藏品管理的目的

藏品管理的目的，是由藏品的双重属性所决定的。

（一）藏品的双重属性

博物馆的藏品具有双重属性。

第一重属性是藏品的自然属性，它是每件藏品固有的物理性质和化学性质，如形状、体积、重量、质料等。

第二重属性是藏品的社会属性。它是藏品作为人类文化产物而具有的属性，即通过这种实物可以了解制造或使用（有时包括毁坏、丢弃）这些东西的人们有什么样的行为、思想、技术、风俗、制度、组织等。它不仅使我们得以了解历史、还原历史，而且对现代生活的各方面均有借鉴意义，这正是社会重视藏品的根本原因。

藏品的种种社会属性都依存于一定的自然属性，或者说，是由其一定的自然属性体现出来的。自然属性一旦改变，社会属性也将消失。

（二）藏品管理的目的

藏品管理的目的一般有两个：一是保护藏品的安全，防止丢失和损坏；二是研究其内涵，为社会上的广泛利用提供方便条件，充分发挥藏品的作用。但实际上这两方面的目的是有矛盾的，反映在实际工作中有以下两种对立的观点。

一种是单纯强调"藏"，认为藏品是不可再生产的珍贵文化遗产，博物馆作为收藏机构的首要任务是保存这些珍品传之万代，所以藏品入库后就不再让人使用。另一种是片面强调"用"，认为保藏只是手段，使用才是根本目的。我们认为，无论是只强调"藏"，还是只强调"用"，都是不对的；《中华人民共和国文物保护法》提出的"文物工作贯彻保护为主、抢救第一、合理利用、加强管理的方针"，同样适用于博物馆藏品的管理工作。

## 三、藏品管理的要求

藏品管理工作的最基本要求是：制度健全、账目清楚、鉴定确切、编目详明、保管妥善、查用方便。根据藏品管理工作的实际情况，应该再增加两项要求：科学保护和加强研究。

（一）制度健全

制度是工作秩序的体现和保证。保存国家和民族宝贵科学文化财产的博物馆的管理制度必须健全而又严密，以便使各项工作都有章可循，要做到手续清楚，职责分明，确保藏品的安全和工作质量。

（二）账目清楚

藏品登记是履行财产登记手续。登记总账要求字迹清晰，不得任意涂改。此外，最重要的是总账各栏内容的登记要准确无误，要根据国家文物局规定的栏目内容逐项认真填写，这样才能做到账目清楚。

（三）鉴定确切

这是保证藏品质量的关键一环。确切鉴定就是对藏品进一步深入研究的过程，以便明确其科学价值、历史价值和艺术价值；自然标本则要分别鉴定出科、属、种，并科学地定名。鉴定确切，既可以防止鱼目混珠，避免给管理工作造成负担；同时，还可以避免有价值的文物、标本等物件从博物馆流失，避免造成国家和民族宝贵科学文化财产的损失。

（四）编目详明

编目工作是使藏品充分发挥作用的前提。如果对藏品没有开展编目工作或藏品编目不够详明，则藏品就会像一盘散沙，一旦需要使用提取时就会像大海捞针一样困难，可见藏品编目工作质量会直接影响到藏品的提供利用。进行藏品的编目工作，需要制定出编目办法和编目细则，以达到编目详明而又有科学条理的要求。

（五）保管妥善

这是国家赋予博物馆和博物馆工作人员的一项重要职责。要做到保管妥善，首先保管人员要刻苦钻研业务，忠于职守，廉洁奉公；其次，藏品所处的场所（库房、陈列室）要有安全保卫和保护措施；再次，藏品要按科学方法分类上架，妥善庋藏。对藏品要进行定级，一级品要重点保护；最后，要建立健全各类藏品的保护管理制度和安全操作规程，并严格加以遵守。

（六）查用方便

这包含两层含义：一是要便于对藏品的安全检查，二是要便于对藏品的检索提取。藏品要分类、分库保管，还要编制藏品的方位卡、索引卡和库藏卡，以便于保管人员提取藏品，以及有关人员检索藏品时使用。

（七）科学保护

博物馆藏品是国家和民族宝贵的科学文化财产，必须妥善保管，永久保存。科学保护是使藏品延长寿命、永久存在下去的必要措施。

（八）加强研究

博物馆在保藏藏品的同时，还要发挥藏品的作用。变"藏"为"用"的最好方法，就是加强藏品研究。只有加大研究力度，提高研究水平，才能更好地挖掘藏品的内涵，更大限度地发挥藏品的作用。

**四、藏品管理制度**

（一）藏品管理规章制度的意义

制度是工作秩序的体现和保证，既是工作规律的一种反映，也是顺利完成工作任务的保证。藏品管理的规章制度就是对藏品管理工作的要求加以系统化和条理化，是藏品管理各项工作的准则。

对于保存国家和民族宝贵科学文化财产的博物馆，藏品管理必须有严密、健全的规章制度，应设岗位责任制，使各项工作都有章可循，做到手续清楚，职责分明。建立和健全各种规章制度，是实现藏品管理科学化的有力措施，它对保证藏品管理各项工作有秩序有成效地进行，使藏品管理各项工作规范化和提高工作效率，具有重要作用。

（二）藏品管理规章制度的内容

博物馆制定藏品管理规章制度，可因各馆情况不同繁简各异。藏品管理规章制度按工作内容和性质归纳大体可分为两大类：第一类是对藏品科学管理方面的规章制度，第二类是对藏品的安全保护方面的规章制度。

藏品科学管理方面的规章制度包括：① 藏品入藏标准；② 藏品接收（移交）办法；③ 藏品总登记职责的规定；④ 文物藏品写号的规定；⑤ 藏品卡片填写说明；⑥ 藏品定名条例；⑦ 藏品分类大纲；⑧ 藏品定级标准细则；⑨ 藏品编目细则；⑩ 藏品库房管理制度；⑪ 保管员工作事项；⑫ 钥匙使用管理办法；⑬ 藏品出、入库规定；⑭ 藏品核对统计的规定；⑮ 藏品建档和档案的管理办法。

藏品安全保护方面的规章制度包括：① 关于防火防盗制度；② 藏品防尘灭菌杀虫消毒的规定；③ 库房温湿度、光照度的规定；④ 通风、晾晒的规定；⑤ 文物拍照规定；⑥ 藏品检测化验的规定；⑦ 修复的规定；⑧ 复制、临摹的规定；⑨ 关于观摩书画藏品的规定；⑩ 藏品搬运的注意事项。

# 第五节 藏品管理流程

藏品管理各个工作环节相互联系、相互制约，构成了一定的藏品管理工作流程。

## 一、藏品接收与登记

### （一）接收

这是博物馆保管部门进行藏品管理工作的开头，也是征集工作的结尾。对征集部门来说，称为移交。接收，是一道正式的手续，即由保管部门的工作人员按入馆凭证或清册对文物、标本等物件进行核收。经过这道手续的文物、标本等，已属保管部门管理。作为国家和民族科学文化财产，若有损坏丢失，将由接管者负法律责任。

要做好接收工作，在工作态度上要严肃认真，严格按照工作程序，认真仔细地进行接收工作。除此之外，在工作方法上要有严密科学的接收程序，并应注意三个具体问题：① 分清来源，区别处理；② 按书面凭证逐件清点验收；③ 与文物、标本等物件有关的各种原始记录，要同时接收过来。

### （二）登记

这是博物馆对入藏的文物、标本等物件进行逐件、逐项记录的工作，是藏品管理工作中的一项重要程序，即履行登记的手续。博物馆对入馆的藏品必须按照国家文物局关于博物馆藏品管理的要求，以登记账册、卡片等形式进行准确的记载。这种记载既是藏品管理和藏品研究的原始资料，也是博物馆依法保护国家和民族科学文化财产完整与安全的必备依据。藏品登记为藏品的科学有效管理和深入研究与合理利用奠定工作基础。

登记是开展博物馆藏品保管工作的重要一环，是妥善保管和科学管理的关键，是藏品管理工作的基础。藏品登记是检查藏品数量和质量的依据。登记的账册，是国家和民族科学文化财产保管的法律依据，是使藏品受到国家法律保护的重要依据。尤其是藏品总登记账是国家和民族科学文化财产的法定文献依据，是对藏品实行法律和行政管理的手段。对于国有博物馆而言，登记首先是确定国家藏品产权的依据。其次是为国家文化行政管理部门检查博物馆藏品保管状况提供必备的业务依据。藏品登记又是认识藏品的一种重要手段。通过对一件件藏品的逐项登记，不仅可以掌握本馆藏品的数量，更重要的是对藏品有了科学的认识。这对进一步研究和利用藏品提供了可靠的业务依据。所以，认真做好藏品登记是关系到博物馆开展各项业务工作的一件大事，应当给予高度的重视。

藏品登记工作，主要包括登记藏品总登记账，建立藏品登记的辅助账册和藏品登记卡片等内容。其中，藏品总登记账是国家和民族科学文化财产账，是国家依法管理、保护藏品的法律依据，每一个博物馆都必须建立本馆的藏品总登记账。藏品登记的辅助账册主要包括文物资料等出入馆登记账、藏品分类账、复件藏品登记账、参考品账、注销藏品登记账、借出借入或寄存藏品账、复制品登记账等。建立藏品登记卡片也是藏品登记工作中的一项重要内容。藏品登记卡片是检索藏品的必备工具，每个博物馆都应该建立本馆的藏品登记卡片，以便于更好地为使用藏品提供服务。

藏品登记是一项专业性、技术性、制度性都很强的工作，对这项工作必须给予足够的重视，要有专人专职负责。应该把藏品登记、账册管理、统计等有关方面的工作统一规划、合理分工，把藏品登记、管理账册与库房文物管理工作分开，以便于各尽其责和分清责任。

登记是管理工作的中心，登记应简练明确，特别着重名称、数量、完残情况和来源的正确无误。登记工作要及时进行。必须坚持先登记、写号，然后移交入库的制度。藏品登记要认真、仔细，要做到藏品总登记账、藏品登记卡与藏品编号三者核实相符。

登记藏品总登记账，书写一定要工整、美观，不仅用字要标准，而且标点符号的使用也要标准，并且账面要整洁，这样才能使总账更具有长久保存的价值。登记藏品总登记账的人，要具有一定的政治水平和职业道德，工作岗位要相对稳定，不可经常更换登记总账的人员。总账登记人不能同时兼管藏品。总账登记人要在审查、确认没有错误或差错后，才能登记总账。总登记账不能任意涂改。总账登记结束后，总登记人要逐页、逐件、逐栏认真检查、校对。如果发现有差错，切忌乱涂乱改，应按登账要求进行改正。

## 二、藏品分类与库内管理

（一）藏品分类

藏品分类就是划分藏品类别，是按一定的原则方法，根据藏品性质或形式上的同和异把藏品集合成类的过程，即把具有同一特征的藏品聚集一起，不具有这一特征的藏品区别出来、另行归类的过程。

凡是确定为博物馆基本藏品的一切物件，都需根据其性质、质地、内容等特点进行科学分类。

藏品分类必须有利于藏品的科学管理和保护，必须有利于藏品在陈列、展览、科研等方面的提取和使用，因而要做到方便、迅速和准确地提取藏品。对具有重要科学价值的成组的集品文物藏品，不宜分散存放，在分类时应按墓葬、遗址、窑址等类目进行划分。藏品分类法应该简单明了；藏品分类的类目必须概念明确；类目设置及其标号，不仅要合乎规律，还要做到容易记忆，便于使用。藏品分类必须遵循科学原理，符合逻辑关系，结合我国文博系统的藏品实际情况，来拟定科学、合理的藏品分类法。藏品分类应该有发展的观点。随着社会科学的发展，藏品的内容、种类将随时间推延而不断发展，所以藏品分类法的类目将不断充实增加，不存在任何一劳永逸、一成不变的分类法。

国内常见的分类办法有以下几种：第一，是按藏品质地分类，即以构成这件藏品最基本的质地为根据而分类；第二，是按藏品时代分类，即以藏品制作或存在的时代为根据而分类；第三，是按藏品职能与用途分类，即以藏品的职能及其供人使用的用途为根据而分类；第四，是按藏品性质分类，即由形成藏品的特定技艺为根据而分类；第五，是民族与国别分类法，即以藏品所属民族或国别而分类；第六，是既按藏品质地、用途，又按藏品时代的综合方法分类。

目前，我国博物馆大都采用第六种综合方法对藏品进行分类。

（二）库内管理

1. 藏品入库

这是指根据鉴选意见，把经过总账登记的博物馆藏品，依据分类结果，分别入库的工作。为保障藏品的安全和妥善保管，藏品入库一定要以入库凭证为依据，办理好交接手续。

藏品入库后要确定其存放方位，并按排架结果归入柜架上，不允许堆放在桌子或其他工作台案上，以防发生事故。藏品方位确定后，要建藏品方位卡，同时编制库房方位索引或绘制库房方位图表，以便于库房保管员能及时、准确地存放和提取藏品。

方位卡，也称库藏卡，是由库房保管员填写的藏品存放位置的卡片，这种方位卡（库藏卡）只限于库房保管员使用，因方位卡上记有藏品存放位置而具有一定保密性，不宜向外界公开。

编制库房方位索引或绘制库房方位图表，就是把各分类库房的具体位置记录或绘制成图表，以利于藏品入库工作的顺利进行。

藏品入库后还要建立藏品库房日志，用来记录库房每天各项工作情况。

2. 藏品的存放排架

这是藏品入藏过程中的最后一个步骤，也是藏品库房管理工作的开始。排架是库房科学管理、防止混乱的一项关键措施，是有条理地排列并固定藏品存放位置，通常称库房存放方位或定位。

藏品排架有三个作用：第一，便于藏品的提取和归还原位；第二，便于检查、清点藏品；第三，有利于藏品的安全保护。

藏品排架原则是既要便于藏品的提取，又要便于藏品的安全保护。一般原则是：上轻下重，前低后高，高卧矮立，间隔距离不能过紧，上、下不能重叠。

藏品排架要注意安全，稳妥存放。柜架要坚硬、结实，有一定承重能力和抗震能力。柜架高度要便于藏品提取。无论使用哪种排架方法，都要把存放位置和柜架号回注在有关资料卡片上，还应把这些信息储存在电脑里。

3. 藏品的提用

这是指出于各种需要，从藏品库房中提取藏品出库的工作，它是发挥藏品作用的一项重要工作。

藏品提用的原因有多种，如陈列，科学研究，鉴定、编目，修复或复制，拍摄照片、摄制影视录像，其他情况下的借用（上级或兄弟单位举办陈列展览时借用）以及观摩等。由此可知，提用的确是充分利用藏品，发挥藏品作用的一项重要工作。应该创造各种方便条件，以利于藏品提用工作。

提用藏品，必须经过有关领导批准并填写提用凭证（即出库凭证）后，藏品方可出库。

### 4.藏品的库房养护

这主要是指对藏品的日常保养和安全管理，包括库房的清洁、通风、温湿度调节、防虫、防霉和防火、防盗等安全管理工作。

藏品库房保管的要求：① 要有固定的专用的库房；② 藏品库房要设专人管理；③ 要建立健全库房保管制度，明确库房保管人员的职责，以便于藏品库房保管工作安全顺利地完成。

总之，藏品库房养护工作责任重大，要高度重视，认真做好这一工作，确保藏品的安全保管。

## 三、藏品定名与鉴定

### （一）藏品定名

定名是对藏品进行全面的鉴定研究与分析，并将分析结果，按照一定规律，用最简练的词句进行标识的过程。定名是在对藏品进行初步的科学研究基础上进行的一项工作，定名工作本身就是对藏品的一种鉴定研究。

藏品定名是提供、认识藏品的重要标志，也是藏品科学管理的重要前提。藏品名称是登记藏品账册的重要项目，它在博物馆陈列展览、科学研究、编目制卡和今后使用计算机管理等各项工作中都是不可缺少的一项。可以说，藏品定名的正确与否，直接关系着各项管理工作的质量高低与提取使用的方便与否。所以，藏品定名工作十分重要。

同时，藏品名称又是对藏品进行研究的一项成果，因此对定名工作必须认真研究，要制定一个比较可行的藏品定名原则，以便使定名工作规范化。藏品定名总的原则可以归纳为以下两点。

### 1.准确性

对一件藏品的定名，一定要力求准确、简明、具体，要能充分反映藏品的概貌、特征和主要内容，即直接表述出藏品的外在形式和最本质的内涵特征，使名称与藏品相吻合，一见其名，如见其物。

### 2.科学性

藏品定名要能够反映该藏品的基本面貌和基本特征，一定要通过科学鉴定和科学研究。藏品定名是对藏品本身所进行的科学研究工作，文物藏品的名称，尤其是通称，一般都有统一的科学规定，定名中不能主观地、随意地、没有根据地下定言，一定要符合科学，遵循一定的科学规定。

由于藏品种类繁多，差异较大，定名工作的规范化便显得十分重要。器物的名称，往往因地区的不同，称呼也就不同，定名要遵循一定的规则。自然标本按照国际通用的有关动物、植物、矿物和岩石的命名法规定名。历史文物定名一般应有三个组成部分，即年代、款识或作者，特征、纹饰或颜色，器形或用途。

由上述规则可知，历史文物定名有三个大的组成部分：第一，年代、款识或作者；第二，特征、纹饰或颜色；第三，器形或用途。每一组成部分中又包括有几个小的要素。例如，第一组成部分包括了年代、款识、作者三个小要素，第二组成部分包括了特征、纹饰、颜色三个小要素。定名的实践表明，历史文物定名时这三个大的组成部分是必不可少的，但对构成这三个组成部分的每一小要素并不要求必须都包括在名称中，可根据具体情况选择其主要的一两点来定名。

（二）藏品鉴定

藏品鉴定指的是一个研究过程，即通过全面、系统、深入的研究，对博物馆藏品的真伪、时代、质地、制作过程、流传经过和它所包含的历史、艺术、科学上的意义、价值等做出科学而又正确的评价。可见藏品鉴定工作是一项细致而又复杂的科学研究工作。

藏品鉴定的意义在于它能揭示藏品的内涵及其价值，使藏品在人类生活中发挥积极作用。藏品鉴定的最终目的是保证藏品的科学性，为国家和民族保护真实的科学文化财富；同时也为博物馆藏品的公开展出、研究利用等提供可靠保证，并提供藏品的价值、名称、时代、级别等鉴定成果。鉴定是藏品的研究工作，并且是藏品研究的首要内容。

藏品鉴定是藏品科学管理的前提和基础。鉴定工作做得好，不仅可以为藏品征集和入藏提供证据，为博物馆的陈列展览提供可靠的典型展品，还可以为我们研究人类的物质文化史和社会发展史，并为国内国际有关学科的研究，提供科学的实物资料。

因此，我们要高度重视藏品鉴定工作，只有将藏品鉴定工作做好了，才能有高质量的藏品，才能有科学合理的保管工作，才能使博物馆的陈列工作和有关的科学研究工作，建立在真正的科学基础之上。

藏品鉴定的内容主要有三项：一是关于藏品真伪的鉴定，一般称辨伪；二是关于藏品年代的确定，又称断代；三是关于藏品价值的评定，也称评价。

首先，鉴定藏品的首要任务是辨别藏品的真伪。在我国，由于种种原因，文物作伪由来已久，尤其是自宋代以来，仿制、伪造文物之风盛行，近代一些作伪甚至已达到真假难辨的程度。这就需要博物馆鉴定人员根据器物外形和内涵，从质地、铭文、造型、纹饰、工艺技术、作品风格等方面认真加以综合分析，以便做出准确的判断。目前，随着科技水平的提高，我们已可以利用先进仪器和手段对某些藏品的真伪做出更为科学的测定和鉴定，因此，采用科学仪器测试和传统经验判断相结合方法，是藏品鉴定工作发展方向。

其次，藏品鉴定要断定藏品年代。在藏品断代中也有许多问题需要注意。一般情况下，对于有明确出土地点和层位的出土文物，可依照考古发掘报告确定其年代；而博物馆收藏的大量传世品，多没有明确的断代依据可查，因此只能按照出土文物中的典型器和各代早已判定无误的标准器加以比较。有时对无法确准的器物时代，可以采取一种估算方法，即约算一个较大的时间范畴，或确准一个历史时期，如商周时期、秦汉时期、隋唐时期等。对近现代文物藏品的断代，因年代相去不远，所以判定时一般能比较准确，因此这一时期文物藏品的年代一般可用公元纪年。

最后，藏品鉴定还要评定藏品价值。评定藏品价值，主要是通过对藏品外形的分析、研究，特别是对其质地、铭文、造型、纹饰、制作工艺等的研究，探讨这件藏品所反映的历史、艺术、科学价值，以及它所揭示的生产制造这件藏品的那个时代的社会政治、经济、文化、艺术等的发展情况，从而使我们了解制作这件藏品所处时代的社会历史、生产力水平以及社会意识形态等诸多方面的情况。藏品价值的评定，有利于更好地发挥藏品的作用，使藏品充分地为当代社会服务。

**四、藏品编目与建档**

（一）藏品编目

编目就是编制目录，藏品编目是博物馆专业工作者对已登记入藏的文物、标本等物件进行最基本的、综合的研究和鉴定，对其外观和实质，以及历史、艺术、科学价值，做出较为科学而详细的记述，编写出目录卡片；并将单个卡片，进行综合、专题的科学分类，进一步编制成不同形式的目录。

它有两方面的含义：一是对博物馆藏品编制目录卡片，二是通过目录卡片编制综合性藏品目录或专题性藏品目录。

藏品编目是博物馆各项业务工作的基础。因为博物馆的陈列展览、科学研究等业务活动都离不开藏品，而编目的工作成果——藏品编目卡片和藏品目录是反映藏品情况的基本资料，编目工作的质量对上述诸种业务活动具有决定性作用，它直接影响着博物馆工作的广度和深度，影响着博物馆的社会效益，关系着博物馆的价值。

藏品编目是博物馆藏品科学管理、科学研究工作中一项关键性的工作。它既是藏品深入鉴定研究的过程，也是一定时期研究成果的体现。

藏品编目，为藏品的管理和利用提供方便，并有利于藏品的安全保护。因为藏品尤其文物藏品是不可再生产的科学文化财富，不可能也不允许经常地大量地提取原件使用，一般只能通过编目卡片的科学记录和描述以及原件照片向使用者提供所需的信息。因此藏品编目卡片的编制和使用，有利于藏品的永久保存，也方便了人们的利用。

藏品编目不仅为陈列展览提供多种资料和方便，还可以为科学研究提供依据和方便。藏品编目是以鉴定为首要前提的，因而对经过了鉴定的藏品进行编目，所编制的编目卡片完全可以为科学研究提供依据；同时也为进一步对藏品进行综合研究和各种专题研究创造了方便条件。

（二）藏品建档

建档就是建立博物馆藏品档案的工作。藏品建档工作是围绕藏品各项业务活动开展的一项重要工作，是编目工作的继续和发展。藏品建档主要有三方面任务：一是藏品档案的收集；二是藏品档案的整理工作；三是编制藏品档案册。

博物馆藏品档案是指在围绕博物馆藏品开展的各项业务活动中形成的，系统、科学地记录藏品本身详细情况，具有查考利用和保存价值，并按照一定的档案规则要求立卷归档集中保管起来的各种文书材料（包括文字记录、图表、照片、声像制品等）。

藏品档案的内容，一般情况下应包括藏品搜集情况记录；藏品入馆原始凭证、原始记录；藏品流传经过记录；藏品入库凭证，鉴定意见记录，定级、分类报告；藏品各种卡片、使用记录、修复记录、研究记录、采取保护性措施情况记录、著录文献索引、有关论著的索引或简报以及藏品残损情况报告、注销凭证等一切与藏品有关的情况记录材料。

博物馆藏品档案是掌握藏品全部情况的可靠材料，是藏品自然面貌与各项业务活动的多角度、全方位的真实、全面的科学记录，是除实物资料外，最重要的文字资料。藏品档案可以使国家行政主管部门掌握全国的重点藏品和一级品的情况，还可以使各博物馆掌握本馆藏品和一级品情况。藏品档案体现博物馆藏品管理业务人员对藏品进行科学管理的水平和深度；同时，藏品档案又是一项重要的科研成果。因此，要加强藏品档案的管理工作。

### 五、藏品注销与统计

（一）藏品注销

藏品注销是指对因各种原因已不属于本馆藏品者，通过一定程序在藏品总登记账上加以注明、予以销账的工作。

藏品注销工作是使博物馆账物一致的保证。对已经损毁、消失或调拨出馆的文物、标本等，如不及时从账册中注销势必造成账物不符的现象，出现账目混乱，以致无法有效管理，甚至会被道德不良者趁机钻空子，造成不必要的意外损失。

藏品注销，并不都是消极的、被动的行为。事实上，除了因藏品失盗、严重损毁等灾难性原因对藏品注销外，其他各方面原因的注销几乎都具有积极的建设性意义。如通过调拨，可以扶持一些底子薄、藏品少的博物馆或使调入藏品的博物馆的藏品品类更为齐全；通过馆际交换，有利于博物馆互通有无，以丰补缺，使彼此间的藏品都更加丰富、齐全。

（二）藏品统计

藏品统计是指博物馆在每季度末和年终时，对藏品增减数字的整理、计算工作。

为了掌握藏品的增减和变动情况，对国家民族科学文化财产负责，博物馆藏品库房应定期进行清点、核对和统计，做到藏品实物、卡片和账册的记载三者完全相符，并做出准确的数字统计，向上级主管部门提交数字报告。

藏品统计的作用是：①为国家掌握科学文化财产提供准确数字，也是博物馆领导者分析研究指导全馆工作不可缺少的数据；②藏品统计可以反映出本馆性质、特点，增加的数字可以显示搜集工作成果，弥补馆藏空白；

③ 历年藏品入馆数字的增加，是博物馆事业发展壮大的标志之一，也是编写博物馆沿革、年鉴不可缺少的数据；④ 使用出库数量的统计，可以反映各类藏品的利用率和藏品在宣传、教育、科学研究中发挥的作用，进而有计划、有目的地运用藏品，为社会服务。

藏品统计的内容主要包括：馆藏各类、各级藏品的实际库存数，藏品增加、减少、流动利用的统计数以及馆内外和国内外展出藏品数字统计等。

藏品统计结果要填入各类统计表格中，藏品统计表的种类和格式，基本可以分为以下 6 种：① 藏品增减数量统计表；② 历年增减数量统计表；③ 一级藏品升降级统计表；④ 藏品使用出库数量统计表；⑤ 年度藏品来源增减表；⑥ 季度藏品增减提用动态表。

无论哪种统计表，其格式设计都应符合国家文物局颁发的规定，其栏目内容，应以能反映各类统计所希望达到的预期目的为原则。

## 六、藏品备案

（一）藏品备案的意义及要求

藏品备案是国有博物馆藏品档案的建档部门将已经整理归卷的各种档案卷宗和涉及藏品出库、出境等工作内容的相关文件材料，依照相关要求向上一级行政管理机构报送存档备查的工作过程。

藏品备案是国家对各级国有博物馆的藏品实行宏观管理的手段之一，是摸清我国博物馆藏品家底，全面掌握藏品完整信息的必要手段；也是切实履行法律责任，加强国有藏品监管，健全国家藏品保护体系的基本要求。在特殊极端情况下（如自然灾害、盗窃、战争等原因导致藏品遭到损坏、遗失），可为藏品进行维修、追索等提供可靠依据。

（二）藏品备案的内容

1. 藏品总账备案

博物馆藏品总登记账的副本应报国家和当地文物行政管理部门备案。

2. 藏品目录备案

博物馆的《一级藏品目录》要报国家文物局和本省（自治区、直辖市）文物行政管理部门备案，《二级藏品目录》要报本省（自治区、直辖市）文物行政管理部门备案，《三级藏品目录》要报本市及县文物行政管理部门备案。

3.藏品档案备案

博物馆的《一级藏品目案》要报国家文物局和本省（自治区、直辖市）文物行政管理部门备案，《二级藏品档案》要报本省（自治区、直辖市）文物行政管理部门备案，《三级藏品档案》要报本市及县文物行政管理部门备案。

4.其他备案

按照国家相关法律法规需备案的工作内容。

（三）藏品备案的方式

1.逐级备案制

逐级备案制是指各级各类博物馆逐级向上级主管的文物行政部门或行业主管部门进行的备案。实行逐级备案可以保障各级博物馆主管部门都拥有各自所辖行政地域内的博物馆藏品档案。一套完整的博物馆藏品建档备案工作体系的建立，将有利于大幅度推动我国藏品建档、备案工作的健康发展。

2."双轨制"备案

"双轨制"备案就是实行纸质档案和电子档案同时科学备案的管理模式。电子档案只是科学管理的一种手段，不能取代纸质档案的存在。一份档案，以电子格式和纸质档案同时归档的"双轨制"是较为科学的管理模式。

# 第六节 藏品的数字化管理

## 一、藏品数字化管理的内涵、原理和意义

博物馆藏品的数字化管理属于新生事物，首先要搞清楚它究竟做什么，基于怎样的原理，有何价值意义等基本问题。

（一）藏品数字化管理的内涵

博物馆对藏品实施数字化管理，就是利用计算机多媒体、数据库、数据压缩等技术手段，将实物藏品信息由传统信息记录介质的纸质表单等形式转化为电子数据库记录形式，使保管员能够借助高效快捷的机读管理系统开展登记编目、出入库管理、排架清点、查询服务、统计核对、打印表单等一系列业务工作，从而大幅度提高藏品保管工作质量和效率的工作方式或状态。简而言之可定义为：利用现代信息科技手段高效低耗地开展藏品保管业

务的工作方式或状态。

（二）藏品数字化管理的原理

博物馆传统的藏品管理工作对象，分为实物藏品和相关信息两个部分。数字化管理并不能取代实体性的藏品管理操作，恰如计算机不能帮助保管员实施搬运和排架操作。"数字化"的直接对象仅仅是藏品管理中的"相关信息"部分，但抓住了效率问题的关键，能够对藏品管理工作的方式和质量产生积极影响。

所谓"藏品信息"，是指每一件藏品自身所具有的和后人所赋予的一些特征和属性，大致可以分为具体形象的形态信息、抽象的知识信息和工作性记录。其中形态信息往往是非言语性的，知识信息和工作性记录则是言语性的。博物馆之所以要收藏某些实物，不是为了物理或生理意义上的应用，而是因为这些实物身上凝聚着有助于人们认识世界的信息，是作为信息载体来加以收藏的，而信息又恰恰是可以进行载体转换的。以往是用照相、绘图、摄像、录音等方法，将实物藏品的形态信息转化为照片、图纸、胶片或音像磁带等载体材料；用书面文字描述或口述录音等方法，将实物藏品所含抽象的知识信息和工作性记录转化为纸质文献或录音磁带等载体材料，以便单独保存藏品所含的信息，也用来进行藏品管理和范围有限的信息分享。

博物馆属于一种比较典型的信息机构，自然会受到信息工具进步的深刻影响，藏品信息管理方式的改变不仅能提高保管部门的工作效率和质量，也为其他业务部门乃至整个机构的高效运行奠定了基础。

（三）藏品数字化管理的意义

与传统的手工管理方式相比，数字化管理的积极意义主要体现在减轻劳动强度、节省工作时间和提高藏品安全系数等方面，是提高藏品管理水平的重要措施。

1.减轻劳动强度

用计算机书写不仅速度快、便于无痕修改，而且屏幕显示或打印输出的字体规范、清晰易读，更有扫描仪等快速植入汉字的高效手段可用，同等篇幅书写的劳动强度要比手工抄写小得多，所需时间也少得多，这是人们在办公自动化过程中已经普遍体验到的事实。保管单据作业也不例外，如今在很多实现了数字化管理的博物馆保管部门，除了制度要求手写的总登记账簿以外，其他多种保管单据的生成作业都已实现自动化。另外，保管工作所用多种表单的栏目内容存在局部重复性，同一件藏品的记录内容也有被多次反复写入同一种表单的可能，以往保管员只能根据不同单据或不同批次的需要抄写，无法避免其中的重复劳动。而今藏品信息一经数字化则成为可反复调用的数据库资源，能在很大程度上减免书写劳动的重复性。藏品数字化管理的实践表明，如今生成各种统计报表和单据作业的劳动强度已被降到了微乎其微的地步，从而使保管员得以从繁重的抄写劳动中解脱出来，快速生成统计报表也能为管理决策提供及时而精准的信息支持。

2. 节省工作时间

保管员在工作中经常需要查询藏品信息记录。以往是采用账簿、卡片或档案册等书面材料形式记录藏品信息的，这些材料虽然用卡片抽屉或文件柜等设备收纳、排放有序，但其本质是线性排列的，并且需要专门的存放空间，保管员翻阅查找的工作强度较大而效率却不高，花在检索查找上的时间甚至会超过阅读利用时间。而数字化的信息查询方式不需要保管员改变工作地点和姿势，并可利用直观多样的检索方式快速调取所需藏品信息记录，数字化检索可以是非线性和跳跃式的，对目标藏品特征记忆的要求也较为宽松，甚至可以智能化地进行模糊检索，从而大大缩短了检索查找目标藏品信息的时间。另外，以往在日常工作中，馆内其他部门业务人员或馆外专业人员经常需要藏品保管员提供检索帮助，因为手工检索原本只是保管员自用的工具，带有浓厚的中介用户属性，尤其藏品分类和检索方式都比较个性化，往往使得初次使用的外部人员感到陌生不便。而在数字化管理状态下，由于数据库检索方法简单易学具有鲜明的最终用户属性，使得外部人员完全能够自助检索，无须保管员陪同供帮助，从而能节省保管员对外服务的工作时间，同时也意味着馆藏信息利用的瓶颈被突破了。检索查询效率的提高无疑为保管工作节省了更多时间，也全面提高了藏品信息利用率。

3. 提高藏品安全系数

尽量降低暴露和触碰实物藏品的频率，也是提高藏品安全系数的重要方式之一。博物馆藏品的数字化管理，主要在两方面有助于达到这一目标。一方面是由于藏品的数字化影像远比传统纸质照片的清晰度高，细节放大的屏幕显示效果甚至能超过肉眼观察的水平，再加上数字化存取图片的方便快捷，因而使得部分依靠提取实物观察的工作被检索和观看数字化影像所取代。换言之，虽然博物馆业务人员都在围绕藏品开展工作，但并不都需要拿着藏品才能工作，实际上在更多场合仅凭藏品信息就能开展工作，数字化图像信息因具有高保真性和可分享性而直接满足了很大一部分业务工作需求，这自然会大幅度降低实物藏品的移动、暴露和触碰频率。另一方面是在库房排架管理操作中，可以采用射频识别等传感技术，即保管员使用带有芯片读写器的移动终端设备，在一定距离之外通过电波与贴敷电子标签的目标藏品对话，可以辨认藏品的确切身份和库位信息，也可统计藏品的精确数量等，从而在排架库操作中实现"非接触式管理藏品"的状态，做到无损化管理。这种"使物品开口说话"的物联网技术应用也是以藏品信息数字化为前提的，是数字化技术在博物馆应用的延伸。

## 二、工作步骤与方法

藏品的数字化管理是对传统管理工作方式的改造和提升，因采用现代化的信息工具而产生了一整套全新的工作步骤与方法。了解和掌握其步骤与方法，不仅是博物馆工作者的实际需要，其步骤与方法本身也是博物馆学研究亟须加以探讨的内容。

（一）数字化工作环境建设

博物馆藏品的数字化管理，是建立在对现代信息科技引进与应用基础上的。这项工作的起点，就是根据藏品保管工作的实际需要，通过购置或开发一系列硬件和软件搭建所需的工作环境，按工作流程可大致分为采集加工系统、存储系统、输出系统和网络系统等四个主要领域。

1.采集加工系统

采集加工系统也就是所谓的数字化步骤，指利用计算机多媒体、数据库等技术手段，将馆藏实物的形态信息和传统介质的文献等，转化为数字化、电子化的光盘数据或网络信息的工作。藏品信息的采集对象大体可分为两类：一类是言语性的文字或口语信息，另一类是非言语性的形态信息。其中文字信息的数字化采集主要通过个人计算机、写字板和扫描仪等可以处理文字的设备进行，口语信息则采用录音笔等设备进行采集。这类硬件设备均已普及，所需应用软件也大都随机赠送而无须自行开发。形态信息的数字化采集则主要通过数字式的照相机、扫描仪、摄像机、录音机等设备进行，采集之后还要运用计算机和相关软件进行处理加工，这类软硬件设备需要一定的资金投入，应事先根据实际需求做好规划。选购软硬件设备的决策原则，除了追求较高的性价比以外，还应该遵循相关的行业规范要求，也要根据本馆工作人员的技术能力水平在先进性和成熟性之间寻找最佳平衡点。

藏品信息的数字化采集结果，应做到信息数据的有序存储，以便于快捷高效地调取使用。藏品信息的采集加工流程和数据排列次序都具有一定的特殊性，由此产生了根据博物馆藏品保管工作特点专门开发信息管理系统应用软件的需要。

2. 存储系统

博物馆藏品数字化信息的存储方式大体分为磁性介质的计算机内硬盘、移动硬盘和光学存储介质的刻录光盘三类。通常把机内硬盘作为在线应用数据的存储方式，移动硬盘多用于工作性的临时备份，光盘则主要用于沉淀性的大容量数据异地和异质性保存。其中光学信息存储介质的光盘是人工化学合成物，比起传统的纸张来，既可以降低对竹木等自然资源的损耗，也可减轻对环境的污染，且有逐渐廉价化的发展趋势。馆藏数字化信息的长期保存工作需要建立一整套完善的备份管理制度。

3. 输出系统

输出意味着应用，馆藏数字化信息的输出方式，主要包括连接计算机的显示器、投影仪、音响设备、打印机等外围设备。其中的显示器、投影仪和音响设备用于藏品视音频信息的输出，打印设备则用于生成各种书面文献和照片材料的打印件。这些设备的体积较大，通常放置在保管员的办公桌上不便移动，另有移动智能终端可用于保管员在排架库内的移动工作。

4. 网络系统

博物馆内部网络系统的功能主要在于藏品信息数据库的多用户共享。在一些规模较大、人员较多的博物馆藏品保管部门，需要通过有线或无线网络将多名保管员甚至全馆业务人员所用的计算机终端与服务器连接起来，采用客户服务器模式，不仅能减轻众多用户终端计算机硬盘存储负担，便于馆藏信息数据库的集中维护和及时更新，还能共享打印机和扫描仪等常用外围设备，甚至能有助于多名保管员或众多业务部门员工之间开展必要的分工与协作，起到整合凝聚集体力量的作用。此外，用户终端的网络化还服务于工作人员上网学习或搜集业务材料等多种用途。

（二）藏品信息的数字化采集加工

藏品信息的数字化采集加工，是实现数字化管理方式的基础和前提。数字化采集加工意味着信息载体转换，指的是利用计算机、数字照相机、扫描仪等数字化工具，把藏品形态信息和传统的藏品账簿、编目卡片或档案册等纸质载体信息转换为电子数据，也称为藏品信息数据库建设。博物馆就是通过这些丰富的多媒体采集加工手段将藏品信息数字化的，最终通过一套管理系统应用软件将这些数据文件有序存储和安全备份。在数据库建设过程中不仅需要购置多种相关的硬件设备和处理软件，还需要花费大量的工作时间和人工劳动。但这些耗费是值得的，因为数字化藏品信息具有沉淀性和分享性，今后它将长久地、反复地、无损耗地、不知疲倦地服务于本馆业务工作，甚至通过数字博物馆等形式更广泛地服务于全社会。

（三）数字化藏品信息的日常应用

数字化成果应用是数字化建设的目的。整天与藏品打交道的保管工作者既是数字化建设工程的主要承担人，也是建设成果的最大享用者。藏品保管员通常在以下几个方面利用数字化藏品信息。

第一，利用数字化藏品信息管理系统，轻松快捷地生成各种工作单据和账簿卡片，以开展各项藏品流通和书面信息管理工作。

第二，利用数字化藏品信息管理系统，迅速而精确地进行各类数据统计，为馆内多种业务决策提供及时而精准的统计数据参考。

第三，利用基于射频识别或红外线等传感技术的移动智能终端，在排架库内进行非接触式的藏品识别、核对等管理操作，以减轻记忆负担，提高劳动效率和藏品安全系数。

第四，利用数字化藏品信息管理系统，应对其他部门乃至馆外专业人员的查询需求，节省保管员应对外部信息服务的工作时间，同时也支持了其他部门的业务工作。

第五，利用数字化藏品信息开展业务学习和藏品研究，以不断提高保管员自身的专业素质和业务水平。

（四）数据库的运行维护与后续更新

数据库建设工作并非一劳永逸，在进入数字化管理状态后，需要长期不间断地对数据库进行维护和更新。

运行维护主要是技术性工作，包括防病毒处理、软件更新和安全备份等，目的在于保障软硬件系统运行顺畅、安全，并紧跟信息科技的进步与发展。

后续更新是指馆藏信息内容将随着实物藏品数量增加或藏品研究的深入而不断增多，需要陆续将这些信息内容补充进数据库，目的在于及时提供最完善和权威的馆藏信息，从而高质量地服务于馆内各项业务。可以说，数据库的维护和更新是一项有始无终而又不可忽视的工作。

### 三、馆藏信息管理系统的主要功能

博物馆藏品的数字化管理，需要运用一整套计算机硬件和软件。其中基于计算机数据库技术的馆藏信息管理系统软件尤为重要，是决定数字化管理水平高低的关键，其功能设计必须反映博物馆的业务特点。虽然数字化管理已在越来越多的文博机构成为现实，但自行研发馆藏信息管理系统应用软件的博物馆并不多，绝大多数博物馆还是在使用别人开发的现成软件产品。所以，从用户角度探讨管理系统软件的功能设置，应该成为博物馆学所关注的话题。从已有的实践经验来看，以下几个决定软件品质的功能模块不应被忽略。

#### （一）藏品信息登录

藏品信息登录也称为藏品信息采集或藏品数据库建设。这是将藏品的文本信息数字化，并连同其他各种多媒体信息文件有序存储起来的功能。目前常见的藏品信息文件形式包括两类：一类是由书面语信息构成的文本数据库，另一类是包括音频、视频、图像、图形、动画等各种格式的多媒体信息文件。在藏品信息登录功能中，通常要依据一定的信息指标体系建立数据库填写页面，让用户能够通过计算机键盘等输入设备，将藏品文本信息转变为数据库指标项记录的内容，同时将相关多媒体信息的文件与该记录建立链接并指定存储位置，以构成完整的、可供管理和查询之用藏品信息数据库资源。

藏品信息登录模块下的具体功能设计，必须反映博物馆保管业务的实际需求特点。例如，登录信息是一项指定到人、文责自负的严肃工作，因而登录功能模块必须设置使用权限，以确保数据库免遭他人非法修改；有些博物馆的藏品量较大，应该设置快速登录乃至自动校对等功能，以提高工作效率，缩短数据库建设周期，尽快使数据发挥作用；通常多媒体信息文件体量较大，应该以数据库外挂的方式指定存放位置，以免影响文本数据库运行速度；藏品的多媒体信息文件数量较多，应该合理设置赋予文件名的规则和方法，以提高文件命名精确度并降低操作劳动消耗；由于藏品信息的部分指标内容具有保密性要求，应该设置相应的使用权限，以免泄密。

（二）系统数据维护

这是对现有数据库记录进行局部修改的功能。由于博物馆的藏品实体本身存在多种变化的可能，因而藏品的部分信息记录内容也会随之改变，例如，每次提取或退还藏品都需要对其原因和场所等信息追加记录，出现事故或注销藏品也要进行专门记录。有时即便藏品实体本身没有变化也会产生修改信息记录的需求，例如，由于藏品研究的深化而需要对原有的描述用语、观点、结论等进行修改或增补，发现数据库记录错误而需要加以纠正，新生的多媒体材料需要与文本数据库进行链接，等等。只有通过及时的更新维护，才能保证藏品信息数据库不断丰富，具有权威性和精确性。

（三）信息检索查询

数字化的馆藏信息检索查询，是指将馆藏信息按一定的方式组织和储存起来，并能根据用户的需要取出所需特定信息的整个过程。检索的前提在于对资料进行索引，传统纸质编目卡片需要提取藏品名称、质地、年代、作者、主题词等作为索引。而在数字化管理状态下，计算机可以对全文进行索引，即文中每一个词都能成为检索点。常见的馆藏信息数字化检索方式分为两大类：一类是基于分类的目录浏览，也叫受控语言检索，属于规范化的人工语言，包括分类语言和主题语言；另一类是利用关键字词的搜索引擎，也叫自然语言检索，本质上是一种未经规范化处理、不受控制的语言检索。

（四）统计报表输出

数据运算本是计算机的长处，统计报表输出则是藏品管理系统所应提供的重要服务内容，管理工作者经常需要从中获取有意义的统计数据，为各项决策提供依据。以文物类馆藏信息管理系统为例，根据《博物馆藏品信息指标著录规范》，凡是采用了分类叙词表或下拉菜单形式的指标项记录，均可自动形成有用的统计报表内容。所谓输出，主要指统计数据表的屏幕显示，也包括纸质报表打印。其中常用的数据统计功能主要包含以下几项内容：①目前库藏品总量统计；②各类别藏品数量统计；③各质地藏品数量统计；

④各用途藏品数量统计;⑤各级别藏品数量统计;⑥各民族藏品数量统计;⑦各国别藏品数量统计;⑧各来源藏品数量统计。

（五）单据打印输出

业务人员在利用藏品管理系统过程中,经常需要将某些馆藏信息打印到纸面上来。尤其内部管理工作,在以往长期的手工抄写时代就形成了一整套书面材料格式,如今采用数字化管理方式可以大幅度提高工作效率,减轻劳动强度。以文物类藏品为例,数字化管理系统最常用的文件打印输出功能主要有以下几种。

第一,打印藏品编目卡片。藏品编目卡片是博物馆长期用于内部管理和专业查询的重要手段之一,承担着藏品基本信息记录载体的角色。虽然数字化时代的纸质编目卡片逐渐失去查询检索工具的作用,但其纸质档案的角色仍旧存在。

第二,打印提取退还凭证单。保管员在准备将要提取出库的藏品单据记录时,或陈列工作者在准备展品清单时,或研究人员、修复人员等在准备藏品提用清单时,即可利用该功能进行打印操作。由于文物库房藏品出库行为意味着使用完毕后还要退还归库,因此提取凭证同时具有退还凭证功能。

第三,打印入库凭证单。当一件或一批新藏品入库后,馆方应制作至少两份入库凭证单,分别交保管部负责人和库房保管员各自保存,该凭证具有法律依据。保管员在准备提供入库凭证单据时,可先将新入库藏品的信息输入管理系统,然后即可利用该功能进行打印操作。

第四,打印注销凭证单。当一件或一批藏品被注销时,在对需要注销的藏品记录逐一进行数据库回注之后,馆方应制作至少三份注销凭证单,分别交上级主管部门、保管部负责人和库房保管员各自保存。

第五,打印藏品总登记账。在国有博物馆,属于国家科学文化财产账性质的藏品总登记账,应该备份提交给上级主管部门备案。由于总登记账内容会随着藏品新增或注销而处于不断变化之中,因此往往需要按年度向主管部门报送总登记账的纸质副本。另外,藏品总登记账的打印件也可用作辅助性的检索查询工具。

第六,打印事故登记表。当藏品因发生事故而受到损失时,在对相关藏品记录逐一进行数据库回注之后,馆方应制作至少三份事故登记表,分别交上级主管部门、保管部负责人和库房保管员各自保存。

第七，打印装裱修复单。当一件或一批藏品因修复、装裱或复制完成后退还库房时，在对相关藏品记录逐一进行数据库回注之后，馆方应制作至少三份修复装裱复制单，分别交修复装裱复制工程承担人、保管部负责人和库房保管员各自保存。

第八，打印藏品档案册。当保管员准备为某件藏品制作档案册时，可利用该功能进行打印操作，按国家文物局统一制定藏品档案格式打印输出。

上述打印功能，使保管员最常遇到的单据作业和档案填写实现自动化。

（六）数据安全备份

网络世界存在着病毒或恶意攻击因素，一旦某些数据被破坏和丢失，则会导致整个系统不能运行，甚至意味着大量数据库建设劳动付诸东流。因此，对已有数据的安全备份就成为一项十分严肃的工作，也是馆藏信息管理系统必备的功能之一。

这项工作又分为人工备份和自动备份，它们各有优缺点。所谓人工备份方式，是要通过人工操作计算机打开数据库文件所在盘，把数据库文件直接单独复制粘贴到其他计算机的硬盘上或刻录成光盘，从而形成数据库的"异地备份"或"异质备份"。所谓自动备份方式，是要通过计算机程序设计为管理系统专门设置按时自动备份功能，不管系统数据库是否变化，系统都将按照规定的间隔时间自动将数据库文件强制性地复制到指定的硬盘上，从而形成数据库的"异地备份"。一旦在线的系统数据库遭到破坏，即可用备份数据库恢复系统运行，从而提高安全系数。人工备份的优点在主安全可靠，缺点在于不够及时，也缺乏强制性；自动备份则与其相反，优点在于备份及时，包含应有的强制性，缺点在于设计复杂并且含有不可靠因素。应按需选用或交替使用备份方式，确保万无一失。

总之，博物馆藏品是博物馆各项业务工作的物质基础，征集工作可以增加博物馆藏品的数量并改善博物馆藏品的质量，藏品管理可以确保征集工作的成果得到妥善保管和充分利用。同时，藏品管理各项流程紧密关联，在为博物馆其他业务活动提供基础性服务和为社会公众提供便捷服务的同时，确保藏品安全。博物馆可以被看作一种较典型的信息管理与服务机构，其中基础性的藏品管理工作成为影响整个机构业务运行效率的关键。已有的实践表明，数字化和网络科技确实为藏品管理工作增效减耗提供了契机，博物馆工作者应该抓住这个机遇，努力实现藏品管理的数字化，以全面提高博物馆的管理和服务水平。

# 第四章 博物馆展览策划、设计与施工管理

## 第一节 展览内容策划

### 一、展览内容策划理论

（一）博物馆展览的含义

博物馆展览是指在特定空间内，以实物展品和学术研究成果为基础，以艺术或技术的辅助展品为辅助，以展示设备为平台，依据特定传播或教育目的，使用特殊的诠释方法和学习次序，按照一定的展览主题、结构、内容和艺术形式组成的，进行观点和思想、知识和信息、价值和情感传播的直观生动的陈列艺术形象序列。

除了实物性、直观性等特点外，博物馆展览的核心特征是：知识性和教育性、科学性和真实性、观赏性和趣味性。

其中，知识性和教育性是博物馆展览的目的，这是指博物馆展览的目的和宗旨是进行知识普及和文化传播，服务于教育公众的需要。因此，展览要有文化学术概念，有思想知识内涵，能给受众以信息、知识和文化，起到传播观念和思想、知识和信息、文化和艺术的作用，起到公众教育的作用，起到促进文化交流和传播的作用。一个没有思想知识内涵，不能起到知识普及和发挥公共教育作用的博物馆展览，无论其表现形式如何花哨，也一定不是合格的博物馆展览。

科学性和真实性是博物馆展览的前提，这是指博物馆展览的策划要有扎实的学术支撑，要以实物展品和学术研究成果为基础。第一，博物馆展览应以真实的实物展品为基础；第二，展览提出的观点、思想、知识和信息都必须建立在科学的学术研究成果之上；第三，图文版面的设计、艺术或科学

的辅助展品的创作等，也都必须以科学的学术研究成果和客观真实的实物展品为基础，是有依据的还原、创作和重构。没有"科学性和真实性"作保障的博物馆展览，必然不是一个真正的博物馆展览。

观赏性和趣味性是博物馆展览的手段，这是指博物馆展览要有较高的艺术感染力和观赏性。博物馆是个非学校教育机构，参观展览是一种寓教于乐式的学习；同时，虽然展览传播的观点和思想、知识和信息是理性的，但作为一种视觉和感性艺术，其表现的形式应该是感性的。即一个好的博物馆展览，不仅要有思想知识内涵、文化学术概念，还要符合现代人的审美需求。只有具有较高艺术水准、引人入胜的展览，才能吸引观众参观。反之，一个学术味过重、枯燥乏味，或缺乏趣味性和娱乐性的展览，必定不是好的博物馆展览，必定难以吸引观众，也不符合博物馆非学校教育机构的性质。

从上述博物馆展览的核心特征来看，显然，博物馆展览不同于普通建筑装饰工程，也不同于商业会展和迪士尼乐园等娱乐设施。因此，在博物馆展览建设和工程管理中，我们切不可将博物馆展览等同普通建筑装饰工程、一般商业会展和娱乐休闲设施来处理。

（二）博物馆展览的类型

博物馆展览多种多样，各有特点。之所以要对博物馆展览进行研究和分类，就是为了认识每类展览的特点和要求从而有助于我们把握其特点和规律，更好地策划设计展览。

1. 按展览展出的时间长短分类

按照展览展出的时间长短分，博物馆有两类展览。一类是长期展出的体量较大的基本陈列，即常设展览，其展览主题、内容、展品和展示体系一般比较稳定。基本陈列往往反映了博物馆的性质和任务，也是博物馆收藏和研究水平的体现。另一类是小型多样的、短期展出的、常换常利的临时展览，又称特展。临时展览一般历时几个月至一年。临时展览是博物馆展览的重要组成部分，在博物馆展示教育中扮演重要的角色。

2. 按展览的内容属性分类

从世界范围看，博物馆种类丰富多样。根据国际博物馆协会对博物馆所下的定义，除了历史、艺术、自然、科学、人物等大类博物馆外，水族馆、动物园、植物园也属于博物馆。不同种类的博物馆往往有不同的展览，博物馆种类的多样性决定了其展示内容的多样性。虽然，博物馆的展览多种多样，但从博物馆展览的性质看，常见的展览主要有：艺术类展览、历史类展览、人物类展览、科技类展览、自然历史类展览等。

3.按展览的传播目的和构造分类

虽然博物馆展览多种多样，但按展览的传播目的和构造分类，博物馆展览不外乎两类：一类是以审美为诉求的文物艺术品或自然造型物品展览，即审美型展览；另一类是有明确主题贯穿的、以思想观点和知识信息传播为诉求的叙事型展览。

所谓审美型展览，以文物艺术品展览为例，这类展览强调艺术品本身美的呈现，每件展品（文物艺术品）都"讲述自己的特点和故事"。审美型展览在展示方式上一般采用美学价值展示法，即强调突出文物艺术品或自然造型物品本身的展示，强调展示展品的美学价值，关注的焦点是展品的外貌——造型美、装饰美、色彩美、质感美，旨在给人美的享受，进行美学教育。例如卢浮宫的维纳斯雕像展和蒙娜丽莎绘画展，上海博物馆的书画展和陶瓷展等。这类展览必须使用真品，并要以实物展品为中心，照明设计和展示道具设计都要以彰显实物展品为目的，一般较少甚至不利用辅助展品，不要求有严密的内容逻辑结构和结构层次安排。

所谓叙事型展览，是以讲故事的方式表达展示意图、述成教育目的。它们讲述一段历史或故事，一个人物或事件，一种自然现象或科学原理等，观众被引导跟随展览所展开的故事观展。这类展览往往有明确的主题思想统领，有严密的内容逻辑结构和结构层次安排。一般要有故事线或剧本策划来发展主题，并且剧本要强调故事意识流，根据故事意识流选择和组织相互关联的展品，强调展示元素（实物、图文版和辅助展品）之间的联系。叙事型展览不同于单独物品呈现的审美型展览，其最佳的表现方式是讲故事。在这类展览中，实物展品成为故事的"主角"、"诉说者"或"物证"。为了有效地阐释展览的主题和内容，除了实物展品和图文版面外，往往采用大量二维或三维前辅助艺术品、数字媒体和科技装置，并强调四者的信息组团，相互映衬，共同说明一个故事，这个故事可能是人物的、事件的、地方历史的、行业历史的、自然生态的、科技知识的等。对叙事型展览来说，展览剧本策划至关重要。

（三）博物馆展览的展示媒介

要做好展览策划，必须了解博物馆的各种展示媒介及其功能和特点，并将其有机地融入展示策划中。综观当代各类博物馆的展览，其展示媒介不外乎如下四大类。

1. 实物展品

这是博物馆展览的主要展示媒介，是博物馆展览的主角，任何辅助展品都不能替代实物展品的地位。

2. 图文版面

包括文字说明、照片、地图、图表、图解和图片等。图文版面是博物馆展览信息传达的主要展示媒介之一。

3. 辅助艺术品

包括灯箱、模型、沙盘、景箱、场景、壁画、油画、漆画、半景画、雕塑、蜡像等。博物馆展示辅助艺术品与纯艺术创作不同，纯艺术创作更多是艺术家思想、精神和情感的抒发，而博物馆展示辅助艺术品更多的则是一种知识、信息的传播媒介，因此，它们的展示设计必须有扎实的学术支撑，是有依据的再现、还原和重构。

4. 新媒体和科技装置

包括多媒体、幻影成像、影视、动画、声光电合成技术、仿真复原、观众参与装置等科技装置等。新媒体和科技装置也是一种知识、信息的传播媒介，其演绎同样必须有扎实的学术支撑，是有依据的再现、还原和重构。

在博物馆展览策划设计中，我们应该了解各类展示媒介的特点和功能，合理巧妙地应用各类展示媒介。

**二、博物馆展览传播目的的设定的重要性**

所谓展览的"传播目的"，是指展览的宗旨，或展览教育、传播要达到的目的，它们或是教育的，或是政治的，或是宣传的，或是文化的，或是商业的，等等。总之，任何展览都首先必须明确自己的传播目的，即展览想告诉观众什么，影响观众什么。

展览的传播目的是展览的灵魂，是贯穿展览建设始终的基本指导思想，是博物馆展览策划、设计和表现的出发点和归宿，它贯穿于展览策划设计和表现的全过程。传播目的不仅是展览内容策划的指导原则，而且是展览形式表现的指导原则，展览内容的选择、取舍、编排和展览结构的安排都必须服从和服务于展览的传播目的，展览形式表现手段的选择、辅助展品的创作、展品的组合、信息的组团、展项的系统组织等也都必须服从和服务于展览的传播目的。

展览的传播目的不仅是博物馆为展览设定的目标和方向，也是判断展览成效的依据。当判断展览策划的质量时，我们会考察它的传播目的的设定是否中肯准确；当判断设计方案时，我们会考察它是否忠实地表达了传播目的；当开展展览评估时，我们会考察展览是否有效地实现了传播目的。可以说，有了传播目的，我们的各项工作就有了统一的目标和标准。从受众的角度看，由于具有明确的传播目的，展览所欲传播的信息将以一种清晰与自觉的方式组织起来，展览的各项目也以一种有序的方式得到整合，从而大大增加观众对展览的理解。同时，通过比较展览的传播目的与观众实际获得的印象和信息，我们就能对观众的实际受益情况，对展览的传播效应，形成中肯的判断。

传播目的不明确是直接影响我国博物馆展览传播效果和质量不够理想的关键因素。之所以许多观众看完有些展览后不知所云，根本的原因就在于在展览内容策划、形式表现中，策展人和形式设计者没有意识到展览传播目的的重要性，没有认真地研究展览的传播目的，因而没有准确地设定传播目的，或没有按照传播目的来系统组织、规划和设计展览，从而使展览内容的策划组织或形式表现缺乏明确的传播导向，沦为各种展览内容机要素的无目的拼凑和混合，沦为各种艺术形式的无目的作秀，最后必然造成观原看完展览后不知所云的尴尬局面。

# 第二节 展览形式设计

## 一、形式设计的空间与造型理论

（一）空间的概念

空间可分为无限空间和有限空间，博物馆展览形式设计中所指的空间，一般是指由可度量的长、宽、高限定的有限空间，即展览所赖以呈现的博览性建筑空间。展览空间又可分为内部空间和外部空间。就博览性建筑而言，由顶、底、侧面闭合围成的内部空间，具体包括陈列厅室、序厅等主要陈展空间和走廊、休息室、垂直交通空间（楼梯），与展览相关的学习体验空间等次要空间。有限空间所处的外部空间一般指博览性建筑的外部环境空间，包括庭院、交通道路、植被、外部休息场所等。外部空间有时也可用作展览。

（二）空间感

空间感是指人对空间的认识与感受，不同的人对一定的空间感受有差异，我们将这种个体对空间的感受效果叫作心理空间，除了对空间的三维，长宽高和大小的感知外，人可以对一定的有限空间产生诸如安全／危险、舒适／不适、平静／紧张、愉快／痛苦等感受。

空间的大小、尺度、形状，人在某一空间中连续运动造成的视角变化等因素，可以给人带来诸如庄严、神圣、冷峻、温馨、明快、简洁、复杂等对空间的心理感受。通过人为的空间设计，可以引导人们产生不同空间感受。

（三）博物馆建筑空间与空间设计原则

一个博览性建筑（博物馆建筑）按照功能划分，可分为开放性区域和非开放性区域，前者主要包括陈列展览、教育、服务等功能区，后者包括藏品库房区、技术工作区、行政办公与研究区、设备区等。不同的功能区在建筑设计上有明确的规范要求。展览主要是在开放性区域尤其是陈列展览区实施的，它既要以既有的建筑空间为基础，也要求对空间进行二度创作，设计适合一定主题和展示对象、展示内容的空间形态和空间组合。空间设计一般来说要遵循以下原则。

功能需求原则：空间设计首先要满足展览功能要求。首先，不同的展示对象、内容和主题对空间的要求各不相同，要依照其需求进行空间设计；其次，要考虑观众的观赏需求，即观众在展示空间中彩动、驻留、观赏等基本需求；最后，要考虑管理与服务需求，适合博物馆相关展览服务与管理的基本需要。

尺度适宜原则：尺度不同于"尺寸"，它不是指空间的物理数据，而是空间对人的行为需求和精神需求的适度感。空间的设计要以人为本，以人为参考系数，考虑人在空间中的运动、视角、视距等因素，创造符合人心理期待的和谐空间。

组合布局均衡原则：展览空间按照需求被划分为一系列的空间的组合，

在关系上可分为主次、虚实、聚散、分合、大小等，空间的组合要具有韵律感、比例关系，充分考虑展览内容的关联性、艺术表现形式、动线设计等因素。

风格契合原则：空间设计是展览艺术设计的第一步，针对不同的展览需求，要选择适宜的艺术表现风格，综合运用尺度、体量、明暗、光色、材质、肌理等，表达出鲜明的风格特征。针对不同的展览，设计者可选择不同的风格倾向，如民族风格、古典风格、现代风格、简约风格、自然主义风格等。

（四）空间限定形式与空间组合

展览空间的再创造是通过展具、设备、隔断等对既有建筑空间的二次界定，来创造出诸如闭合、开敞、静止、流动、高大、低矮等不同体验效果的空间，可采取的空间限定形式如下。

围合：用墙体、展壁、隔断、屏风、实物等对空间进行限定。其限定程度有实有虚，如以实体墙闭合限定的空间就较实，而以排线、虚面、柱廊等限定的空间则较虚，前者适于创造比较明确的独立空间，后者更倾向于强调所限定空间与外部空间的关系。

设立：在一个限定空间或非限定空间中，将一个设定元素置于其中。如纪念碑就是一种设立形式。这种方式比较适合突出展示对象主体，造成突出的视觉感受和鲜明的空间视觉表情。

覆盖：展览空间一般是顶、底、侧俱全的限定空间，在一定的限定空间内，通过加置覆盖物的方式造成某一局部的再次限定，可用于较高室内空间高度的二次分割、区域界定等。

凸起：即对限定空间的底部进行抬升，可一次抬升，也可逐级抬升。它可运用于对区域空间的强调，塑造诸如突出、限制、强调、划分等气氛。

凹入：即对限定空间的底部进行下沉处理，可塑造诸如静谧、限制、俯视等气氛。

互嵌：强调两个或多个空间之间的互相包容关系，通过共用、互通、重叠、包含等空间关系，创造空间之间的有机联系。

通过一定形式限定的若干个单体空间，可以组合在一起，造成空间的序列变化和统一，从而产生韵律、主次、大小、方向、动静等变化，塑造丰富的空间表情。其主要组织方式如下。

并列：即各个单元的限定空间之间没有主从关系，相对独立，形态近似，适于表现并列式的内容，一般适用于自然、艺术等题材的陈列展览。

序列：即各个限定空间之间有明确的次序，构成鲜明的方向性，引导空间动线，与展览的逻辑序列高度呼应，一般适用于具有明确时间序列的历史类陈列展览等。

主从：不同空间的重要性不同，构成主从关系，主空间用于重要内容的陈列展览，次空间则用于相对较为次要内容的呈现。

（五）造型的概念

以一定的艺术手段，在三维空间或二维平面创造具有一定表达意义的构型，即为造型，造型是一切美术创作包括展览形式设计的核心。展览造型设计有自身的特点，它不仅要考虑视觉因素，还要综合考虑展示对象、展示空间、材质、工艺、设备、光色彩、肌理乃至声光电、虚拟现实等各种要素，因而是一个综合复杂的创作过程。

广义地说，空间设计也包含在了造型之中，是一种空间造型。在博物馆展览形式设计中，空间造型是造型的第一步，它既是对空间表情的规定，也是"负形"，即空虚之形的塑造过程。与此相对应的，展壁、展柜、展架、展板、展台、隔断、设备外观、场景、模型等的造型设计则构成了相对"实在"的造型设计内容。陈列造型是功能与形式的完美结合，应该以满足功能需求为前提，在充分满足展示功能的前提下，运用符合形式美法则的手段，创造良好的展示视觉效果。从功能上说，展览形式设计中的造型设计可分为总体造型设计、展品展示造型设计和设备造型设计。

（六）造型的要素

造型活动通过对材料、工艺、色彩、肌理等因素的综合运用，从而创造出具有一定形态、表达一定情感、引起一定反响、传达一定情绪的物化形态。一般来说，造型过程包括了以下要素。

功能要素：功能决定造型，陈列展览的基本功能是展示和欣赏，这是造型的基本前提。首先，造型设计要满足展览的要求，博物馆的展品本身具有自己固有的造型、色彩和肌理，这些传达了一定历史、文化、艺术和科学内涵的外在信息，要得到充分展示。其次，造型设计要满足观赏需求，既要符合既定的审美趣味，又不要喧宾夺主，分散观赏展品的注意力，同时还要考虑到观众人流动向、空间动线规划。最后，要满足安全要求，既要保障展品和设备的安全，也要保障观众安全。

形式审美要素：无论何种造型，其基本的形式要素都是由点、线、面、体构成的。不同形态的点、线、面、体的组合，构成了千变万化的造型。造型中的点不同于几何学中的点的概念，它是指在一定空间中存在的，能凝聚视线、形成视觉焦点的小面，因此具有视觉集中的效果：点的组合也可以带来虚线、虚面的视觉感受，制造灵动、变化的造型趣味。线是点的移动轨迹，而不同于几何学中的线，造型中的线本身除具有长度外，还具有形状、色彩，因而不同的线具有不同的造型趣味，如直线具有明快、庄重、挺拔、平稳、力量等感觉，曲线具有流畅、婉转、圆润、柔和、丰满等感受，粗线有厚重感受，细线有轻松精致之感。线的移动构成了面，面有平面，有曲面，不同的面对视觉和心理产生的影响也不相同。如方形具有简洁、平稳、安全、庄重的效果。几何形的平面或曲面具有理性、规则、秩序的感受。偶然形面，即自然或人为偶然产生的形状，如泼墨的墨迹、木材的纹理等，具有丰富性，它不同于其他形象，很难得到完全相同的形象，如打翻的墨水形成的墨迹或雨花石的花纹很难再有相同的。偶然形具有一种朴素、实在、自然的美。这种美除了体现在外轮廓上，更主要的是体现在形象表面的肌理上。

（七）造型设计原则

第一，形式服从功能原则。博物馆展览中的造型设计都是有一定目的的，除具有审美功能外，还具有一定的实用目的。博物馆展览本身作为一种设计产品，它的核心是实用，也即展示和观赏功能的充分满足。

第二，经济效能原则。博物馆作为一个公共文化服务机构，其使命之一就是为广大公众提供有效的文化公共产品供给。这种产品的成本来源往往是公共财政。

第三，合理性原则。一个优秀的设计，功能合理是美感的前提，符合功能的形态本身就是美的形态，而对材质、肌理的表现与使用，尽量贴近其合理的、应有的形态，是合理性的一个鲜明表现。

第四，稳定性原则。某种意义上说，博物馆展览是一个相对"静态"的设计作品，一个基本陈列的周期常常保持六七年甚至更长，这就要求在造型设计中必须考虑到稳固性，在材料选择、结构设计等方面满足这一需求。

第五，信息准确原则。一定的形态传达一定的情感。一定的造型寓意着某种象征。而对于有明确主题和内涵的博物馆展览来说，这些通过造型形象传达的信息是否准确，营造的气氛是否贴切，是一个必须考虑的问题。

## 二、形式设计的色彩理论

### （一）色彩学基本原理

人的眼睛可辨识的色彩有一千多种，在我们的日常生活中，会直观地感受到万物都有各自的色彩，如花朵的颜色是红的，叶子的颜色是绿的，这些都是我们日常的经验。色彩学理论认为，由于物体的表面组织不同，所反射的自然光线不同，对光的反射、吸收的比例不同，就构成了该物体的颜色。

19世纪中叶，英国物理学家艾萨克·牛顿（Isaac Newton）的实验麦明，颜色不是物体"固有"的，而是对光的反射造成的。牛顿用三棱镜将自然的白色（无色）日光分解成宽窄不一的光谱色带，呈现出红、橙、黄、绿、蓝、靛、紫七种色彩，揭示了日光是由不同的色光混合组成的。物体的色彩就是对不同色光的反射，如我们看到花朵是红色的，是因为除红色光外的其他各种色光被花朵所吸收，红色光被反射出来，所以花的颜色就是红的，同样，由于较多地反射了绿色光，叶子的颜色就被我们观察到是绿的。而在没有日光或人工光的环境下，我们就难以察觉物体颜色，所以，一切色彩都来自光。

三原色：随着色彩学研究的进展，人们逐渐发现，只要橙、绿、紫三种色光，即可还原成白色光，这三种颜色被称为色光三原色。橙光与绿光混合后呈黄色光，绿光与紫光混合后呈蓝色光，紫光与橙光混合后呈红色光。而在绘画中，假如将红、黄、蓝三种颜料互相混合，红色与黄色混合呈橙色，黄色与蓝色混合呈绿色，蓝色与红色混合呈紫色，正是色光三原色。而红、黄、蓝三色混合，则得到了黑色。红、黄、蓝又被称为色料三原色。色料的混合正与色光混合相反，所以，红—绿、黄—紫、蓝—橙这三对色彩被称为补色。由于橙、绿、紫三种颜色是经原色混合后所得，因此又叫二次色（间色）。二次色的混合所产生的颜色（黄灰、红灰、蓝灰）叫作复色。

色彩三属性：我们在日常生活中经常将某种物体形容为某个颜色，但在不同的光环境下，物体的固有色彩会发生不同的变化，呈现出浓淡、深浅、明暗等各种变化。色彩学将这些变化用三个指标来表示，即色相、光度、纯度。色相，即物体在自然日光下呈现出的物体"固有"色，即红、橙、黄、绿、蓝、靛、紫等不同颜色。光度，即色彩的明暗度，同一色相因光线的强弱而产生高、中、低的明暗度,如暗红、深红、正红、浅红、粉红等。纯度是指色彩的饱和度或鲜艳度,如某种颜色加入不同程度的黑色,则称为过度饱和色,而加入不同程度的白色,则称为未饱和色。色彩的三个属性是相辅相成的,一种属性的变化必然影响其他两种属性的变化,在设计中,需要根据实际情况调试不同色彩的属性变化。

色调:不同的色彩之间的组合构成了色调,它往往被用来表示一幅画、一个设计的总的色彩倾向,色调有冷、暖、明、暗、清、浊、活泼、沉稳等风格感受。要取得色调的调和,就要充分利用色彩之间的关系,如运用同类色,即同一色相的不同光度纯度的色彩;运用邻近色,即色相相似的颜色,如红与橙。

标色法:将色彩三属性的不同程度加以数据化,用数值的高低标示其属性的变化,则我们可以用三个数据来标识颜色,这就构成了标色法,也就是色彩的表示方法。由于色彩三属性就好像坐标的 X、Y、Z 轴,于是就有了色立体或色彩树的发明。

(二)色彩与观众心理

人们对不同的色彩有着不同的感受,这种感受有的是色彩本身在色相、光度、纯度上的变化带来的,有的是在不同的文化背景下形成的某些喜爱、憎恶等情感造成的,与大自然中各种物体、季节色调相似的色彩,也可以带来相似的心理感受。不同年龄、性别、职业的观众,对色彩的感受倾向也不尽相同。在设计实践中,不仅要考虑相关的展览主题来确定展览的色调,也要考虑观众的心理感受。

正因为这些感受,人们往往赋予色彩一定的象征性意义,例如:

红色容易引起人们的兴奋情绪,往往用来表达诸如热情、激动、喜庆、刺激、革命、警示等情绪;

黄色具有秋天和食物般的色彩感受,因此有灿烂、光明、富足、希望、高贵、轻快等感觉;

绿色是春天和原野的颜色,象征着生命、生机、健康、青春、蓬勃,也因其比较适合观看,可以使眼睛得到休息,有平静、镇定的感受;

蓝色有后退、高远的感觉,是天空的颜色,因此有崇高、深远、宁静的感觉,也有冷漠、阴郁、悲伤的情绪。

（三）色彩与视觉疲劳

在设计中，选择不同的色彩体系，不仅是表达主题和风格的需要，也是观众参观的功能需要，观众长时间在展厅中进行连续不断的观赏活动，对视觉色彩环境的要求比较高，其中，充分考虑观众视觉疲劳是一个非常重要的因素。

色调的选择：有时我们为了突出展示效果，使用原色、对比色的组合来达到使观众注意的目的，但使用过多往往带来观赏的过度刺激。不同的展览主题，适应不同的色调选择，有的沉稳、柔和，有的端庄、典雅，有的明快、鲜明，色调的选择既要照顾设计风格，又要充分引起观赏兴趣，同时还要考虑观赏者的视疲劳问题，是一个需要均衡考虑的问题。

色彩与光环境的关系：博物馆展览由于展示对象的不同，往往对陈列厅照明有着不同的要求，照度、色彩还原度各不相同，这就使得观众观赏的光环境发生变化，光照条件、光亮度、光源性质种类都会对色彩的表达来带影响，因此色彩选择要充分考虑光环境的因素，降低观众的视觉负累。

（四）色彩与展览主题

色彩本身的象征意义、社会意义，使得不同的色调会带来不同的心理感受，就如同不同的音乐节奏，会对听者产生不同的情绪感染一样，展览的色彩设计也会对观赏心理有着重要的影响。利用或引导这种影响，从而使展览的主题得到充分适当的表达，是博物馆展览形式设计中一项重要任务。

从色调的选择来说，沉静的色调较为适合艺术类展览，纪念类博物馆往往会使用带有兴奋的色调，活泼的色调（纯色调）和沉静的色调会用于自然类博物馆的陈列展览，蓝色因其与高科技之间的象征关系，往往会成为科技展的选项。

就色彩的节奏韵律来说，要根据展览主题和展览的情节发展，在序厅、单元、结束部分运用不同的色彩搭配，造成均衡、变化的节奏感，既有总的色彩倾向性，又有丰富有序的韵律，从而充分调动观众对展览主题的感知。

（五）色彩与展览艺术风格

展览设计的风格选择既有设计者的个人因素，也有其特殊的规定性，一个好的展览是实用功能与审美功能的完美统一，因此在风格选择上就不能完全从个人好恶出发，或以单纯的创作心态来从事设计，而忽视了展览设计本身的实用性。风格可以由形式构成、材质表达、色彩选择、工艺水平等各种要素综合体现，就色彩而言，由于色彩本身的象征意义，可以为一个展览，或展览的局部带来诸如宁静、庄重、快乐、悲伤、活泼、理性等的情绪感知，从而影响观众的审美取向；不同主题的展览在风格选择上也有不同的倾向，如民族民俗类展览，可以考虑特有的民族、地域文化习俗和情绪特点，选择适当的风格进行表达。

（六）色彩与展览空间

色彩与空间密切相关，如色彩本身具有扩张、收缩、前进、后退等心理感受特征，会对空间的大小、方向、膨胀、退缩有所影响。陈列展览以形式构成和色调表达的手段在空间中完成，因此，色彩设计是展览这一空间视觉作品最重要的因素之一。

展览序厅是对陈列主题的高度概括和意象性表现，因此色彩运用在照顾总体色调的同时，可以考虑使用饱和的、鲜明的、活泼的、浊度的色彩，以期引起关注，激发参观兴趣。

陈列室的主角是展品和辅助展品，因此陈列室色彩设计的一个重要原则，是"烘云托月"，即用协调的空间色彩突出展览主体的形象，创造舒适的观赏环境。因此，色彩选色上切忌喧宾夺主，同时又不沉闷单调，既对展品内涵有所启示，又不喧哗紊乱，同时，陈列室的色彩要能很好地与空间密切结合，塑造建筑空间的舒适感。

在陈列展览中，展品的衬托空间构成了展览背景，展览背景的色彩选择往往是陈列色彩设计的关键。为了突出展品这一主角，背景的色彩选择往往是消退的、中性的，要与展品之间拉开光度、纯度的距离，同时，根据展品内涵，形成不同的氛围情调。

（七）色彩与材料质感

一个展览设计最终由各种材料及其技术工艺来完成，因此色彩设计必须考虑到展览中的材料。由于材料科学的进步和新材料、新加工技术的不断涌现，当代博物馆展览中的材料选择越来越多样化，可以充分表现不同的质地、肌理、触感、工艺，同时也能够提供丰富多样的色彩选择。这一方面极大地拓宽了设计师的设计思路，同时也对设计师兼顾色彩与材质的能力提出了更高的要求。

材料的肌理对色彩的三属性都有不可忽视的影响，同样的色彩，在不同材料肌理中有不同的感受，光、色、形、材诸要素相互作用，色彩设计中要充分考虑其他因素尤其是材料质感因素，才能更好地创造出理想中的色彩表达。

（八）色彩与采光照明

博物馆陈列空间的采光照明一般分为三种：自然光、人工光和自然与人工结合光。根据博物馆的性质，博物馆建筑设计会采取适当的采光方式。

不同的光源照射会给色彩带来相应的影响，我们把物体及周围环境受到光源影响而呈现的色彩，称为环境色。色相在变化的光环境中，颜色也会发生变化，常常改变了原有的色相，色彩的明度、纯度随之而变，因此在色彩设计中必须考虑采光照明的因素。利用光的特性，来加强或削弱色彩的气氛，是设计中常用的光色结合手法。

### 三、形式设计的主体内容

（一）展览设计的基本条件

展览设计是有前提的，它不是无源之水、无本之木，设计师必须在既定的条件下完成设计，这些条件既是设计的基础，也是设计的制约因素，设计能否最终进入实施阶段并顺利完成，除了要有好的设计构思和设计表达外，基本条件是否充分，是最终的决定因素。展览设计的基本条件包含以下几项。

陈列大纲：形式设计是整个展览设计的第二阶段，在第一阶段的内容设计中，相关展览策划设计人员完成了基于展品和主题构思的陈列大纲。对于形式设计而言，一个好的陈列大纲应满足如下要求：陈列主题明确，内容科学完整，展品及辅助展品数量、体量、形制、组合清晰，陈列布局合理，陈列规模明确，陈列重点突出。陈列大纲是形式设计的脚本，也是形式设计的出发点。

展品：展品包括实物展品和辅助展品。实物展品是展览要突出的对象，是展览的主角，辅助展品包括地图、图表、模型、沙盘、景观、文字说明等用以丰富、完善、说明、强调实物展品的各种物质手段。展品本身具有重量、体积、材质、形状等固定的要素，还有相应的历史、艺术、科学、文化价值，在展览中起着从各个角度对展览主题进行阐释的作用，同时，展品本身也有安全保护防护要求。这些既是设计师要在设计中传达的内涵，也是设计的制约条件。

场地空间：展览形式设计是空间视觉传达艺术，在一定的有限空间中展开，与展示相关的空间，包括陈列厅室、展前区、博物馆外部空间、周边环境空间等，凡涉及展览信息传递的都在设计师考虑范围内。设计师要在设计之前充分掌握建筑的结构、用材、工艺、空间序列、面积、净高、形状、尺度、模数等，同时掌握暖通、电路、照明、消防、人员疏导、通道、门等情况，在此基础上对空间进行二次设计。有些新建物馆会根据展览设计的需求进行建筑空间设计，这为设计师充分驰骋设计想象提供了更为广阔的空间，绝大多数情况下，设计师需要在既有的场地空间中完成设计。

设备材料与工艺：陈列设备的设计是展览的重点，其种类、形式、体量、重量、数量和配置方式都要进行预估，由专业展具生产者提供的，要充分考察其是否符合展览设计要求。展览涉及的材料包括装饰材料、设备材料、辅助展品制作材料、展品衬托用料等。材料选用要考虑因素有：材料物理性能、化学性质、加工条件、防火性能、视觉传达需求等。展览制作工艺包括材料加工处理、现场制作、配套设施安装等，工艺决定展览意图能否最终实现。

此外，如科技与数字展示手段、虚拟现实与增强现实、人员经费情况、设计制作周期等，也是设计中需要考虑的。

（二）总体设计

总体设计阶段的任务是，根据陈列大纲要求，针对展品展示需求，在既有的场地空间基础上，完成对陈列的平面布局、立面和空间构成形式的设计。它主要包括如下内容。

平面布局设计：使展览在既定的场地空间中，完成结构规划，构成完整序列。平面布局设计要求既要使展览的结构与建筑平面布局相辅相成，又要充分体现陈列大纲对展示重点、展示效果的要求，完成参观路线规划，绘制总平面图。

立面设计：立面设计要完成视觉效果设计的要求，它的任务有：墙面展品陈设设计，陈列柜与墙面展品组合设计，对立面的高度、色调、版式等提出要求，绘制立面设计图。

空间设计：建筑场地空间提供了展览的空间基础，在此基础上，设计师要对已有空间进行二次设计。除由平面布局和立面设计规定的空间规划外，还要对空间表情、趋势、氛围、意境、序列等进行规划，考虑观众流动形成的空间动线，形成优美、有韵律的空间结构，绘制透视效果图或轴测图。

色彩设计：根据展览主题、内容和展品特色，提炼其文化内涵、象征元素、科学元素、民族地域特征、历史特征、自然标识等，凝聚象征意义，结合空间照明，进行总体色调设计，制定部分和单项色彩设计要求，绘制色彩效果图，制定色彩设计色标。

（三）单元和分组设计

在总体设计方案基础上，要完成单元和分组的设计。这部分设计的要求与总体设计是一致的，是总体设计的细化，要绘制平面设计图、立面设计图、透视效果图或轴测图。陈列柜作为一个封闭空间，其内部的空间规划既是整个展览的细节，也是一个相对完整的展示空间，其平面、立面与空间也需要结合展品组合，通过台座、支架、背板等，构成有机统一整体。

（四）专项设计

为了形成完整的展示序列，除陈列的总体、局部设计外，根据需要，还可在展览中增加一些专项设计，如景观、蜡像、全景画、半景画、虚拟展示、数字展示等，展览的序厅因其设计要求、制作工艺要求比较特殊，往往也归入专项设计之中。如果说展览设计本身的总体格调是叙事的，陈列厅设计的风格则更多是抒情的，它通过象征、暗示、揭示、凝练、连类比物，因物象形，指代意会，深刻揭示展览主题。景观设计在自然科学类博物馆中是一种比较常见的运用，通过复原自然、社会、历史中某一真实存在的景观，来展示相关环境特征等。蜡像和全、半景画，都有再现场景、人物的作用。需要注意的是，这类专项设计要与整个展览的风格相协调，不可对主题展品造成喧宾夺主的效果。

（五）辅助展品设计

为完善展品展出逻辑环节，扩展其文化艺术科学内涵，须进行图表、地图、沙盘、模型、复制品、景观等的设计，它的设计要求是紧紧围绕展品，以求风格格调统一。

（六）设计与展品的安全保护

博物馆展品一般都具有较高历史、艺术、科学价值，有些还具有较高的经济价值，文物等展品还具有不可再生性，一旦损毁损失不可弥补。因此，在充分利用文物等展品，通过展览实现博物馆的公共文化服务功能外，保障安全，进行有效防火等，是博物馆展览设计的一个重要要求。

一是预防性保护微环境的创造，展示厅室是博物馆藏品的"第二库房"，因此其保护环境的创造特别重要。首先是博物馆室内环境的温湿度、颗粒物、光照、微生物等的控制与监测；其次是柜内环境的控制，特别是对于环境有特殊要求的漆木器、纸张、纺织品等有机质文物，对湿度有特殊要求的铁器等，柜内保存环境的创造更为重要。

二是满足防火、防盗、防震、防灾的要求，使用不可燃、阻燃材料，装置相关报警器、监视器、应急阻断门，在展柜内安装防震设施，弱电设计符合相关要求等。

（七）设计与材料

博物馆展览应用材料的范围十分广泛，因表现形式的需要，各种材质、各种肌理、各种装饰效果的材料都有可能被运用到展览中来。木材、石材、玻璃、金属材料、塑料材料、纺织品、纸张、涂料等是比较常用的。从用途领域说，建筑材料、装饰材料、服饰材料、电工材料、电子材料、美术材料，甚至医用材料，都有可能被运用到博物馆展览中来。一般来说材料的选择要遵循以下原则。

一是材料性能满足展览需要。包括展示对材料的承载力要求、环保要求、安防要求、耐固性要求等。

二是材质肌理等满足设计要求。包括展示厅室装饰要求，展具表面肌理色彩要求等。

三是材料材质规格满足加工工艺要求。包括切割、表面涂饰、连接、弯曲、造型、钻孔、黏结等。

（八）设计与工艺

加工制作工艺决定了展览的最后呈现效果，一个有珍贵展品展出的展览，若其制作工艺粗糙，会直接影响到观赏效果。对加工工艺，主要有以下要求。

一是能完美呈现设计要求。包括工艺本身的质量、表面处理质量、纹理表现、细节表现、体现工艺或传统美感等。

二是满足施工方案要求。展览的施工制作有些需要在异地完成，有些需要在现场制作，现场制作对工艺技术本身具有特殊要求，如对文物的保护、对建筑结构的保护等。

（九）展览设计中的科技手段运用

随着数字影像技术的迅猛发展，相关的声光电技术、多媒体技术、成像技术、影像互动技术等开始在博物馆展览中普遍应用。这些技术的出现，为丰富博物馆展示手段、拓展展品信息传达渠道起到了不可忽视的作用。从投影、数字触摸屏、三维成像、互动体验，到虚拟现实、增强现实，现在又随着移动互联技术的迅速普及，拓展到观众手持终端设备上。技术的发展为博物馆展览提供了更加丰富的可能性，同时，也存在着炫耀技术、掩盖对展品原真性欣赏，或单纯为技术而技术，没有适当传达文化艺术科学信息的弊端。这些科技手段在展览中的运用，应该坚持展品本位、原真性本位的原则，使之成为展览的有益补充和扩展，而不是取而代之。

**四、展览设备设计**

展览设备是展览设计中的大宗，它是构成展览空间表情的重要元素，也是展览最主要的物质基础。

（一）展览设备的作用

展览设备在一个展览中主要起到如下作用。

1. 围护作用

博物馆展品特别是重要展品，本身具有极高的价值，因此需要将其与观众进行一定程度的隔离，并通过密闭环境创造来营造预防保护的微环境。它还起到阻燃、防盗、防冲击、防潮、防震、防腐蚀污染、防微生物侵害、防光害、防人体呼吸侵蚀等作用。

2. 展示作用

展览设备是用来展示展品的，对展品起到衬托、装饰作用，它将展品组合、展品与辅助展品联络成有机的整体，用以阐释一定的价值意义。

3. 组织空间的作用

陈列厅室的二次空间创造，大部分是用展览设备来完成的，对空间进行分割、整合、联络、排列、增减造成空间布局的丰富变化。

（二）常用展览设备设计

1. 展柜

展柜是展览中最主要的设备，博物馆常用的展柜一般有单柜、通柜等。单柜是独立的，有立柜、平柜、坡柜、斜柜、四面柜、双面柜、异型柜等；通柜也称大联柜，沿展线以单位长度沿展，便于陈列连续性、时间线性展品。展柜的设计主要考虑如下因素：观众参观的人体工程学需求特别是视线和视觉带要求、展品展示的承重要求、展品防护要求、设备安装要求、关锁设计要求等。其中，柜内设备包括照明设备、恒温恒湿设备、空气调节设备、防盗监控报警设备、机械设备等。结构设计、玻璃安装、柜门设计和锁具应协调考虑。

2. 展墙、展架与展板

这一组展览设备与立面视觉效果关系重大，展墙又称展壁、假墙，既起到展览空间分割作用，以丰富空间格局、拓展展线长度，同时又是安置悬挂平面或小件展品的设备，可分为固定式和活动式。展架可以与展板组合成展墙，相对于比较正式、固定的展墙，材质轻便、功能多样、组合灵活。展板用于悬挂张贴平面展品，图表、照片等辅助展品，可以与展墙、展架配合使用，可以按照一定规格设计成展板系列，组合使用。

3. 台座

台座是实物展品的承托设备，有柜外和柜内两种。柜外的台座，一是可以进行"裸展"的展品的台座；一是大型展品如车马、棺椁、机械设备、车辆炮舰等的专用大型台座，需专门设计制作。柜内台座可以按照一定规格设计系列，以便进行组合。使用台座可使柜内展品错落有致，相互呼应，起到美观和视觉变化的作用。

4. 标牌

展览中用于说明文字的标示牌，可分为标题牌（展览、部分、单元、组标题）、说明牌（前言、结语、部分说明、单元说明、组说明、展品说明）。标牌的设计应与立面设计，展墙、展板的版面设计、文字设计协同考虑。有的展览不设专门的标牌，采取喷绘的方式将说明文字直接喷涂到展墙、展板或展柜玻璃上。

### 五、采光照明设计

（一）博物馆建筑的采光方式与照明设计

博物馆建筑的采光，可分为三种。一是自然光采光，这是最早，也是最廉价的采光方式，但有着明显的不足。由于早中晚的时间变化、季节变化、阴晴雨雪天气变化、博物馆所处纬度等，光线的强弱、色光都会发生较大变化，日光中的紫外线、红外线，也会对展品和展览设备造成破坏。由于自然光采光在环保、节能方面的作用，有些新建博物馆还是采取了局部自然光采光的设计，通过设备调节，降低光线变化和光害。二是人工照明，这是目前大部分博物馆普遍采用的方式，人工照明的优点是可控制、可调节，通过对无害光源的选择可有效降低光害，可以通过照明设计获得理想的照明效果，缺点是耗能大。三是自然光采光与人工照明结合，兼顾了两者的优点，一般在博物馆的非展示区域采取局部的自然光采光，在展示区域采取人工照明。

展览的照明设计是塑造展示厅室空间氛围、塑造展品形象、提升展示效果的有效手段，好的照明设计会使展览更加精彩。采光照明既是设计师的工作，也是工程师的工作，一个好的照明方案离不开两者的共同努力。今天照明已经发展成为一个高度专业化的领域，有时会节省设计师很多精力，但是对展品的理解和把握、对具体展品的光氛围塑造的理解，还是要以设计师为主。

（二）文物及其照度要求

对于以文物为展品主体的博物馆来说，如何减少光对展品的损害，是照明设计中最为关心的问题，一些材质脆弱的文物，如丝绸、纸张、书画、毛织物、皮革等，在短时期的有害光照射下就可产生不可逆的损害。所以，针对不同材质的文物，国际博物馆协会等组织提出了对照度的要求。照度即光照强度，它的单位是勒克斯（Lux），在1平方米面积上所得的光通量是1流明时，它的照度是1勒克斯。一般按照材质，将文物分为金属、石材、玻璃、陶瓷等对光不敏感的文物，骨、角、竹木、牙、漆器等对光比较敏感的文物，纺织品、纸张、书画、植物标本等对光特别敏感的文物，分别按照高、中、低值设计其照度。为降低光照强度和时间，有的博物馆对光敏文物展示区域和对物照明采用智能灯具，有观众时达到相应照度，无参观者时灯熄灭。

（三）照明的需求设计原则

展览照明设计的第一个原则是需求原则。首先满足参观欣赏的基本需要。在不同的光源照射下，物体本身会呈现不同的环境色，有些环境色距离其固有色的色相比较接近，即色彩的还原度比较好；有些环境色与其固有色相相比会发生比较大的变化，就会给观赏带来一定障碍，因此除特别需要强调气氛的展品外，一般在照明设计时都要考虑其色彩还原度。其次，要考虑文物本身的保护需要。除了按照照度标准设计光照强度外，还须选择滤除了有害光、冷光源等特别为展览而设计生产的专业照具。最后，就是创造和谐而有韵律的、照度差异不过大的光环境，避免观众视觉疲劳。

（四）照明的艺术设计原则

展览的照明分为环境照明和对物照明，前者主要是参观环境的光提供，后者主要是完成对具体展品的照明和氛围烘托。有时，二者也不能截然分开，对物照明在某些区域也承担着环境照明的作用，环境照明有时与对物照明一起，完成对展品的光环境塑造。投光方式决定了照明的主要特点，在人工照明条件下，投光方式主要有：顶光、顶侧光、侧光、背光（逆光）、底光、底侧光。顶光、顶侧光最接近人们对自然光的照射方向感受，因此比较适合塑造平和、沉稳的光氛围。侧光主要用于对器物两侧造型的表现，它的方向比较近似于朝霞或晚霞，所以一般会结合顶光或顶侧光使用。背光最适于勾勒器物边缘线条，也与前方的顶光、顶侧光结合使用较多。底光、底侧光与人们的日常感受经验相违背，因此单独的光束出现时，会引起怪异的感觉，底光、底侧光一般用于表现在底部而顶光照不到的形状和纹饰，但也可用于强调某种阴森恐怖气氛。通过这些作用不同的光的组合运用，大小、主辅、高低、前后、上下、强弱配合，就可以塑造出无限的光环境效果。

**六、展览形式设计的操作步骤**

对于一个展览形式设计的操作，设计人员并不是在接手陈列大纲后才开始介入，理想的参与方式是在前期研究策划阶段，设计人员就深度参与，对策展人的意图和展览主体内涵都有深度了解，才能在形式设计阶段少走弯路，尽快接近策展意图。

第一，在深度了解陈列大纲的基础上，全面了解展品情况。完整的陈列大纲提供了全部展品的数量、体量、形状、材质、色彩等数据，对于重要展品而言，与其相关的文字、影像、数据、文献、研究成果等，掌握得越多越详细，则对设计的帮助就越大；第二，在充分了解展览主题和展品的基础上，进行概念化设计，提炼视觉元素，凝练核心意象，建构大体的平面布局、立面设计、空间布局和各个展示空间氛围塑造的构想；第三，将初步形成的概念化设计与策展人员、研究人员和施工人员、后期教育推广人员反复沟通，找出其中不可行的部分，纠正其中偏差的部分；第四，在概念化设计得到全面共识后，进行总体设计，形成总体设计方案；第五，总体设计方案经论证讨论目：进入单元和专项设计阶段。

# 第三节 博物馆展览工程管理

## 一、博物馆展览工程及其管理流程

博物馆是通过举办展览向观众传播科学文化知识的机构，只有推出既具有思想性、科学性、知识性，又具有艺术感染力的精品展览，才能真正发挥博物馆的社会作用。

### （一）博物馆展览工程的含义

博物馆展览工程，是指在特定空间内，以文物标本和学术研究为基础，陈列设备技术为平台，艺术的或技术的辅助展品为辅助，基于知识传播和公共教育的目的，面向大众的知识与信息、文化与艺术、价值与情感传播工程。

博物馆展览工程的任务主要包括展厅基础装饰工程、展示形式设计、展品展项制作、现场布展安装工程等几个方面。

博物馆展览工程是一项高度综合的、专业性、前沿性极强的工作，也是一项思想性、科学性和艺术性很强的工作，集学术文化、思想知识和审美于一体，有着自己独特的个性和工作规律。承担展览工程的机构必须对展览内容文本和相关学术资料、文物标本等实物资料有一个再研究的过程，即通过对展览传播或教育目的、展览主题和内容与特定展示空间的研究，并在此基础上，对展品和材料进行取舍、补充、加工和组合，塑造出能鲜明、准确地表达展览传播或教育目的、展览主题思想和内容的陈列艺术形象序列。

### （二）博物馆展览工程的管理流程

博物馆展览工程是一项复杂的系统工程，不仅程序多、专业性强，而且涉及面广。要确保展览内容的思想性、科学性、知识性、艺术性和布展制作工艺的严肃性、技术的可靠性、造价的合理性，必须按照科学的工作程序运作。

根据博物馆展览工程的内在客观规律，一个完整的博物馆展览工程的科学程序宜为：工程立项→编制工程招标文件→形式概念设计与招标→形式深化设计与施工设计→展品展项制作与布展施工→监理→竣工验收→决算→审计→评估。

**二、博物馆展览工程招标与委托**

一般来说，博物馆提供给竞标单位的招标文件包括三部分内容：一是招标文件本身（包括技术标文件和商务标文件）；二是规范合格的展览内容文本和展品形象资料汇编；三是展览布展空间的建筑图纸（包括电器分布图）。

在编制招标文件时要明确如下主要内容：确定展览工程总造价的概算、竞标单位的资格要求、展览工程的委托方式、展览工程设计与制作是否一体化、展览工程的质量要求、展览工程的竞标标准等。

（一）展览设计和制作企业资格要求

博物馆展览工程必须交给那些具有博物馆展览设计、制作和实施能力，并有丰富经验和良好信誉度的机构来实施。为此，必须首先明确博物馆展览工程投标机构资质的要求，包括机构的资质和业绩；设计师和项目经理的资质和业绩。

1.机构的资质和业绩

博物馆展览工程虽不同于普通建筑装饰工程，但其展厅顶、地、墙基础装饰工程和电器工程属于装饰工程范畴。

相对于机构的资质，机构的经验和业绩更重要。博物馆展览工程不是普通建筑装饰工程，而是面向大众的知识与信息、文化与艺术、价值与情感的传播工程，因此博物馆在招标时十分看重投标机构的相关经验和业绩。

2.设计师和项目经理的资质和业绩

相对于机构资质和业绩，从某种意义上说，设计师和项目经理的资质和业绩更关键，因为博物馆展览工程的实施主要靠主创设计师和项目经理来完成。在招标文件中必须对设计师和项目经理的资质和业绩提出要求。

（二）博物馆展览工程的委托方式

目前博物馆展览工程的委托有三种方式：公开招标、邀标议标和直接委托。选择哪种展览工程委托方式应该考虑三个因素：一要尊重博物馆展览工程的性质和制作特点；二要有利于保证博物馆展览工程的质量；三要将博物馆展览工程委托给具有丰富博物馆布展工程实践经验的公司来承担。具体采用哪种方式，要根据博物馆展览工程的具体情况，分别采取以下不同的委托方式。

1. 公开招标

其对象主要是指那些技术难度较小、有众多机构能实施的项目，可以面向社会公开招标。例如普通的、投资不大的临时展览和专题展览。

2. 邀标议标

其对象主要是指那些难度较大的博物馆展览工程项目，如省、市级博物馆的综合展览和专题展览。在政府相关职能部门监督下，进行邀请招标和专家议标，最终确定展览的委托单位。

3. 直接委托

直接委托主要是对那些特殊的、实施难度大的、对质量要求高的博物馆展览工程项目，如大型的历史文化展、自然历史展和科学技术展。经考察，仅有个别专业布展公司有能力承揽类似工程。在这种情况下，一般直接将甲方的需求以文件方式寄发给通过考察的单位，然后在政府相关职能部门监督下，组织博物馆专家，一一约谈这些单位，就项目本身进行讨论与沟通，最后以指定方式直接将项目委托给最合适者，并经政府相关职能部门备案。

不管采取哪种委托形式，都要强调对目标机构的能力和业绩的考察、对其主创设计师和项目经理的水平和业绩的考察。

（三）展览设计与制作宜一体化

各地博物馆展览工程的实践表明，博物馆展览设计与制作布展宜推行设计与制作布展一体化招标和运作，这不仅符合博物馆展览工程建设规律，更重要的是有助于保障博物馆展览工程的质量和艺术水准。

第一，博物馆展览工程是一项面向大众的知识、信息和文化传播工程，一项兼具学术性、思想性、科学性和艺术性的创作活动。展览工程设计包括展示空间设计、功能动线规划、展示家具和道具设计、展示灯光设计、辅助展品设计、版面设计、多媒体规划和研发、互动展示装置规划和研发、文物保护设计。

第二，博物馆展览工程设计具有二度设计创作的需求。博物馆展览工程是一项集成工程，博物馆展览中的展项，例如场景、模型、沙盘、绘画、雕塑、多媒体等，需要进一步委托相关专业人士或机构进行二次甚至多次设计和创作。其间，负责展览总设计和总集成的公司必须予以指导和监督。博物馆展项二度设计创作的特殊性和必要性，是博物馆展览工程强调形式设计与专业制作一体化的充分依据。

第三，博物馆展览工程设计和制作，从概念设计、深化设计、施工设计到展品展项设计、制作和现场布展安装是一个边琢磨、边修改、边调整、边完善的过程。如果展览设计与工程实施分离的话，将会影响博物馆展览的工程质量和艺术水准。

第四，目前我国博物馆展览设计收费相对较低，如果展览形式设计和布展施工分别招标并规定设计中标单位不能参与施工竞标的话，有能力和经验的专业布展公司将很有可能放弃参与展览的形式设计竞标。

第五，展览形式设计与制作布展工程由不同单位实施，不利于工程质量问题责任界定，容易出现相互推诿的局面，最终影响展览工程的质量和展览的艺术水准。

（四）博物馆展览工程的质量要求

在展览工程招标文件中，应该对展览工程设计、制作和布展的质量，包括形式设计的要求和展览工程设备与技术提出明确的要求。

1.博物馆展览形式设计的基本要求

展览形式设计要力图做到"版面展示立体化，实物场景一体化，景观模型动态化，展示手段科技化"，并遵循以下几条原则。

（1）展览布局的合理性原则

在对博物馆展陈空间结构、展览内容和参展展品科学分析的基础上，合理规划展览各部分或单元内容的平面布局和面积分配，科学规划展览传播的主要知识点和信息点，科学安排观众的参观动线。

（2）展览形式与内容统一原则

展览形式设计要服从展览内容传播的需要，做到准确、生动地表现展览的内容。

（3）展览信息传达有效性原则

展览是知识、信息和文化传播，让普通观众看得懂是展览最基本的要求。因此，在设计中要强调突出展览的知识点和信息点，并采用适宜的展示手段和传播技术，确保信息传达的有效性。

（4）展览的科学性和真实性原则

博物馆是历史文化和科学知识的传播机构，因此，必须保证展览传播信息的科学性和真实性。辅助展品的设计也要有学术支撑，有依据地进行再现和还原。

（5）展览的艺术性原则

艺术表现方式和科技展现手段要力求开拓创新，实现引人入胜的视觉效果。

（6）展览的人性化原则

为了保证观众轻松、愉悦地参观展览，在展项位置、高度的确定，展品疏密度、展线长短和节奏的把握，光线和氛围的营造，以及休息设施的布置等方面，尽可能从符合人体工程学的角度去满足观众的舒适度需求，以体现博物馆的人文关怀。

（7）展览的安全性原则

在展览设计中，要将观众和文物的安全作为首要考虑，重视绿色设计和安全设计。例如，使用材料和器具的无害性，设施和设备的稳固性，光源的选择和照度与温度的控制，展厅环境的环保性和安全性等，都是应该重点考虑的方面。

2. 对展览工程设备和技术的要求

（1）展览设备的要求

展览设备如展柜、锁具、展具、灯具、电源等基本硬件，要求坚固、美观、实用，符合环保、文物保护、防火、节能的要求。要针对文物等级，配备相应的展柜、锁具等，既要美观，又要满足安全防范的要求。

（2）照明系统的要求

不论采用什么光源，展览照明设计应按《博物馆照明设计规范》和展陈效果需要，对不同的展品和文物采取不同的照明灯具。灯具要求低能耗、高稳定性，尽可能选用光纤照明、LED 照明等新型照明技术。

照度要合适，展厅里一般照明与特殊照明需参照行业标准设计，重点文物和重点辅助展品应根据具体的对象采取不同的照明方式。

安装在展厅内除展品照明以外的工作用光（工作照明）应与安防联动，并满足安防摄像的照度，并满足对"光害"消除与控制的要求。各展厅内必须按国家规范配置应急照明系统，并与博物馆内的不间断电源系统联动。

（3）多媒体设计要求

多媒体项目要求互动性和趣味性强，操作简便，容易维护，价格合理，有技术和安全的保障。

设计方须提供多媒体项目设计图纸、三维演示、系统原理图及说明、施工安装方案、技术保障措施及相关资料。

### 三、博物馆展览工程对形式设计的要求

展览形式设计是指为某博物馆展览而进行的，将展览内容文本、展陈空间结构、展品形象资料进行分析后所形成的展陈施工工程设计与辅助展品设计。形式设计是对内容准确、完整和生动的表达，因此必须在熟悉展示内容、形象资料和展示空间的基础上进行创作。一般来说，博物馆展览形式设计包括两个部分：概念设计、深化设计（含施工设计）。

（一）博物馆展览形式设计的依据

博物馆展览形式设计的依据主要有：

意图明确、规范、合格的博物馆展览内容文本；

有关展览主题和内容的完整的展品目录，实物展品必须注明名称、尺寸、质地、用途或文化意义，并附形象资料；

有关展览主题和内容的完整的声像资料和图片资料及其文化释义；

展览建筑空间资料，包括展览空间的平面图、立面图、剖面图、楼层高度和柱距、电器分布图、消防器材分布图等；

造价概算，包括每平方米造价、总造价。

这些是形式设计师设计展览的基本依据。

（二）博物馆展览概念设计的任务和要求

概念设计是指初步的创意设计，主要供展览招标、选择展览设计和制作机构之用。概念设计除了要阐述展览设计和创作的基本思想和总体理念

外，必须完整表达展览内容体系在展厅建筑空间中的合理布局、观众参观路线、未来展览空间设计和总体艺术风格、基本展览设备的造型及尺寸比例、重点亮点展示效果图等。

概念设计是展览的总体设计，其主要任务之一是在对展览内容分析研究的基础上，从传播学和形式设计的角度对展示内容的"点""线""面"进行宏观布局。为了保证展览总体布局的正确，必须对概念设计的边界和范围做出明确规定。

（三）博物馆展览深化设计的任务和要求

深化设计和施工设计一般是在确定中标单位后进行的展览形式设计，深化设计和施工设计是博物馆展览制作、布展的实施方案。

深化设计是对展览内容深入、具体和形象化的设计，其主要任务是落实所有展品（包括实物展品和辅助展品）在展示空间的布局与展品之间的组合关系，用平面、立面图对应的形式绘制成设计图。这些设计图可以用黑白线图（框图）形式按统一比例尺绘制，并用文字标注展示内容或展品名称，也可用黑白或彩色的照片按比例缩微剪贴入图。深化设计必须按展墙编号（索引图编号）逐一设计绘制。

施工设计的任务主要是对整个设计方案中涉及的所有展示设备、装备、装置和高科技单项进行设计，确定其尺寸、材料、工艺技术，按一定的比例尺绘制统一的施工图。施工设计的重点是节点结构设计。施工图必须参照工程制图的国家标准工艺绘制。在施工设计的同时，必须统计出所有展示设备、装备、装置项目和一切需施工制作展项的统计表，并以此编写施工图预算书。

深化设计文件应该包括：展厅基础装饰工程设计方案（顶、地、墙和电器工程）、展示内容空间布局设计、功能动线设计、展品展项设计、艺术辅助展品设计、图文版面设计、多媒体规划与设计、观众互动体验装置设计与研发、展具和道具设计、展示灯光设计等。

（四）博物馆展览形式设计方案的考核

展览形式设计方案只有经过博物馆展陈专家审查和考核后才可实施。展览形式设计方案考核的要点如下。

对展览主题和内容理解准确，能对展览主题和内容进行准确、完整和生动的表达。

整个展览展示脉络结构逻辑清晰，展示内容"点、线、面"面积分配和空间规划布局合理、分割有致，展览的走向和观众参观动线安排科学，做到展线流畅，富有韵律和节奏感。

展览各级传播目的明确，从展览总的传播目的，到部分、单元、组和展品展项，都有清晰传播目的，并能以传播目的为导向进行内容组织与表达。

展览重点和亮点突出。能通过对展览传播目的、展览主题和内容分析，准确理解和把握展览各部分和单元的重点和亮点，做到重点和亮点突出。

展项展品的信息组团要合理巧妙，文物标本、图片和声像资料与造型艺术的组团科学合理，主次关系和呼应关系清晰，能有效地表达展示的主题，传达展览的信息和内容。

展览信息层次安排科学合理，展览传播既要信息丰富饱满，又能清晰、巧妙地划分展览的信息层次，包括普通观众的需求信息和专业观众的需求信息、展览必须传达的信息和补充信息，从而满足不同观众对信息多样化需求。

艺术表现元素与展示主题和内容高度吻合，能将展览主题和内容的丰富性与展示方式的多样化和现代化有机地结合起来，做到主题突出、形式多样，内容与形式完美统一。

场景设计构思要准确新颖，视觉冲击力强，信息传播力强，制作工艺先进，艺术感染力强，有很强的观赏性和吸引力。

多媒体和观众参与体验展项力求开拓创新，参与性、互动性和体验性强，信息传播力强，操作简便，容易维护，价格合理，有技术和安全的保障。

展厅环境和氛围的营造要富有艺术感染力，同时，又能与展示空间、展览内容完美结合，相互呼应，相得益彰，起到烘托展示内容的作用，还能为观众创造一个舒适、和谐和温馨的参观环境。

注重人性化设计，能从观众参观的生理和心理特点出发，从观众参观规律出发，科学地规划展览的空间、展线的长短、展项的高度、展项的视角与空间位置、展品的密度、展览的信息层次，满足人体工程学的基本要求，符合人体体验舒适程度。

# 第五章 博物馆经营管理

## 第一节 博物馆管理体制与法规

管理体制一般指国家机关、企业和事业单位机构设置和管理权限划分的制度，法规是管理行为的最高法律依据。作为一个法治国家，博物馆管理必须依照法规来进行，而管理体制与法规是有序管理的基础。

### 一、博物馆宏观管理体制

博物馆管理体制就是国家以管理权限的划分为基础所设置的博物馆机构及其各种管理制度的体系。博物馆管理体制由宏观管理与微观管理两部分组成，宏观管理构成国家对全国范围博物馆的管理体系，微观管理指局限于一个博物馆内部范围的管理。宏观管理与微观管理都是对博物馆管理权限的分配，两者的区别在于：前者是政府主管部门从全国的范围、从国家的高度来进行的博物馆事业管理，是全局性的、综合性的管理；后者则是一个博物馆从自身的角度对具体的事务进行管理，它根据国家博物馆事业发展的大政方针和博物馆自身的宗旨与条件，实施达成博物馆工作目标的管理。两种管理主体在不同的层面各司其职，但彼此又存在着紧密的联系。

新中国成立以来，博物馆在管理体系上一直归属于文化和旅游部（或国家文物局）系统。中国博物馆宏观管理体制属于集中管理型，以分级化、属地化管理为特征，并具有管理主体多元化、公私所有制并存的特点。

（一）分级属地化管理

中国博物馆宏观管理体制以国家管理博物馆事业的行政管理体制为核心，形成层次分明的、纵向的分级管理，不同层级的文物主管部门拥有不同的管理权限，实现对博物馆行业的条状垂直管理。国家文物局以行业管理（即业务指导）方式管理全国博物馆事业外，省（自治区、直辖市）及以下的文物主管部门以行政区域为单位，管理其对应的下属博物馆，形成了鲜明的属地化管理特征。

（二）管理主体多元化

中国国有博物馆虽大多数隶属于文化和旅游部（文物局）系统，但还有相当数量的博物馆由政府其他部门、高校、科研院所、企业或公民个人设立，博物馆的人、财、物都独立于文物主管部门，仅接受文物主管部门的业务指导和履法监督。办馆主体的多元化，致使中国博物馆呈现出多头管理和分散化管理的特点，形成博物馆管理的部门块状特征。

（三）公私所有制并存

我国的博物馆在所有制上分为国有博物馆和非国有博物馆两类，前者系利用国有藏品、资金等设立；后者则利用非国有藏品、资金等设立。目前在我国博物馆事业发展中国有博物馆占主流地位。国家对非国有博物馆实行的是"自我管理""自我建设""自我发展"政策，博物馆宏观管理体系只针对国有博物馆，非国有博物馆不在其行政管辖范围之内，这与欧美发达国家的博物馆管理状况相似。

在国家行政层面，国务院文化和旅游部是我国整个文化事业管理的最高责任部门，国家文物局则专门负责管理全国文化事业中的文物与博物馆事业部分。各省、自治区、直辖市政府机构中的文化厅（或文广新局）是各省、自治区、直辖市文化事业（包括文博事业）管理的主要责任部门，各地级市和县（市）级文广新局是各地市和县（市）文化事业（包括文博事业）管理的主要责任部门。就业务关系而言，国家文物局对各省、自治区、直辖市的文物局进行指导，各省、自治区、直辖市的文物局对其下的地级市文物处（或文管所）和县（市）级文物科（文管站或文管办）进行业务指导。

**二、博物馆微观管理体制**

博物馆微观管理就是从一个博物馆的性质、任务、现状和发展前景出发，制定具体的工作和事业发展规划，设置分工合理、运作高效的组织机构，建立切合实际的规章制度，聘用合适的员工等，使博物馆机构保持正常运行。微观管理主要是对博物馆内人与事的管理，涉及博物馆行政与业务的各个方面。概括地说，就是进行单体的博物馆工作和事业发展的管理。

（一）博物馆组织机构

博物馆的微观管理，常见有专业化管理和行政化管理两种模式。前者是指在博物馆与政府主管部门之间有一个专门管理博物馆的理事会组织，博物馆的一切重大决策都由理事会做出，博物馆馆长是理事会决策的执行者，馆长对理事会负责。这种管理模式突出博物馆运作的专业性，强调社会公众参与对博物馆的管理和监督，政府对博物馆实行间接管理。后者是指博物馆由其所属的政府主管部门直接管理，馆长由主管部门直接委派或任命，馆长对上级主管部门负责，博物馆的决策制定与执行都由馆长来做，政策制定者与执行者合二为一。

1. 专业化管理模式

博物馆理事会制是当今国际上颇为通行的一种博物馆法人治理结构形式，其核心是博物馆理事会（董事会）领导下的馆长负责制。理事会以一种法定受托人的身份，在接受受托责任的同时，也被赋予对博物馆藏品的保护与使用的支配权力。理事会要承担起这一责任，必须对博物馆实施有效的管理。为此理事会要为博物馆发展做出决策，挑选有能力的人才当馆长，还要为博物馆发展运行筹集足够的资金。

博物馆理事会是由若干位理事组成的管理组织，按照集体负责的形式，履行对博物馆的领导决策权力，是博物馆组织内部最高的权力机构。博物馆理事会的职责主要包括以下几方面：

（1）确定博物馆的宗旨和目标；

（2）制定博物馆的发展规划，为博物馆的重大事务做出决策；

（3）遴选、任免、监督与评估理事与馆长；

（4）审核财务预算、结算报告，审批并监督博物馆资金的使用；

（5）为博物馆的运行与发展筹集资金，提升博物馆的社会形象和地位。

一些大型博物馆在理事会之下还常设若干专业委员会，如藏品管理委员会、学术委员会、财政委员会、执行委员会等辅助性委员会，以便于理事会开展工作。各委员会成员的来源与委员会的基本权利和工作内容等，理事会章程中都有明确规定。

博物馆理事会的规模大小无统一规定。从理论上说，理事会应大到足以履行其职责，同时又小到足以作为一个能正常运行的审议机构。在实践中，博物馆都视其规模大小和业务运行的复杂程度而确定博物馆理事会的规模。一般的经验是在理事会成员人数 8～10 名的情况下，理事会可以良好运行。博物馆理事会组成人员的构成，因博物馆权属的不同而各有差异。国有博物馆系统的理事会成员多以政府主管部门委派的代表、企业界资助单位代表和社会上专家学者、博物馆的员工代表组合而成；非国有博物馆的理事会成员一般以博物馆主办者（包括出资者）和有筹资渠道的出资人为主体，吸纳社会上若干博物馆领域的专家学者共同组成。

理事会的主要角色是博物馆的决策制定者和政策执行的监督者。但在不同的国家，因历史和文化传统的不同，理事会在博物馆实际管理中发挥的职能也有差异。国有博物馆的运行经费主要靠政府拨款，政府一定程度上介入博物馆理事会事务，甚至直接委派博物馆馆长，因而理事会主要承担咨询和部分决策职能。非国有博物馆的经费主要靠社会支持，其理事会成员也来自社会各界，其决策一般不受政府的影响。也有一些由个人或股份公司创办并直接管理的私人博物馆，其理事会的责权较小，主要角色就是提供咨询。

2. 行政化管理模式

新中国成立后，我国对博物馆等文化事业单位如同行政机关一样来管理，利用行政手段由国家统一调动各地资源，集中力量建设一批新博物馆，在当时的历史条件下，这种管理模式对于支持博物馆建设起了积极的推动作用。改革开放以后，随着我国计划经济体制向市场经济体制的转型，博物馆行政化管理模式的一些弊端日益凸显。如办事效率低、决策的科学性欠缺、服务质量不高、缺乏有效的激励员工手段、社会公众难以参与对博物馆事务的监督等，这些都在一定程度上阻碍了博物馆事业的发展。

（二）博物馆机构设置

一个组织的机构设置，直接影响和决定该组织的运行方式与运行效果。博物馆应据其基本功能和业务活动特点，结合科学管理的一般原理而设置机构，力求精简，办事高效，责权一致，既合理区分馆内各项工作，又使之有序地组织起来，在管理系统的指挥下，保持顺畅运行的活力，实现博物馆的各项目标。

目前我国博物馆的内部机构一般分为行政与业务两大部分，行政部分有办公室、人事、财务、保卫和总务（或后勤）等几个部门。在业务机构的设置上主要有两种类型：一种是按照博物馆的业务流程和功能来设置各个工作部门；另一种是根据博物馆藏品的内容属性来设置工作部门。国内博物馆界将前者称为"三部制"，将后者称为"一条龙制"。

"三部制"即按藏品进入博物馆到陈列展出的流程，设立保管部、陈列部和教育部，每个部门的业务活动体现博物馆的不同功能。保管部主要负责博物馆藏品的征集、鉴定、研究和藏品的管理、保护等业务；陈列部门主要负责藏品的陈列展览研究、设计、制作、布置等业务；教育部主要负责观众的组织与接待、陈列讲解以及其他形式的社会教育活动等，配合陈列展览并将其内容普及引向深入，成为陈列展览的延伸。

"一条龙制"是按照博物馆藏品的学科专业属性设置业务部门，每一个专业部门既包含藏品的征集、鉴定、保管和研究，又负责陈列展览的设计与布置，每个专业部门都是一个相对独立的实体，内部以纵向链式分工。各专业部门的业务人员既从事藏品征集、保护和研究，又负责陈列展示工作。

## 第二节 博物馆人事管理

任何一个机构的管理，无论多么庞大、多么复杂，归纳起来主要是对人、财、物的管理，其中对人的管理是核心。从博物馆的领导到普通员工，都有各自不同的岗位职责与权益，都有各自的追求。怎样使博物馆员工在馆长的领导下，相互合作，齐心协力，共同为完成博物馆的各阶段目标而努力工作，这是博物馆人事管理所要解决的根本问题。主管人事部门要制定各种规章制度，提出有效的激励措施，鼓励员工为实现博物馆的使命做出自己应有贡献。

### 一、博物馆管理规章制度

博物馆为了正常有效地运行，必须适当地处理机构内部各个环节之间的关系和博物馆与其外部的各种关系。怎样做到正确处理这些关系？博物馆管理部门本着"切实可行，行之有效，符合博物馆工作规律"的原则，将处理各种问题的准则条理化，并用文字表达为具有可操作性的具体规定，形成要求博物馆全体员工共同遵守的文件，这就是博物馆管理规章制度。建立和健全博物馆规章制度，是博物馆科学管理、以法治馆的体现，它使博物馆员工在工作中有章可循、有法可依，保障博物馆工作有条不紊地展开，保证工作任务的完成，稳步实现博物馆的目标。

（一）博物馆章程

博物馆章程是管理博物馆的重要文件，是博物馆法人治理结构建设和运行管理的基本准则。章程中阐述了博物馆的宗旨与目标，界定了博物馆理事会成员（理事）、行政主管（馆长）、部主任和所有员工的角色与职责，并将体现博物馆藏品保护、研究、展览与教育功能的所有活动都囊括其中。具体而言，博物馆章程明确说明以下几方面的内容。

博物馆的正式名称、所在地及其具体位置的详细信息；博物馆举办单位（或举办者）、经费来源、登记管理机关。

博物馆的使命（宗旨）、博物馆的目的、博物馆的业务范围等。

博物馆理事会、上级主管单位或其他博物馆管理单位等的组成，包括理事会成员的人数与理事任职资格条件，并且明确理事会成员的提名、选举方式与程序和任期等，详细列出理事会理事的权利与职责、理事会会议与决议程序、理事长的产生方式和理事长的职权等。

博物馆管理层的组成、馆长的任学方式与任期、馆长的责任与权限，博物馆员工的职责与权益（包括福利待遇等）。

博物馆财务和资产管理方面的规。

关于博物馆终止和剩余资产处理。

关于博物馆章程的修订。

（二）人事管理规章

人事管理规章是对博物馆所有员工的管理制度，涉及员工的聘用、考勤、工作考核、业绩评估、奖惩办法、职务（职称）晋升、在职培训和社会福利待遇等，对这些内容在操作上都做出明文规定，目的在于明确员工的权利与义务，保障员工的合法权益，形成有效的竞争机制，充分调动员工的积极性与创造性，使员工圆满完成各自承担的岗位任务。

（三）行政管理规章

行政管理规章是关于博物馆中的一些行政和后勤事务的制度，包括博物馆文书处理运转管理办法、博物馆档案管理办法、博物馆工程设备设施管理办法、博物馆网络和电脑设备使用管理办法、博物馆财务制度、博物馆固定资产管理办法、博物馆低值易耗品和办公消费品管理办法、博物馆安全保卫制度、消防安全管理办法和博物馆物业管理制度等。

（四）业务活动管理规章

博物馆的业务管理规章是围绕博物馆从藏品征集、保护、研究到陈列展览和社会教育各个业务活动环节制定的操作规程，以保证各项业务活动有条不紊地展开。包括博物馆藏品的征集管理办法、藏品管理制度、文物修复管理办法、博物馆信息资源（主要是藏品数据库）使用管理办法、博物馆著作权管理办法、博物馆馆藏文物出借展览管理办法、博物馆社会教育管理办法、博物馆文化交流管理办法、博物馆展览管理办法、博物馆图书使用管理规定和博物馆志愿者管理章程等。

## 二、博物馆馆长

（一）一馆之长的重要性

博物馆馆长是博物馆的第一责任人，在博物馆管理中处于主导地位。馆长的选聘和职能定位对于博物馆的运行与发展非常关键。在实行理事会领导下馆长负责制的博物馆中，虽然博物馆的战略规划等方面的重大决策和博物馆的筹资主要由理事会负责，馆长负责博物馆的日常运作，执行理事会的各项决策，但理事会的决策能否在博物馆中得到有力的贯彻落实，这就要看馆长的执行能力了。从博物馆的实践看，选一位道德素质好、业务水平高、组织活动能力强的馆长对博物馆的发展至关重要。

（二）馆长的任职条件

早年的博物馆馆长主要从藏品保护与研究人员中产生。现在的博物馆馆长管理事务范围除了藏品保护、研究之外，还有展览、教育服务等，甚至包括博物馆的经营。因而，现代博物馆馆长在公众心目中具有专家学者、管理者、决策者、社会活动家等多重身份。各国对博物馆馆长的选聘条件，因不同的国情，侧重度也有些差异。一位好的馆长不但是有一定声望的专家学者，还应该是一位社会活动家，对外要有开拓精神，与社会建立广泛的联系，为博物馆争取各种人力和财力资源；对内要有管理能力，善于调动员工的工作积极性因此，在选聘馆长的时候，要求其具备的各种能力中，管理、筹款、沟通、领导的能力放在前面。

### 三、博物馆职员

#### （一）博物馆员工分类

尽管各博物馆规模有大小之别，有类型差异，藏品数量也不相同，但它们承担着相同的社会职能，所面临和所要解决的问题也大体相似。在博物馆的人才配置中，区别只在于大型博物馆专业分工较细，小型博物馆则更多地考虑人才的通用性和兼容性。

根据博物馆内部不同的工作岗位，博物馆员工主要分为四类：专业研究人员、专业技术人员、行政管理服务人员、后勤服务人员。专业研究人员是博物馆业务活动的主要力量，他们承担着博物馆藏品征集、保管、研究、展览和社会教育等工作，这些业务活动直接体现博物馆的基本功能。专业技术人员有两类：一类从事藏品的修复、复制、保护和实验室技术工作；另一类从事博物馆内各种设施设备的操作与维护工作，他们都属于支撑博物馆业务活动的辅助技术部门。行政管理服务人员中，除了馆领导之外，还有馆办公室、人事、财务、安全保卫和图书资料服务等职能部门的工作人员，他们属于博物馆行政管理与服务系统，是人、财、物管理的主干力量。后勤人员包括博物馆的清洁服务人员、司机、保安人员、搬运工等，过去都由博物馆在编人员担任，现在许多博物馆实行后勤服务社会化后，这部分工作任务基本都已外包给专门的劳动服务公司。另外，随着博物馆走向市场，有一些大型博物馆增设了公共关系部、市场营销部，从事博物馆经营落新，其员工属于博物馆文化产业开发与经营人员，不在上述四类人员中。

我国博物馆专业研究人员的职称从初级到高级分别为助理馆员（初级）、馆员（中级）、副研究馆员（副高级）和研究馆员（正高级）三个层级；专业技术人员职称有两个系列的三个层级：高级工程师、工程师、技术员，或高级技师、技师、技工。

在不同的国家，博物馆专业人员的称谓也不尽相同。日本博物馆的业务人员称"学艺员"，主要承担博物馆的藏品征集、鉴定、保管、研究、陈列展览和社会教育工作，是日本博物馆的业务主干力量；另一类称"事务员"，主要从事博物馆经营管理的辅助工作，将来发展为合格的博物馆管理人员。

#### （二）博物馆员工的考核

博物馆员工管理的一般手段主要是实行定期的考核。考核有半年期或一年期考核。考核的依据是员工的聘用合同。参照合同中的任务和指标，考核员工完成工作的情况。因此，考核从员工招聘录取时就要做好准备。人事部门首先要拟订一份详细的聘用合同，根据博物馆不同的岗位要求，确定不同责权与义务、利益，之后博物馆与员工签署合同。员工录取后，要用"岗位说明书"形式，告诉员工该岗位的特点、上岗条件、关键任务和主要责任，还要说明该岗位工作的质量要求，使上岗者充分了解自己所承担的工作责任与利益。"岗位说明书"也为员工的年终考评提供了基本的评估指标与依据。聘用合同是具有法律性质的文件，人事部门拟订合同，一定要充分考虑到各方面的因素，力求内容完整而翔实，一旦发生用工纠纷或其他问题，都可根据合同中的规定来处理。

（三）员工的激励机制

引进现代人事管理理念，探索建立新型博物馆员工激励机制，这是当前我国博物馆管理体制机制改革内容的一部分。在员工激励机制方面，最主要的是员工的职称（职务）晋升制度与收入分配制度。具有博物馆都按照事业单位的管理办法，确定博物馆人员的工资标准，按照国家规定发给员工薪酬。由于博物馆不同职称（职务）岗位薪金待遇与员工的职称（职务）相挂钩，职称（职务）晋升不仅仅体现为对员工业务水平和工作能力的综合认定，对工作业绩的认可，还意味着员工可以获得更多的物质利益。博物馆人事管理部门要了解员工在业务发展和职称（职务）晋升方面的需求，制定个性化的发展规划，帮助与督促员工脚踏实地一步步前进，以实现其业务能力发展和职称（职务）晋升的目标。

职称（职务）的晋升都有一定的工作年限限制，还要有业绩，因而比较缓慢，可以说是一种中长期的激励机制。短期的激励机制主要体现在月度（或季度、半年、年终）的奖金分配与项目结束后的奖励或其他的特殊嘉奖等。这方面应坚持"效率优先，兼顾公平"的原则，按岗位、任务和业绩定酬的收入分配方式，形成重实绩、重贡献、向优秀人才和关键岗位倾斜的收入分配激励机制。

（四）员工培训

在新科技高速发展的今天，新知识的产生比以往任何时代都快。作为一名博物馆员工想要依靠其开始博物馆职业生涯时所掌握的一些知识来维持其长期工作的资格已远远不够，必须不断地"充电"，通过各种途径的再学习，补充新知识，增添新能力。博物馆员工的职业培训是人事管理中不可忽视的内容。博物馆员工的培训主要有两类：一是新进员工培训，二是员工职业发展培训。

新进员工培训主要是针对新招聘进入博物馆的员工进行岗位工作培训，目的是要让新进员工对博物馆机构的性质、使命、功能和任务等有一个基本的了解，明白博物馆的各项业务活动是如何运作的，知晓每个业务岗位与实现博物馆整体目标与计划之间的重要关系以及应发挥的作用。

员工职业发展培训指对已有几年博物馆工作经历的员工的培训，目的是帮助其进一步提高业务技能、更新知识。这种培训既可以在博物馆内进行，也可以外出进修的形式完成培训。国际博物馆协会编辑出版的《博物馆专业发展课程指南》中，以"树状"模式阐释了当今博物馆工作中员工所需具备的共同职能与功能性职能（即"一般性职能""博物馆学职能""藏品保护和管理职能""公共活动项目职能""管理职能"领域的知识能力）。在该模式中，"一般性职能"和"博物馆学职能"的知识能力位于树的根部与主干，是所有博物馆员工都必需的，其他三个功能性职能因不同工作岗位的员工而各有侧重，交互地呈现在这棵树的枝干与树叶上。

### 四、博物馆职业道德

职业道德是从业人员的立足之本。作为一个公民，必须遵守国家的法律，遵守社会共同的职业道德规范。如果从事某种职业活动，还必须遵守该行业的职业道德规范。社会共同的职业道德规范既是人们对各种职业道德关系和道德行为要求的概括与总结，也是社会各行各业的劳动者在职业活动中必须共同遵守的基本行为准则。行业的道德规范更突出了该行业的职业特性与要求，与社会共同的职业道德并不矛盾。博物馆职业道德是社会共同的职业道德规范在博物馆职业活动中的特殊表现形式。

## 第三节 博物馆的科研工作管理

博物馆的科学研究是博物馆的一项重要职能，是博物馆综合竞争力的主要指标之一。保持和提升博物馆的研究水平和学术信誉，不仅是博物馆自身发展的需要，更是社会对博物馆提出的要求。而实现这一目标，则需依靠专业人才的汇集和博物馆科研环境的优化。

## 一、博物馆科学研究的任务与作用

博物馆的科学研究职能产生于 17～18 世纪的欧洲，即博物馆从古代形态演进到近代形态之际。当时的一些博物馆，特别是自然类博物馆，因其在收藏自然标本、历史文物等实物材料上的优势，成为近代科学研究原始资料的主要提供者，并逐渐成为科学家的工作场所。随着博物馆藏品的种类和数量的不断丰富，博物馆教育职能的日渐凸显，博物馆从最初的为其他专业学科提供资料的收藏机构，发展成为包括藏品研究、博物馆学研究在内的科学研究机构。

### （一）科学研究的对象与任务

对于博物馆科学研究的对象与任务，已有不少学者作过探讨，但尚未达成共识。从博物馆科学研究职能的产生、发展，与当代博物馆科学研究所关注的内容看，我们大致可将其研究对象归纳为两个方面：一是藏品及其相关学科，西方博物馆界称之为博物馆物件，即以博物馆收藏的文物、标本和其他物品为研究对象，并且连带藏品相关的学科也成为研究对象；二是博物馆，即以博物馆为研究对象，包括博物馆本身及其与社会的关系。从学科的归属考察，藏品及其相关学科研究属于相关专业学科的范畴，博物馆研究则是博物馆学关注的重点。

将藏品及其相关学科作博物馆科学研究的主要对象，这一点在学术界已没有异议。因为博物馆科学研究职能的出现，就是建立在藏品研究基础上的。博物馆的本质特征——实物性，也决定了博物馆的科学研究必须以藏品为基础和出发点。所以，无论是自然博物馆，还是社会历史博物馆，抑或是艺术类博物馆，甚至是非物质遗产类博物馆，都是通过对自己收藏的文物、标本和其他原始材料的研究来履行科学研究职责的。围绕藏品的科学研究，不仅彰显了博物馆科学研究的特色，还为博物馆赢得了科学研究机构美誉。

基础性研究的主要任务是获得关于现象和可观察事实的基本原理和新知识，它通常不以专门的或特定的应用、使用为目的。如今，尽管人类已经掌握了大量的科学原理与科学知识，但对于纷繁复杂的人类社会和多姿多彩的自然界来说，只不过是沧海一粟。因此，博物馆与其他科研机构一样，都将探索自然界的种种奥秘，解释人类社会的各种现象，并寻求其发展、变化规律，作为自身的基本任务之一。所不同的是，博物馆对这些问题的探究主要是围绕藏品而展开的。需要解释的是，我们之所以强调博物馆对此类问题的研究应围绕藏品，并不是将其他研究排除于博物馆科学研究之外，而是说明藏品及其相关学科研究最能体现博物馆基础性研究的特点，也是博物馆科学研究最基本职责之所在。

应用性研究的主要任务在于将基本原理和新知识运用于实践，它往往针对某一特定领域，有明确的应用目标或目的。与基础性研究相比，应用性研究并不以发现新原理、获取新知识为归旨，但是它对一个领域、一个事业的发展至关重要。博物馆学研究就是一种应用性研究，其核心任务是寻求博物馆更好的运营与发展途径。例如，博物馆观众研究、教育研究、陈列研究等，实质就是利用教育学、传播学、认知学、艺术学以及其他相关专业学科的基本原理与知识，并结合博物馆的实际而展开的应用性研究。它们的共同任务是使博物馆更好地为社会教育服务。因此，围绕博物馆开展应用性研究，也成为博物馆科学研究的基本任务之一。

（二）科学研究的地位与作用

与博物馆科学研究的对象、任务相关联，博物馆科学研究的地位与作用，可以从博物馆科学研究与整个科学研究事业的外在关系，和博物馆科学研究与博物馆自身的内在关系这两个层面来分析。

博物馆科学研究的地位与作用，首先是从博物馆科学研究与整个科学研究事业的外在关系中表现出来的。在近代，一些新学科的产生，就与博物馆的收藏与研究存在或多或少的关联性。尤其是一些依赖文物、标本等原始资料的学科的发生与发展，更与博物馆的科学研究紧密相关。例如，汤姆森的"史前三期说"的提出、林奈的"生物分类系统"的完成、赖尔的"地质学原理"的阐发等，这些奠定考古学、生物学、地质学等近代科学重要基础的基本理论，没有博物馆的收藏与研究，无疑是难以实现的。这些基于藏品的科学研究不仅赋予了博物馆科学研究的职能，而且使博物馆成为能与大学分庭抗礼的科学研究场所。进入现代，尽管实物资料在整体科学研究领域的作用有所下降，但博物馆仍然是人类学、考古学、历史学、艺术史、古生物学、地质学、动物学、植物学等传统学科的研究重镇。

从博物馆科学研究与博物馆自身的内在关系看，科学研究既是博物馆各项业务活动的保障，也是博物馆事业持续发展的学术与技术支撑。有人为了强调博物馆科学研究的重要性与广泛性，将日常事务与科学研究等同起来，这显然有把博物馆科学研究扩大化、庸俗化之嫌，但是博物馆的各项业务活动必须建立在科学研究的基础上，则早已是博物馆界的共识。博物馆的征集、保管、陈列、教育等业务活动，皆需要相应的科学研究作支撑。假如没有科学研究的介入，就难以判明征集对象的真实性与典型性，也难以保证保管手段的针对性与适用性。同样，如果没有科学研究的介入，就难以实现博物馆陈列科学性与艺术性的统一，也难以达到博物馆教育过程中认知客体与认知主体之间的平衡。博物馆的科学研究还为博物馆事业的发展注入新的动力。例如，当今的生态博物馆与社区博物馆运动，数字博物馆与智慧博物馆的构建等，都离不开博物馆科学研究的推动。此外，科学研究还是锻炼、培养博物馆专业人才的主要途径。博物馆的专业人才培养既与培养对象之前的教育背景有关，更与其在博物馆的工作实践有关。即便是著名高校的毕业生，如果没有接受过博物馆科学研究实践的洗礼，仍然难以成为合格的博物馆科研、管理人才。

**二、博物馆研究工作的领域划分**

博物馆通过各种途径建立了自己的收藏。然而，在我们对藏品进行深入研究与细致解读之前，它们还只是没有被人类智慧照亮的物质堆积，既不能为人类的知识库增添新的内容，也无法为博物馆的陈列、教育等提供科学的依据。只有通过藏品研究这个环节，博物馆才能沟通社会公众与自然和人类历史的对话。

（一）藏品研究的性质与意义

严格地说，藏品研究有两种不同的类型。一种是关于藏品的应用性或程序性研究，如藏品的搜集、保管问题研究，藏品与陈列、教育的关系问题探究等。这类研究是为博物馆业务活动服务的，属于博物馆学的研究范畴。另一种则是基于藏品的基础性研究或学术性研究，即通过藏品研究来探索、认识自然和人类社会。例如，利用历史文物来解释一些历史现象，解决一些历史问题；通过生物标本来解释生物的演化，探索生物进化规律等。在这里，藏品是我们认识自然和社会的一种媒介或一种史料，其研究的成果也融入了人类探索自然与社会的相关专业学科之中，诸如历史学、生物学等学科的知识体系之中。

我们在这里所讨论的是后一种类型的研究。虽然有些时候上述两类研究的界限看上去似乎并不那样明晰，但是根据其具体的研究目的、任务，还是能够将两者区分开来。譬如，如果我们为了更妥善地保护藏品而对藏品的物质结构进行分析，那么它属于博物馆学中藏品管理学的范畴；而如果是为了通过分析该物品的工艺特点来了解当时社会的生产水平，那么它就属于历史学中工艺发展史和物质文明史等专业学科的范畴了。博物馆所从事的藏品研究，很大一部分属于专业学科范畴。

博物馆正是凭借基于藏品的基础性研究、学术性研究，才得以跻身于科学研究机构的行列。不过，藏品研究的意义绝不仅是为了证明博物馆是科学研究的机构，为博物馆的陈列和教育提供科学的依据同样也是藏品研究的主要意义之所在。如果缺少藏品研究这样一个环节，观众与自然和人类历史的对话就无法沟通，博物馆作为一个社会教育机构的性质也无从体现。

（二）藏品研究的内容与方法

藏品研究有着丰富的内容与形式。从信息论的角度看，藏品研究的实质就是将信息载体与信息相分离，所分离的信息就是藏品研究的成果。当这些信息以专业的语言阐述，就是学术论著；当它用通俗的语言表达，就是科普读物；当它以数字化的方式呈现，则成了电子档案、数字博物馆。在特定的场合下，它并不是以纯信息的样式独立出现的，而是通过展品布置的形态与序列体现的，当信息与信息载体合成一个可以自行表达的整体，就构成了"陈列语言"。

藏品研究的成果无论以何种方式呈现，其成果的获得都是从藏品个案研究开始的。当一件物品入藏博物馆时，不仅要对其真伪问题、时空坐标做出准确的判断，还需对其价值做出恰如其分的评估。在藏品编目卡里，就有这些栏目。尽管编目卡栏目狭小的空间不允许研究者展开充分的论证，但结论性的文字是对研究者学术修养的一个考验。当然，藏品研究绝不只是判断真伪、时代、地域、价值等单纯的器物学研究，透过器物的物质表象进入对人的研究，也是藏品研究不可或缺的方面。譬如，当我们面对一件历史遗物时，我们就要努力通过它去探寻、认识那个久已消逝的制造者。他为什么要制造这件器物？他用怎样的材料和技艺制作这件器物？器物上那些由他运用或创造的纹饰和图案蕴含着怎样的一种美学上甚至哲学上的思考？在这样的思索中，我们才能了解隐藏在物质背后的人的能力、动机和情感，了解这个人所处的时代的经济生活、政治生活和文化生活的某些方面

在此，我们强调了对藏品开展具体而琐细的个案研究的重要性，但这并不意味着博物馆的藏品研究就应当始终停留在这样一个层面。因为个别的、孤立的个案研究还只是进一步研究工作的基础，仅凭它们还无法揭示出一个时代的特征，更不用说表现出时代的变化和发展。博物馆藏品研究的一个更高的要求是开展对藏品系统的、综合性的和比较学方面的研究，这不仅是产生高质量学术论著的前提，而且是博物馆陈列主题得以形成的保证。当然，这种研究往往需要集体的智慧来完成，不仅需要博物馆研究人员的合作，也需要馆外科学研究机构及其人员的配合。在这里有一点需要明确，那就是，博物馆的藏品研究与研究者的身份并没有必然的联系。一个博物馆的研究人员如果发表了不是基于博物馆藏品而是纯粹从他个人兴趣出发的研究成果，这项成果或许对某一门学科的发展带来重要的影响，但它并不属于藏品研究的范畴；相反，那些由馆外的学者们从事的、以博物馆藏品为主要研究对象而展开的研究，则应当纳入博物馆藏品研究的成果中。

藏品研究内容的丰富性，决定了藏品研究方法的多样性。一般而言，藏品研究的方法与两个方面有关：一是它作为实物研究，具有与文献研究、实验研究不同的方法，也就是说，实物研究有它自己的方法论特点；二是各类藏品都有自己的学科归属，受到各自学科方法的制约。在博物馆藏品研究领域，上述两个方面时常交织在一起。

将实物作为直接的研究对象，在东、西方均有悠久的历史。例如，中国的金石学、西方的古物学，就不约而同地将人类的实物遗存作为证史补史的资料。不过，古代的实物研究较为零散，方法上也缺乏科学性。随着近代考古学、地质学、生物学等学科的加盟，不仅使得历史文物、地质标本、生物标本等实物资料的重要性更加凸显，更使各种实物研究的方法不断涌现。以史前文物研究为例，从地质学、生物学等学科借鉴、发展而来的地层学、类型学等研究方法，为不借助文献记载来解读这类文物提供了可能。正是有了这些方法，我们对没有文献记载的人类历史有了基本了解。即便是对时代

较为晚近的文物研究，地层学、类型学等方法仍是行之有效的方法。但是，我们必须承认，假如没有相应的文献资料，要充分而深入地解读实物仍十分困难。所以，尽可能地结合文献资料，成了藏品研究的又一重要方法。

藏品研究有时还须通过实验的方法来进行。譬如，在矿物标本的研究中，我们要获得对某一矿物的矿物形态（单体形态、集合体形态等）、光学性质（颜色、条痕、光泽、透明度等）、力学性质（硬度、解理、断口、弹性、挠性、延展性等），以及比重、磁性、发光性等基本特性的正确认识，必须依赖相应的实验。实验方法不仅是矿物、生物等自然标本的研究所必需的方法，在当今的历史文物研究中的运用也十分普遍。譬如，通过对古代工具、器物的再制作实验，可以大大加深我们对某件人工制造品的理解，并由此扩大我们对制造者的认识。如研究者在研究肯尼亚考古遗址出土的工具时，就设计了一个制造该类工具的模拟实验。在这个过程中研究者惊奇地发现，在那些原始工具中，大多数显然是用右手制作的，这表明工具的制造者中右利手占了绝大多数。而在猿群里右利手和左利手的数量相当，没有一方占优势，只有现代人才是独一无二的右利手。通过这项实验，加深了研究者对这些早期工具的理解，也丰富了我们对人类进化的认识。

藏品研究不仅要与文献研究、实验手段相结合，还要与理论研究相结合。相比之下，这一点是容易被忽略的，或者说，它比较不容易被人们所认可。人们通常不愿意相信理论在实物研究中所具有的重要性。相反，他们更愿意相信，正确的结论只来自对实物认真和细致的观察、考证、实验，理论只是研究的终点而绝不是起点。事实上，任何一位研究者都不可能从一种真正的空白状态开始他的研究工作，在着手研究之前，他的认知结构中关于对象的知识和理论已经在起作用，并由此构成他在研究中进行选择、判断的依据。也就是说，科学研究工作并不是像一些人想象的那样，即首先是对事实或现象的观察、考证和实验，并在此基础上进行归纳和抽象，最后上升为一般性的理论。相反，我们时常先根据某种理论假设来决定我们观察、考证、实验的目的和方法，观察、考证和实验的结果不可避免地受到理论前提的"干扰"，但观察、考证和实验有其自身的主动性，其结果可能印证和支持理论，也可能修正甚至推翻理论。正是这种从理论开始进行研究的实践，经由观察、考证和实验结果证明或证伪理论假说的方式，构成了实物性研究的工作程序。

这一点，无论在藏品的个案研究，还是藏品的综合性、系统性研究方面，均有充分的体现。

（三）藏品相关学科研究

藏品研究与众多的学科相联系。这些学科大致可归纳为两个方面：一是各种专业学科，如历史学、生物学等；二是博物馆学。所以，对于研究者而言，理想的知识结构是，既有相关专业学科的训练，也有良好的博物馆学修养。

正如科学有社会科学、自然科学之分，博物馆的藏品也有历史文物、自然标本之别。藏品研究既涉及历史学、考古学、人类学等众多的社会科学领域，也涉及生物学、地质学、地理学等众多的自然科学范畴。这些专业学科的理论与方法可为藏品研究提供必要的基础，而藏品研究的成果则能进一步充实这些专业学科的内容。

藏品研究与各专业学科的关系较易理解，但藏品研究与博物馆学的关系则容易被忽视。虽然藏品研究侧重学术性的探究，而博物馆学基本属于应用性科学的范畴，但是两者的关系并没有因对象、任务和方法的不同而形同陌路，相反，两者是形影相随的。一方面，藏品研究是博物馆学研究的基础与前提。假如一个博物馆不开展藏品研究或很少开展藏品研究，那么博物馆学研究既失去了依靠，也丧失了大部分的意义。试想，一个不以藏品研究作为支撑的博物馆陈列，即便运用了大量的博物馆展示理论与方法，它也不会成为一个成功的陈列。另一方面，博物馆学对藏品研究起着一定的规范作用。如上所述，博物馆的藏品研究除了为人类的知识库增加内容外，还有为博物馆陈列、教育提供科学依据的任务。这就是博物馆学规范藏品研究的一种体现。倘若一个博物馆的藏品研究只关注纯粹的专业学科问题，却不重视博物馆陈列、教育的要求，那么这种研究无法成为博物馆式的藏品研究。有时，博物馆学还对藏品研究起着某种引领作用。例如，博物馆的陈列展览在之前一个很长的时期里都停留在器物定位型的展示模式上，随着信息定位型的展示实践的增多与相关理论探索的开展，藏品研究的内容与重点亦随之发生变化。如果说器物定位型的展览中的学术问题，诸如展品的真伪、时代、产地、功用等大多可通过藏品的个案研究就得以解决的话，那么信息定位型的展示除了个案研究外，则需要更多的综合性、系统性的藏品研究成果作为支撑。

对于博物馆而言，单纯的博物馆学研究或许不能使博物馆成为一个名副其实的科学研究机构，但博物馆若要成为一个优秀的博物馆，必须重视并开展博物馆学的研究。

### 三、博物馆科研工作的特点与管理

应该说，博物馆科学研究的特点与博物馆科学研究的组织管理属于不同的范畴，但因篇幅所限，故将它们放在一起阐述。

（一）科学研究的主要特点

博物馆科学研究的特点主要有实物性、实用性、综合性等。

实物性特点显然是由博物馆本质特性所决定的。与直观性、广博性这样一些概括性特点相比，实物性更准确地反映出了博物馆独特、鲜明的个性。尽管有人提出了"博物馆是否还需要实物"这样的追问，但实物仍然是当代博物馆的基础。藏品研究的本质就是实物研究，之所以称它为藏品研究，是因为这些实物恰巧保藏在博物馆的库房里。博物馆学研究也与实物有着千丝万缕的联系。且不说藏品的征集、保管问题研究与实物有密切的关系，即便是陈列、教育问题研究，其主要目的也是将隐藏在实物背后的信息更好地传达给公众。所以，日本博物馆学家鹤田总一郎就将博物馆学的本质归结为"物与人"的关系研究。如果说，实物性将不同时代的博物馆、不同类型的博物馆联系起来，使我们得以辨识博物馆从产生到发展的历史轨迹，那么，实物性也将藏品研究、博物馆学研究联结起来，成为博物馆科学研究有别于其他机构的最主要标征。

实用性特点与博物馆科学研究的主要目的与任务相关联。博物馆学研究的指向性、应用性我们已有提及。其实，藏品研究也带有指向性、应用性的某些色彩。从整体上看，藏品研究属于基础性研究的范畴，但基础性研究也有纯基础性研究和应用基础性研究之别。所谓应用基础性研究，是指为了实现某一特定的或具体的应用目的而获取应用原理、规律的新知识所进行的独创性研究。博物馆围绕藏品所进行的诸如历史学、生物学等研究，并不全是纯基础性研究，在很多场合仍须顾及博物馆自身的需求，即为陈列、教育提供学术支撑。

综合性特点既与博物馆类型的多样性有关，也与博物馆科学研究必须兼顾相关专业学科与博物馆学的内在要求相联系。宏观地看，博物馆科学研究所涉及的学科几乎可以与大学的学科涵盖面相媲美。从具体的博物馆考察，也是如此。一个典型的例证就是美国国家博物馆即史密森机构。该机构辖有美国历史博物馆、自然历史博物馆、美国艺术博物馆、航空和航天博物馆、非洲艺术博物馆、美国原住民博物馆、弗里尔美术馆、阿瑟·M.萨克勒美术馆、史密森动物园等多个博物馆、美术馆和动物园。除了各博物馆从事与自身性质相关的基本研究之外，该机构还有一些专门的研究设施，如史密森天文馆，开展天文学、天体物理学、太空科学和地球物理学方面的研究；史密森环境研究中心，其研究集中于世界大部分人口的沿海地带各生态系统之间的联系问题；史密森海洋站，从事海洋科学研究；史密森热带研究所，除进行一些基本研究外，还深入研究热带生物体和环境的生态、行为和进化问题；博物馆保护学会，开展有关博物馆藏品的分析和保护措施方面的研究。也许有人会说，这只是一个特例，但事实是，即便是一个小型专业博物馆或行业博物馆，同样涉及众多的学科和技术领域。

（二）科学研究的组织管理

一方面，博物馆的科学研究与其他科学研究一样，是以个人脑力劳动为基础的创造性劳动，博物馆必须尊重这种个人的主动性和创造性。另一方面，作为科研机构的博物馆科学研究，已超越了个人行为，是一种需要分工协作的社会化活动，因此科学的组织管理工作就显得非常必要。

严格地说，博物馆科学研究的组织管理至少包括宏观和微观两个层面。宏观层面即指国家对博物馆科学研究的管理，它通常由相应的法律、行政等制度来体现。

既然博物馆是科学研究机构，那么博物馆应该有与之相适应的科学研究组织管理机构。然而，因博物馆的多样性与复杂性，博物馆科学研究的组织管理机构的设置目前尚无一个相对固定的模式，也难以形成相对一致的模式。不过，在国际博物馆界有一种较为普遍的做法，那就是按照理事会或馆长决策、学术委员会或项目委员会审核、基金会或政府经费支持的方式，来对博物馆科学研究进行管理。通常，学术委员会或项目委员会担负着科学研究组织管理的主要任务。在我国，大中型的博物馆大多设立了学术委员会。学术委员会的职责主要包括：制定或审议科研工作的长远规划和年度计划；制定或审议科学研究管理制度；组织或审定科研课题、科研项目的立项；审

议科研成果，审定成果出版资助；评审或推荐专业人员专业技术职称；组织
各项学术研讨、交流活动等。

博物馆的科学研究需要有相应制度的规范与约束。为此，一些博物馆
制定了诸如科研规划、科研计划、课题管理、项目管理、经费管理、奖惩制
度等科研管理制度。毫无疑问，这些制度是博物馆科学研究得以有序、有效
实施的保障。不过，需要注意的是，严谨、严肃的管理制度固然重要，但营
造一个清新和谐、学术研究氛围深厚的科研环境也同样重要。因为博物馆科
学研究的任务最终都要落实到人的身上，而良好的科研环境是博物馆吸引、
留住人才的重要前提。说到人才，博物馆研究队伍的构建，通常需要考虑这
样几个因素，即人员规模、学术水平、专业分布、年龄结构等。这些因素是
提升博物馆科学研究的规模效应、学术影响力、学科交叉性、可持续发展能
力的关键。

博物馆的科研评估，也是博物馆科学研究管理的一项有效手段。因为
通过评估、分析，可以较全面地了解一个博物馆的科研水平、科研潜力和不
足，为博物馆制定发展规划、科研计划、人才计划等提供重要依据。例如，
英国国家科技馆曾邀请国内外专家学者，对该馆的科研工作进行同行评议。
评议内容包括：研究工作指导方针的效率，研究成果的质量和数量，研究工
作对馆藏品的理解、开发和保护的贡献，研究工作对展览的贡献、学术活动、
公开演讲和学术研讨会的质量和数量、工作人员的素质和专业经验等。其评
估结果和建议为该博物馆制定工作规划、管理制度提供了参考。

总之，以藏品、博物馆为研究对象的博物馆科学研究，是一种社会科学、
自然科学与博物馆学相结合的探究活动。它是博物馆赢得学术声誉的保障，
也是博物馆可持续发展的后劲力量。因此，博物馆应该重视博物馆的科学研
究工作。

## 第四节 博物馆财务与安全管理

我国国有博物馆属于公益性文化事业单位，所需经费全部或部分由国
家财政拨款供给，博物馆的财务活动按照国家事业单位财务管理的规定进
行。博物馆是国家文物收藏与保护的主要机构，由于博物馆收藏的珍贵物品

时时处于由盗窃、被破坏、水、火、化学物等造成的风险之中，所以博物馆是一个"高风险"的单位，安全责任十分重大。

## 一、博物馆财务管理

### （一）建立财务管理制度

为了规范财务行为，提高资金效益，博物馆要制定财务制度，明确财务管理的基本原则和财务管理的主要任务，对资金的收入与支出做出具体的规定，对专用资金和固定资产的管理等做出概念和操作的规定。

财务管理的基本规则是：①执行国家有关法律、法规和财务规章制度；②坚持勤俭办事业的方针；③正确处理事业发展需要和资金供给的关系、社会效益和经济效益的关系，国家、集体和个人三者利益的关系。

财务管理主要任务是：①合理编制单位预算，如实反映博物馆财务状况；②依法组织收入，努力节约支出；③建立健全财务制度，加强经济核算，提高资金使用效益；④加强国有资产管理，防止国有资产流失；⑤对博物馆的经济活动进行财务控制和监督。

### （二）编制预算

博物馆运行和开展各项活动的资金，一般都是博物馆在前一个财政年度预先做出的计划，上报上级主管单位获批准后才陆续分配到位的。预算是指博物馆根据事业发展的目标和任务编制的年度财务收支计划，由收入预算和支出预算组成。财务部门参考以前年度预算执行情况，根据预算年度的收入增减因素和措施、业务活动的需要与财力可能，测算编制收入和支出预算。应力求收支平衡，不编制赤字预算。博物馆的经费使用根据上级主管部门审核批复所下达的预算额度执行。

如果有些项目的开展，因在当年申报预算时未纳入其中而没有经费额度，一般可从其他项目中"借用"（借用数额按不超过总经费的5%调剂使用）。有些项目完成时间较长，要跨年度，可分年度分批申报预算。有些项目如果当年的预算未用完（项目未结束的情况下），可顺延至明年使用。但有些项目按规定必须到年底要结清的，未用完的经费要收缴。

博物馆除了一般的预算之外，还有用于特定用途的专项资金。它是上级主管部门拨给的用于指定用途、专项使用的经费（如大型设备购置费用、大修理费用或购买某些特殊藏品、用于开展特殊项目的资金等）。专项资金要专款专用，独立核算，专案结报。

（三）收入与支出

收入指博物馆开展业务和其他活动依法取得的非偿还性资金。由财政全额拨款的国有博物馆的各项收入，全部纳入单位预算，统一核算，统一管理。博物馆收入主要包括：① 财政补助收入，即博物馆从财政部门取得的各类事业经费；② 上级补助收入，即博物馆从主管部门和上级单位取得的非财政补助收入；③ 事业收入，即博物馆开展业务活动及其辅助活动取得的收入；④ 经营收入，即博物馆在业务活动及其辅助活动之外开展的非独立核算经营活动取得的收入；⑤ 附属单位上缴收入，即博物馆附属独立核算部门按照有关规定上缴的收入；⑥ 其他收入，即上述规定范围以外的各项收入，包括投资收益、利息收入、捐赠收入等。

支出指博物馆开展业务和其他活动发生的资金耗费。主要包括：① 事业支出，即博物馆开展业务活动及其辅助活动发生的支出，包括工资、福利支出、商品和服务支出、对个人和家庭的补助支出；② 经营支出，即博物馆在业务活动及其辅助活动之外开展的非独立核算经营活动发生的支出；③ 上缴上级支出，即博物馆按照规定的定额或者比例上缴上级单位的支出。

（四）财务报告与财务分析

财务报告是反映博物馆一定时期财务状况和经营活动的总结性书面文件，由博物馆财务部门定期编制，上报馆长和上级主管部门。年度财务报告应包括资产负债表、收支情况表和有关财务情况说明书，以具体说明博物馆收入和支出、结余和分配、资产负债变动的情况、对财务状况发生重大影响的事项等。

财务经理负责完成每年的财务分析报告，供馆长和上级主管部门参考。财务分析的内容包括预算执行、资产使用、支出状况等。财务分析的指标包括经费自给率、人员支出与公用支出分别占事业支出的比例、资产负债率等。财务分析是对财务活动的一种监督，重点评判资金使用是否合理和对财务绩效进行评估。

（五）财务审计

审计的基本职能是经济监督，具有独立性和权威性的本质特征。博物馆财务审计是由国家授权或接受委托的专职人员，依照国家法规、审计准则和会计理论，运用专门的方法，对被审计的博物馆的财政、财务支出、经营管理活动及其相关资料的合法性、合规性、真实性、正确性、效益性进行审查和监督，评估经济责任，用以维护财经法规、改善经营管理、提高经济效益的一项独立的经济监督活动。

内部审计是指由博物馆内部专门的审计人员对本单位财务收支和经济活动实施的独立审查和评价。审计结果向本单位主要负责人报告。内部审计具有显著的建设性和内向服务型，其目的在于帮助本单位健全内部控制，改善经营管理，提高经济效益。

**二、博物馆安全管理**

博物馆受托于国家而对文物实施具体的保管措施。博物馆安全工作涉及的对象除了博物馆藏品（展品）之外，还包括人（观众与员工）、博物馆设备（设施）和博物馆建筑等。其中藏品（展品）的安全最为主要。

（一）博物馆安全保卫机构

关于博物馆安保机构设置和保卫人员配备，《博物馆安全保卫工作规定》中明确，中央直属、省、自治区、直辖市的博物馆和藏品较多的地、市博物馆，应该专门设置保卫处、科，其他的地方博物馆，应该设置保卫股或专职保卫干部。博物馆保卫干部和警卫人员（包括技术安全设备管理人员和巡逻人员）总数应占全馆职工人数的 10% 左右，百人以下或地点分散的博物馆可超过 10% 的比例。尽管现在许多博物馆的安保工作都社会化了，普通安保岗位的工作人员都从社会上招聘，但鉴于这一工作的特殊性，博物馆内还是要设保卫部门（如保卫科或组），或配备专人，负责组织与安排并检查与监督馆内的所有安保工作。

（二）博物馆安防系统

1. 制定博物馆安全制度

要确保博物馆安全有序地运行，必须制定确实可行的安全制度。博物馆应根据国家《文物系统博物馆风险等级和安全防护级别的规定》《文物系统博物馆安全防范工程设计规范》等有关法规，结合本馆具体情况，制定安全防范的规章制度，规范馆内各部门的安防工作，明确各层面从负责人到普通员工承担的安全保卫工作的职责，严格遵守藏品保管、设备安全等相关工作规范和其他涉及博物馆安全技术防范条件、消防技术防范条件、藏品保存场所的自然条件与环境监控等规范。

2.建立博物馆安全防范技术系统

博物馆以技术手段为支撑的安全设施系统主要包括下列设置：电视监控系统的闭路电视、内部监控中心（控制室），门禁系统的机械性关卡或智能识别门禁；周界防护和入侵报警系统的无线对讲机等，还有自助火灾侦测（监控）与报警系统等。博物馆的藏品库房、展厅、走道和办公区域主要出入口均为重点安全保护区域，除安装全方位视角的监控摄像头等设备之外，同时要配备入侵式侦测器和视频监控的防火防盗装置、红外线报警装置等。对展厅内展品实施保护，可选用由各种不同传感器组成的报警装置，如震动传感器、压力传感器、拉力传感器、位移传感器等。

（三）博物馆安保的核心

博物馆藏品的安保手段主要有"人防""物防""技防"等。其中人防最关键，是博物馆安保的核心。落实博物馆安全工作的有效措施之一是在员工招聘上岗之时就与新进员工签订安全责任书，并对员工进行安全培训，培养员工树立"安全之事，人人有责"的观念，提高安全意识和安全责任感，自觉遵守博物馆内的各项安保制度。博物馆保卫部门作为博物馆安全管理的主要职能部门，是博物馆安全管理的中枢，具体负责各项安防制度和措施的检查、实施。要定时、定期灯馆内的各处安保岗位进行巡查，巡查结果都要记录并归档。发现问题要及时处理解决。发生重大安全责任事故，将追究相关责任人的责任。

（四）应对安全突发事件的预案

博物馆要建立突发事件（或事故）预防预警机制，设置突发事件（或事故）应急工作规程和处置流程，明确突发事件（或事故）善后处理和问责追究规定，并定期进行安防应急事件演习。通过演习，不仅可使员工将安防之事记在心头，有效防止突发事件，而且即使突发事件真的来临，亦可将损失减少到最低程度。

# 第五节 博物馆经营

"经营"一般专指经管办理经济事业，主要用在与经济有关的工农业、商贸与金融和其他服务业等领域。博物馆在机构性质上属于"非营利机构"，但并不等同于博物馆不能营利，而是"不以营利为目的"。博物馆可以从事一定范围的经营活动，在为博物馆带来社会效益的同时，也获得一定的经济效益。正因为博物馆中的某些部分可以进行商业运作，于是博物馆管理中也就有了"经营"的内容。

## 一、文化产业与文化事业

### （一）文化产业

文化产业是以生产和提供精神产品为消费者服务的行业，同时，文化产业也有着经济过程的性质。可以从"文化"和"产业"两个层面来理解文化产业的概念：在文化层面上，主要包含着艺术、创造性等精神内容；在产业层面上，主要包含生产、销售和服务等经济内容，而后者是对前者的发展和历史延伸。在西方发达国家，博物馆以智力资本、文化资本的经营运作而融入文化产业之中，博物馆被明确地划为文化产业链中的"交易"部分。我国将博物馆明确划为文化事业单位，但也不否认遗产的文化资源价值，在博物馆中确实有些部分是可以当作文化产业来运作的。

### （二）文化事业

文化事业是指政府为提高国民素质而兴办的公益性文化内容，如博物馆、图书馆、文化馆等。博物馆作为文化事业，虽然其中的部分工作内容具有一般文化产业的共性，但是其强烈的公益性特征，以文化价值为导向的原则，不以营利为目的，以社会效益为第一的基本宗旨，决定了博物馆不能像其他文化企业单位一样完全搞产业化经营。

文化事业与文化产业是同一体系中的两个既有区别又有联系的关联体。从经济活动的角度考察，"文化事业单位"是指为社会公益目的，利用国有资产，基本没有收入，不搞经济核算，运营经费由国家财政拨款的文化单位；而"文化企业单位"是指从事文化产品生产、流通、经营和服务性活动，以营利为目的，进行工商登记和独立经济核算的单位。博物馆作为社会公益性机构，其经济活动性质表明是属于文化事业单位的性质。

### （三）博物馆经营的内容

在社会文化层面，公众的文化消费需求与日俱增，对博物馆服务社会公众有了更高的要求。博物馆开发衍生产品（文创产品）带有博物馆展（藏）

品特有的文化元素，可以成为博物馆展览参观的延伸和补充，是博物馆的"最后一个展厅"。它将博物馆所蕴藏的文化知识，转化为另一种有经济效益且更有社会效益的推广形式，打通了观众的兴趣与文化消费的转化通道。

就经济层面而言，在市场经济条件下，博物馆的运营经费不能完全依赖国家，要多渠道地开辟经济来源。博物馆开发衍生产品（文创产品）是培养博物馆自身"造血"机能的一个方面，以使博物馆可持续发展。目前我们的国有博物馆都是国家财政全额拨款（或部分拨款）单位，国家经济的发展总是会有波动的，开发博物馆藏品资源的经营创收，可以用来弥补博物馆运营经费的不足，维持博物馆的生存与发展。

## 二、博物馆经营战略

博物馆作为社会公共文化机构，具有自己的使命和社会价值。因此，博物馆在经营过程中，必须采取既不辱使命，又能在众多行业竞争中出奇制胜的战略。

### （一）博物馆的产品

从经济学角度看，社会产品可分为两大类，即物质产品和精神产品。根据市场经济的理论，凡是产品（包括物质产品和精神产品）都以商品形式进入市场，当产品进入市场流通领域，按其价值和使用价值进行等价交换时，产品就成为商品。在社会主义市场经济条件下，博物馆也是一个以生产精神产品为主的特殊商品的生产者。博物馆的主要精神产品——陈列展览是供社会消费，为社会公众的需求提供服务。陈列展览具有科学价值、艺术价值、文化价值和社会伦理价值等使用价值，它在进入流通领域为人们"消费"后，满足了人们的精神需求，产生了社会效益。尽管这种社会效益的大小或程度很难以具体数量来表现，这种社会效益就是博物馆陈列展览使用价值实现。

陈列展览是博物馆人员经过科学研究、内容设计和美工制作等一系列"劳动"过程后形成的，耗费了体力、脑力和物力，凝结着人们劳动的价值，所以陈列展览具有商品的两个基本属性，即价值和使用价值。陈列展览作为商品进入流通领域的形式是向社会开放，公众来看展览，享受博物馆提供的服务。博物馆观众在参观陈列展览中，在博物馆人员的服务中，得到了一定的精神享受，博物馆的陈列展览和服务也就是博物馆的产品。当然，博物馆陈列展览的交换价值不像其他一般商品一样的等价交换，而常常是远低于举办陈列展览所投入的劳动和资金，这是博物馆作为一个社会公益性服务机构受其性质的制约所致。正因为如此，国家在对博物馆的各种形式的财政拨款中，实际上也包含着对博物馆生产的精神产品在流通领域因不等价交换而带来损失的一种经济补偿因素。

博物馆除了精神产品的生产之外，也有物原产品生产。博物馆收藏的大量实物（如古代工艺品、书画、自然标本等）是博物馆物质产品生产的重要资源，博物馆可以充分利用博物馆的人力、物力和技术力量，借助博物馆藏品的特色资源进行自然标本、文物和艺术品的复制或仿制，生产各种有特色的博物馆旅游纪念品，出版各种博物馆藏品图录或相关书籍以及各种与博物馆及展品有关的音像制品等，这些物质产品是博物馆精神产品的延伸和扩大，或者说是博物馆陈列展览的副产品，它不受博物馆公益性机构性质的制约，可以在流通领域实行等价交换。我们讲博物馆走向市场，开拓经济创收的领域，开发文化创意产品，主要是指博物馆物质生产的这一块领域，可以产生较好的经济效益。

（二）突出博物馆特色

博物馆的经营之道首先应该是充分利用自己的资源——博物馆藏品和专业人才，开拓独特的市场，其他行业即使想同博物馆竞争，但缺少博物馆特有的资源，也就竞争不过博物馆。所以博物馆经营应以本身现有的条件为基础，以自己的优势打造品牌，只有发挥自己的优势，才能显示博物馆的特色。在这方面，发达国家的博物馆实践已经给我们提供了很好的经验。

（三）围绕展览综合开发产品

以展览为契机，派生出围绕展览主题而展开的社会服务与纪念品销售。博物馆在确定展览项目之后，立即进行围绕展览的社会服务项目设计与纪念品生产制作准备，到展览开幕之时，与展览主题相关的社会服务项目和各种纪念品同时投放市场，可以获得较为理想的综合效益。

**三、博物馆市场营销**

营销是指一个企业把产品（或服务）提供给客户以获得利润的过程。1972年，菲利普·科特勒（Philip Kotler）提出了"广义的营销"概念，即营销的概念不仅指营利性交易，而且包括非营利性的交易。这就为非营利性机构的博物馆开展营销活动扫清了理论障碍。博物馆虽然不以营利为目的，但并非没有销售活动。英国伦敦科学博物馆和美国芝加哥科学与工业博物馆以成功的营销吸引了大批观众，证明博物馆不仅需要营销，而且可以成功营销。博物馆开展的营销活动，并不是出于一种单纯的商业目的，而是为了让更多的公众了解博物馆的社会价值，享受博物馆提供的服务，从而给予博物馆以更多、更大的支持。博物馆的营销活动主要集中在对市场的调查研究、对观众市场的培育、对博物馆产品包装和开展营销公关等方面。

（一）市场调查

营销活动是为了最大限度地满足客户的需要从而获利，为此博物馆需要对客户和产品进行市场调查，以便掌握市场信息，决定营销策略和手段，博物馆的客户是观众，博物馆的客户调查也就是观众调查。出于营销目的的博物馆观众调查和产品市场调查，是为了了解博物馆观众的需求和博物馆产品的形式和适应性，为博物馆制定营销策略提供分析依据。许多博物馆为寻找"产品"的生产与公众需求和博物馆资源之间的平衡点，开展博物馆客户和产品的市场调查，这是博物馆了解社会对其"产品"评介和公众对博物馆需求的一个重要的工具。

（二）培育观众市场

博物馆观众市场的形成有多方面的因素，但最主要的是内环境因素和外环境因素。博物馆的内环境因素就是其自身的目标和努力的程度，外环境因素是政治、经济、文化等形成的社会背景。对于外部因素，博物馆虽无力改变，却可以加以利用。

（三）博物馆产品包装

就产品销售而言，产品经过包装，可以吸引客户的眼球，这种事例在商品市场可谓比比皆是。在文化领域，我们看到一些出版社对出版物的名称反复推敲，标新立异，为的就是要让读者看到书名眼睛一亮，引起阅读兴趣。既然经过包装的产品可以吸引更多的观众，那么博物馆没有理由不对其产品进行包装。

（四）营销公关

博物馆为推销产品而开展的公关，是博物馆营销的一种手段，称为"营销公关"。公关的主要目的是为公众提供关于机构与其产品的可靠信息与印象，并满足公众的需求、期望、关注与兴趣，借此提升公众的满意度。公关所追求的是增进公众对产品的认知，进而影响公众对产品的态度。产品宣传是博物馆公关最重要的层面，能将触角深入一般的公众之中，为博物馆建立观众群。公关人员通过媒体等各种可用的渠道，广为宣传博物馆及其产品，向公众提供信息，促使他们参观博物馆（或参加博物馆其他活动）并购买博物馆的其他产品。过去讲"酒香不怕巷子深"，这句话不错，但是在博物馆产品尚未成为品牌的时候，在社会上还没有产生影响力的时候，加强博物馆产品的广告宣传是必要的。

（五）网上营销

近年来我国电子商务的飞速发展，为博物馆文创产品的营销提供了新的机遇。在文创产品的营销领域，除了在博物馆实体商店出售文创产品之外，还可同其他商品的销售一样，挂在网上销售。在国家文物局"互联网＋"的政策推动下，国内一些著名的一级博物馆纷纷将文创产品放到电商平台销售，故宫博物院可能是最早将其文创产品放到网上的单位之一，四川博物院、山西博物院等博物馆也已实现基于网上集市平台的文创产品营销。近年来，大英博物馆也进入中国市场，售卖博物馆的文创产品。这种网上销售模式不可小觑，其特有的方便与灵活性，尤其吸引年轻人，线上与线下结合的营销模式，在一定程度上弥补了实体店存在的不足。

尽管博物馆开发文创产品在全国已渐渐形成热潮，但其发展面临着两大困难：一是专业人才匮乏。博物馆开发文创产品是近几年的事，因而许多博物馆专业技术人员队伍中缺少这方面的人才。现在许多博物馆的义创产品开发只能以同馆外相关公司合作的方式进行，博物馆主要提供知识产权资源，双方分利，博物馆的经济收益并不显著；二是作为国家事业单位的国有博物馆遵照事业单位财务制度进行费用收入与支出的管理，文创产品开发与营销主要是商业化的行为，但是目前博物馆的财务制度中缺少关于文创产品开发的特殊政策，因而很大程度上影响了博物馆开发文创产品的积极性。

# 第六章 博物馆环境管理

## 第一节 博物馆环境的温湿度及其控制

在博物馆环境中，最基本的并经常起作用的因素是空气中的温度和湿度，研究博物馆温湿度的变化规律及对馆藏文物的影响，从而合理控制温湿度，创造良好的博物馆环境气候。

### 一、博物馆温度及其控制

（一）博物馆温度的基本概念

博物馆温度是指博物馆内空气的冷热程度，简称气温。温度可用温度计、气温表来测量，计量温度的标准称为温标，有摄氏温标和华氏温标两种，我国采用摄氏温标，用℃表示。

（二）博物馆内外温度的变化及对文物的影响

气温是太阳辐射的热效应，由于地球的自转和公转而改变地球接受太阳能的状况，因此气温在一定时间内进行着有规律的周期变化。但由于工业、交通运输的快速发展，废气排放量增大，人口特别是城市人口骤增，空调、冰箱等排放的热量，大气中臭氧层的破坏，二氧化碳含量增大等因素产生的温度效应也会打破气温的规律性，出现气温非周期性变化。我国有的博物馆有空调设备，可以调控博物馆内温度。但还有不少博物馆没有空调，大多靠自然调节，这样博物馆的温度就随馆外温度的变化而变化。

就文物存放而言，对博物馆环境温度要求并不很严格，因为温度的缓慢变化，对大多数文物没有特殊的破坏作用，一般不会造成损害。但温度剧变对文物是危险的，如金属镶嵌器物，因两类金属材料的膨胀系数不同，温度变化突然、剧烈，会致使其组合成分脱离。低温是指 -4℃以下，一般来说，低温有利于抑制化学反应和霉菌、昆虫的生长繁殖。

书画、碑帖、文献、档案等纸质文物及纺织品文物保存温度既不能高，也不能太低，库房温度控制在 16 ~ 18℃范围内更适宜。

（三）博物馆的温度指标及控制

一般认为博物馆室内空气的标准温度应在 15 ~ 25℃，对文物保存比较适宜。这个温度范围是泛指各类文物而言，有些质地的文物对温度有更严格的要求。

博物馆内温度的波动，只允许缓慢逐渐改变，不仅要求在一年之内的变化不超过规定的标准，就一日而言，气温的变化也不能过于剧烈，一般认为日气温差不得超过 2 ~ 5℃。

为了控制博物馆内的温度，需根据实际情况、因地制宜地采用下列措施。

1. 尽量减少馆外不良气候的干扰

掌握馆内气候规律，在气候不宜的太冷或太热气节，陈列室开放时及库房均应关闭门窗、挂窗帘，减缓空气对流对馆内温度的影响。在室外气候适宜博物馆气温要求的季节，可通风降温散湿，利用自然通风控制室内温度。

2. 用温度调控设备

用空调系统设备自动调控博物馆温度是最好的途径。在温度不适的房间、展室或气候不利的季节，可单独使用调温设备，用机械方法缓和温度变化的应急措施，如热风机、恒温器、空调器式。

3. 控制文物展柜的温度

陈列展柜应尽可能封闭严密，使陈列柜小环境免受外界气温的干扰。长期实验表明，封闭展柜可避免温度的剧烈变化，减缓室外气候剧变对文物的影响和破坏。木质框架的玻璃柜，年久易变形而出现缝隙，难保密闭，因而应随着材料科学的发展，注意考察新的材料，制造密闭性能好的展柜。

## 二、博物的湿度及其控制

（一）博物馆湿度的基本概念

博物馆湿度是指博物馆内空气的潮湿程度，以空气中水蒸气含量的多少来表示。空气中含水气量大，则空气湿度大；反之则空气湿度小。湿度的概念有绝对湿度和相对湿度两种。

（二）博物馆湿度对文物的影响

博物馆室内空气湿度条件的优劣，是评价博物馆保存文物环境的关键，一般认为博物馆相对湿度的安全上限应为 65%。

1. 湿度对有机质文物的影响

有机质文物对湿度的要求很严格，以植物纤维为原料的漆、木、竹器、纸张、棉、麻织物及以蛋白质脂肪为主要原料的丝织品、皮革制品，它们都是吸湿性物质。

（1）湿度对木质文物的影响

湿度若低于文物本身应有的含水量比例，文物就翘曲变形、干缩、开裂。漆木竹器的原料为木质纤维材料，是吸湿性材料，对干燥最敏感。本质材料一般都含有水分，在干燥到与周围环境处于平衡状态时，所含水分仍占木材本身重量的 12% ~ 15%，若含水量低于其应有的含水量，木材就会干缩、开裂起翘、弯曲、变形。

相对湿度为 55% ~ 65% 时，其变动对一般木质文物不会有显著影响。若空气相对湿度降至 45%，木质文物就会干裂。若相对湿度骤降到 30% 以下，木质文物就会发生弯曲变形等更严重的损坏。由于木材易于失水干脆的特点及相对湿度超过 60% 又易霉腐变质的情况，所以把木质文物所需的相对湿度安全下限定为 50%。

相对湿度过大，木材只具有吸湿性而吸湿膨胀，重量增加，强度降低。

木质文物本身是微生物的良好养料，木质纤维素吸水后，发生水解，纤维素含量大大降低，并水解为木质素、糖类，更容易被微生物吸收。相对湿度超过 65%，霉菌就会快速生长繁殖，霉菌最适宜的繁殖条件是温度 25 ~ 30℃，相对湿度 80% ~ 95%。若室温控制在 15 ~ 25℃，相对湿度控制在 65% 以下，可抑制霉菌的大量繁殖。

（2）湿度对纸质文物的影响

纸张的原料是天然植物纤维素，也是对干燥十分敏感的吸湿材料。纸张含适量的水分会使本身柔软，具有韧性；若水分低于纸张应有的比例，就会导致纸质纤维内部结构破坏，使纸张变硬变脆，易于断裂。

潮湿的环境会使耐水差的字迹的字变洇化褪色，模糊不清；使纸变软、粘连，强度降低。环境湿度大，纸张纤维吸收水分，使纤维之间距离增大，发生溶胀现象，空气中污染物易浸入纤维，加速纸纤维的化学破坏作用。

潮湿环境还会使纸张发生水解，使碳氧键断裂，生成易碎的水解纤维素，使纸张黏结。

潮湿环境还有利于有害微生物的生长繁殖，图书、档案等纸质文物中微生物生长繁殖的最佳湿度一般在70%以上，即相对湿度80%～95%，霉菌生长很快，且分泌的有机酸也会促使纸质文物变脆、变黄。

（3）湿度对纺织品文物的影响

棉、麻织品类文物的原料是植物纤维，含水量低于其应有的比例，就会失去塑性而脆裂。丝织品的原料主要是由长链的蛋白质、脂肪组成的丝胶、丝素纤维、湿度太低、太干，长蛋白链就会干脆、断裂。

湿度太大对以蛋白质、脂肪为主要组成的丝素纤维类织物，丝绸类文物破坏更大：丝织物吸湿后，水分子进入丝素纤维内部，造成体积膨胀，重量增加强度降低。

湿度太大对棉麻类植物纤维组成的棉麻织物的影响和纸质文物相同，而对丝质为原料的丝绸类文物就会使空气中酸性气体 $CO_2$、$NO_2$、$SO_2$、$SO_3$ 等极易被潮湿织物中的水分吸收，生成腐蚀性酸，或悬浮在空气中之固体物易水解的盐或溶于水的碱，这些都会加速丝质纤维中蛋白质水解，使长链蛋白质水解变成短链的蛋白胨、氨基酸，大大降低丝织物强度。

湿度太大对丝织品、棉麻织品的微生物破坏加速，由于丝质品成分蛋白质、脂肪、水解后生成的短链蛋白胨、氨基酸是霉菌的优良营养，因而在潮湿情况下，霉菌滋生和生长都很快对丝绸的破坏比纸质和棉麻类更厉害。

2. 湿度对金属文物的破坏

水是许多文物遭受腐蚀的媒介。如铜器在没有水分参与的干燥空气里，表面生成的 $Cu_2O$ 可以防止铜继续氧化。

青铜器在无水参与的干燥情况下，即使铜体裸露在有氯化物的酸性气氛中，也不会产生氯的腐蚀产物。

在大气相对湿度在60%时，铁的腐蚀速度很轻微，而相对湿度超过60%时，铁的腐蚀速度快速增加。从铁的锈蚀产物分析可知铁的锈蚀产物主要是铁和氧及水之间的反应，硫化物、氯化物与水及氧之间的反应。所以说水的存在是铁器类文物锈蚀的一个重要因素。

3. 湿度对石质文物的破坏

湿度大时，水分会渗入石质文物的孔隙及裂缝，不仅是石质文物物理风化的传媒，也是石质文物化学风化的传媒。水对石质文物的破坏十分突出。

（1）湿度对石质文物的化学风化破坏

水可溶解空气中的有害氧化物（如 $CO_2$、$SO_2$、$SO_3$、$NO_2$ 等）及有害氢化物（如 $HCl$、$H_2S$），渗入石质文物孔隙及裂缝中，腐蚀石质，产生可溶盐，使石质裂缝因溶蚀而不断扩大。

潮湿还可使空气中的尘埃黏附在文物表面，污染文物，一些尘埃中的酸、碱、盐类物质，溶解或水解产生酸性或碱性物质腐蚀石质文物，这些都加速石质文物表面的化学风化，使石质文物表面腐蚀、酥粉、脱落。

（2）湿度对石质文物的物理破坏

①当温度降至 0℃时，渗入石质文物孔隙或裂缝中的水分冻结，体积膨胀，产生膨胀压力，这种压力对孔隙率较大的石质文物破坏力更大。

② 水渗入石质文物内部，使石质中的泥质胶结物发生水化作用，造成石质体积膨胀，强度降低。

③ 湿度大时，石质表面水对石质形成外多内少的渗透分布，更能引起石质体积膨胀而引起力学强度从内到外明显下降，致使文物表面破坏最大。

④ 湿度大时，石质文物裂隙中盐的潮解和结晶对石质产生压力的变化，如此不断变化，使石质文物中裂隙不断扩大，强度不断降低。

（3）湿度大对石质文物的生物破坏

博物馆湿度太大时，石质文物上霉菌、细菌等菌类及低等植物苔藓、藻类、地衣的生长繁殖及其代谢产物腐蚀石质文物。

石质文物保存环境或库房或博物馆，应为干燥环境，切忌潮湿。

4. 湿度对陶器类文物的影响

湿度对陶器文物的破坏和对石质文物的破坏相似。但由于陶器孔隙更多，水对陶质文物的破坏更严重，所以陶器的存放环境应干燥。

（三）博物馆内相对湿度及其控制

博物馆内相对湿度基本公认数值是 45% ~ 65%，在此数值范围内缓慢波动，对保存一般泛指的各类文物基本是合适的。相对湿度对文物的影响与文物的材质有一定的关系，不同材质的文物，有其更严格的湿度控制范围，即最佳保存环境湿度，如漆木器类库房 RH 为 60% ~ 70%；纺织品、纸质文物库房或陈列室 RH 为 50% ~ 55%；金属类库房或展室 RH 为 45% ~ 50%。文物分类收藏或展出，有区别地控制湿度，是最理想办法，如果实在达不到这一要求，也要将湿度控制在泛指各类文物标准数值范围。

水是各种因素破坏文物的媒介，博物馆内湿度条件的优劣，是评价博物馆环境的关键。为了严格控制博物馆室内湿度环境，可根据实际情况，因地制宜地采取下列措施。

（1）安装可自动调温、调湿的空调系统，控制博物馆。陈列室或文物库房的温湿度，使之恒定在标准范围内。

（2）根据室外气候变化规律利用自然通风控制博物馆或展室湿度。调节馆内外湿度时，必须考虑馆内相对湿度与温度有密切的关系，应用下面的公式将相对湿度换算成绝对湿度来比较馆内外的湿度。

绝对湿度 = 相对湿度 × 当时温度下的饱和湿度

（3）单独使用加湿机、去湿机，或使用恒温恒湿机来控制和调节湿度。

（4）控制文物柜及展柜小环境，尽可能封闭严密，减少湿度剧烈变化，减缓室外湿度剧烈变化对文物的影响。

（5）湿度过大时，可在文物柜，陈列柜放置具有吸湿性的干燥剂、吸湿剂。通常使用的吸湿剂有硅胶、生石灰、无水氯化钙、木炭等，其中硅胶最佳，它吸水速度快，颜色变化可反映吸水程度，同时它又是一个可再生性的硅胶，吸水饱和后，烘干后仍可再用。

测量相对湿度的仪表有多种。

①毛发湿度计，应用最普遍。

②自动记录温湿度计：是将双金属温度计和毛发湿度计组合而得的自动记录温湿度的测量仪，是博物馆测量馆内、展柜内、库房内温湿度较为方便适用的仪器。

## 第二节 有害气体、灰尘对文物的污染危害及治理方法

空气的污染不仅危害人类健康、破坏生态平衡、阻碍经济持续发展，同时也严重危害人类珍贵文化遗存。监测、控制空气质量，保护博物馆环境，

是文物保护重要的课题。

## 一、空气的基本化学成分

空气是一种复杂的多种气体的混合物，其中氮气占干燥空气总体积的78%，氧气占21%，另有二氧化碳、惰性气体和其他微量气体。

## 二、空气的污染物及其来源

（一）空气中有害气体

① 空气中有害氧化物气体，主要有硫的氧化物气体（$SO_2$、$SO_3$）、氮的氧化物气体（$NO$、$NO_2$、$N_2O_5$）和碳的氧化物气体（$CO$、$CO_2$）。

② 空气中有害氢化物气体，主要有硫的氢化物（$H_2S$）、氯化氢化物（$HC1$）、氮的氢化物（$NH_2$）。

（二）空气中以颗粒或粉末状存在的尘埃

空气中尘埃的成分十分复杂，其主要成分是酸、碱、盐固体粉末。

①空气中有害氧化物气体与金属氧化物作用生成次生污染物——盐类。

②海风刮起海浪飞溅的盐类。

③燃料：煤、天然气、矿物燃料、草、木燃烧产生的各种有机化合物烟道烟尘、煤渣。

④金属冶炼厂、化工厂、碎石厂及其他粉碎加工厂排到空气中的各种金属及金属氧化物石棉、石英。

（三）空气中主要污染物的来源

①工业企业排放的废气、废渣。

②交通运输汽车、轮船、飞机排放的废气如 $SO_2$、$SO_3$、$NO_2$、$CO_2$ 等。

③家庭炉灶能用燃料燃烧排放的废气、废渣。

④岩石风化、火山爆发、植物花粉产生的固体污染物。

（四）空气污染物对博物馆文物的危害

（1）空气中 $SO_2$、$SO_3$ 有害气体对文物的危害。由于空气中还有氧和水蒸气，空气中 $SO_2$ 在光化学作用和金属粉尘的触媒作用下，与空气中氧结合形 $SO_3$，$SO_3$ 与空气中水蒸气结合，形成有强烈腐蚀作用的硫酸。二氧化硫直接与水蒸气作用生成亚硫酸。硫酸、亚硫酸会腐蚀文物，可使金属文物锈蚀；会使石质文物化学腐蚀、风化酥粉，使石刻、石雕风化、酥粉脱落而面目、花纹模糊；使纸质文物酸化、发黄、变脆、酥碎；使纺织品文物受腐蚀而酥碎。$SO_2$ 有漂白作用，会使花纹或布、丝绸褪色；使壁画画面层被腐蚀、酥粉、脱落。

（2）空气中具有氧化作用的气体可使金属铜、铁、锌、铅等文物表面被氧化腐蚀生成金属氧化物及氯化物，氯气遇水产生 HClO 有漂白作用，可使壁画纺织品褪色。氯气和 $NO_2$ 遇水产生盐酸硝酸，使纸质、纺织品文物发黄变脆，使字画、壁画颜料变色褪色。

（3）空气中二氧化碳与空气中水蒸气和氧作用，使金属铜表面氧化物生成铜锈 $Cu_2(OH)_2CO_3$（孔雀石）、$Cu_3(OH)_2(CO_3)_2$（蓝铜矿），使石刻在 $CO_2$ 和水作用下，石质由不溶的 $CaCO_3$ 转化为可溶 $Ca(HCO_3)_2$ 而损蚀。

（4）空气中有害氢化物对文物的破坏。空气中的 $H_2S$ 与金属铜、铁、银、铅均可起反应，生成各种暗色或黑色的硫化物，如 CuS（黑色），FeS（黑色）、$Ag_2S$（黑棕色）、PbS（黑色）。

空气中氯化氢遇到潮气形成腐蚀性很强的盐酸，腐蚀破坏文物。HCl 可将青铜表面缓慢氧化生成较稳定的 $Cu_2O$ 层进行腐蚀，生成结构疏松粉状锈。

铁锈蚀产物的主要成分是各种不同构相的碱式氧化铁 [FeO(OH)]。由于铁本身化学性质活泼，很容易受氯化氢的腐蚀，且生成的腐蚀产物结构疏松，常呈块状、片状、粉状脱落，所以古文物保存完好的铁器很少。

银在空气中缓慢氧化，形成一层灰色均匀的氧化银膜，可减缓银的进一步腐蚀。此膜一旦遇到空气中的氯化氢，很快受到腐蚀，生成灰色粉末状的氯化银。

（5）空气中尘埃对文物的危害：①尘埃对石质文物的危害：含有可溶的酸、碱、盐的尘埃遇湿会使石质文物表面腐蚀而风化酥粉、开裂、剥蚀、脱落；②尘埃对金属文物的破坏：尘埃中的酸、碱盐物质落在金属文物上，遇到潮湿空气，就会对铜、铁、银等金属文物产生强烈腐蚀，加速锈蚀的扩大、滋长和蔓延；③尘埃对纸质及纺织品文物的破坏：尘埃形状不规则，多带棱角，在文物使用，整理、翻动、移动时会引起尘埃棱角对文物的摩擦，使一些薄脆、质软的纸质文物如字画字迹、颜料、质地擦伤起毛或字迹不清晰或颜料掉落；④尘埃对壁画彩绘的破坏：尘埃在壁画彩绘上不仅影响其色彩外观，而且易吸附空气中的潮气，形成一层高湿度的灰层，使一些易溶的酸、碱、盐溶解，渗入壁画彩绘的颜料层甚至地仗层，使壁画彩绘腐蚀、酥粉、起甲、脱落、褪色、掉色；⑤尘埃为微生物在文物上滋生繁殖提供场所和养料：尘埃降落在文物上吸收空中水分，形成一层高湿度灰层，成为霉菌孢子传播和微生物寄生繁殖的场所。尘埃中的微酸性物质是霉菌生长的培养基，加速霉菌繁殖。霉菌在文物表面的尘埃中滋生，并产生酸性物质，不仅加速文物的腐蚀，还会使有机质文物加速水解、粘连腐败；⑥尘埃在文物表面降落、附着、吸水，还会成为害虫生长繁殖的场所。在适宜的环境中虫卵孵化繁殖，蛀食着一切有机质文物，而且排泄物还腐蚀文物。

### 三、博物馆空气污染控制及治理方法

治理环境、保护环境，控制并消除有害气体和尘埃对文物的危害，在博物馆内外，采取积极措施，改善文物保存小环境，是一项十分重要的工作。这项工作不仅从博物馆的设计建设时就应重视，而且要经常检查，发现问题及时处理，及时改进。

（1）博物馆、文物库房应选择远离污染源，人口稠密的居民区或城市繁华区。博物馆、文物库房附近不得有污水池、坑、不得有垃圾堆及垃圾处理场。

（2）新建博物馆除远离污染源外，还应加强环境建设，多植树种草。因树木花草不仅可以阻滞烟尘，还具有净化空气、抗污染的能力。同时绿树成林，可遮阴降温、调节气候，在干旱多风地区，还可降低风速。固定流沙，减少和防止沙尘暴对文物的冲击磨损。

（3）博物馆、文物库房、陈列室的展柜、陈列柜要多层严格密封，以防有害气体或尘埃从缝隙进入。也可用除氧充氮的办法，创造特殊优良保存环境。

（4）控制改善博物馆内的空气环境，使空气污染物进入博物馆的可能和数量降到最低程度。在博物馆、文物库房和陈列室安装空气过滤器，过滤尘埃和有害气体。

（5）在博物馆、陈列室入口处，应安有吹风除尘设备，吹除观众身上带的灰尘。还要有清除观众鞋上泥土的设备，如擦鞋机。

（6）进入文物库房的工作人员要穿工作服和拖鞋，以防将灰尘及菌孢

子带进。

（7）博物馆，陈列室应采用易于防尘、除尘墙面、地面材料。

（8）室内清除灰尘可用吸尘器或用湿法将灰尘转入液排除。

# 第三节 光辐射与防光老化

光辐射主要来自太阳光，其次来自人工光源，无论是哪种光源发出的光，都是由发光体发出的一种辐射能，并以波动的性质传播，光与物质相互作用时表现为粒子性。这种具有波粒二重性的光，其波长不同，辐射能也不同，因而对文物的破坏力也不同。两种不同来源的光辐射对文物的保存都是有害的，其中紫外光对文物的破坏最厉害。光不仅有它的热效应加速文物材料有关的化学反应，更重要的是光化学反应。如何做到既有利于库藏、陈列、研究，又尽可能减少光线辐射的损害，这是文物藏品保护工作的重要课题。

## 一、光辐射对馆藏文物的损害

采光照明是参观、研究博物馆藏品的基本要求，因而馆藏品保存环境很难避免光的辐射。

（一）紫外光对有机高分子质地藏品的损害

紫外光对有机高分子质地材料藏品的损害主要包括光降解、光自动氧化、光敏氧化、光催化氧化及大气污染成分引起的光化学反应等。

1.紫外光光降解

紫外光主要是波长在 $300 \sim 400 \mathrm{nm}$ 的近紫外光，它所具有的能量，可以打断大部分有机物的化学键。纤维素和木质素吸收了近紫外光辐射就会发生光降解反应。使纤维素、木质素的结构发生变化，大部分 C-C、C-O 化学键断裂，导致分子量下降，材料的物理、机械性能发生改变，机械强度降低。

2.光自动氧化

光降反应速率很低，但如果体系中有氧分子存在，由于氧分子可与光降过程瞬间产生的活性游离基形成过氧化游离基，反应将明显增强。这就是光降解过程导致了自动氧化游离基反应的发生。

光降解反应在氧分子存在下引发自动氧化产生过氧化游离基，引起新的链反应，从而加速材料的老化过程。如木质素具有自动氧化的性质，当木质素吸收一定波长的光辐射后产生过氧化游离基。

3. 光敏氧化降解

纤维素和木质素等吸收相应波长的光辐射，可发生光降解反应。染料等有色物质可将纤维素、木质素等高分子材料的光降解波长范围大大扩展到可见光区域。

纤维素质文物，在黑暗、缺氧状况下在地下埋藏了成百上千年，如果发掘出土后没有得到科学妥善的保护，一旦突然见光，遇氧和水就会马上发生极其严重的光敏降解反应，而产生不可挽回的严重"风化"。

4. 光催化氧化

纸张纤维等生产过程中都采用钛白（$TiO_2$）、锌白（$ZnO$）、立德粉（$ZnS$）作白色颜料和消光剂，在造纸领域还被用作填料，上述物质在染料褪色及高分子材料纤维素、木质素等老化过程中起催化剂作用。

纸张、纤维、塑料、橡胶等博物馆中的文物材料或是陈列的展柜、密封用的材料，都会由于体系中 $TiO_2$、$ZnO$、$ZnS$ 等催化剂的存在而大大加速光老化过程。

综上所述，光辐射中紫外线的作用，导致各种对光稳定性弱的光敏物质，包括纸张、文献、档案、拓片、书籍、皮毛、皮革、棉、麻、丝、毛织物、水彩水墨画、漆木竹器等，在潮湿环境下会加速光老化变质过程，导致文物褪色、发黄、翘曲、糟脆。

（二）紫外光对金属文物的危害

紫外光不仅严重危害有机高分子材料类光敏性文物，对馆藏文物中铜、铁、银等金属类文物的氧化、锈蚀破坏也相当严重。

紫外线可在潮湿环境中分解空气中的氧分子产生初生态氧，这些初生态的氧，不仅可氧化有机高分子材料类文物，同时还可与潮湿空气中的水分子结合生成过氧化氢，氧化金属类文物，如能使化学性质不甚活泼、在空气中只能缓慢氧化的铜器发生下列化学反应而加速腐蚀。

（三）红外光对馆藏文物的损害

红外光对文物的破坏虽远小于紫外光，但仍有一定程度的破坏作用。不过红外线的辐射主要是热辐射。文物被红外线辐射，表面温度急剧上升，内部产生压力，出现翘曲、龟裂、开裂现象。

当纸质文物受到红外光热辐射时，纸张中保持柔韧性的水分过分蒸发，导致纤维素干燥脱水而强度下降，使纸张变脆。温度上升，会使光、氧、酶、水解作用加速而加速纤维素的老化。温度升高还会加速纸张上的化学反应，温度每升高10℃，化学反应速度加快一倍，30℃对纸质文物已属于高温。纸中存在有加工过程带入有害化学杂质情况下，在15℃可保存100年，而在25℃就只能保存50年。

对纺织品文物来说，红外光热辐射，会使保持植物纤维柔软韧性的水分及保持动物纤维的油脂挥发，致使植物纤维及动物纤维中的蛋白质、脂肪硬化、导致纺织品文物变脆。

**二、防止光线损害文物藏品的措施**

由于光辐射特别是紫外光的辐射，可引起有机高分子材质文物一系列光化学反应，加速有机分子材料的老化变质，因而合理地选择光源，控制光源强度和科学选用光稳定剂、紫外线吸收剂等抑制光的化学反应的措施是十分重要的。

（一）库房展室应是避光的密闭式建筑

库房有窗者也尽量少而小，而且南北向开设，避免东西向开窗情况下紫外线射入量大，避免紫外线直接射到文物上。

1. 窗门要安装百叶窗、遮阳板，或采取搭凉棚、挂厚窗帘、竹帘、装夹层窗帘等遮光措施。

2. 在库房展室建筑物屋顶涂刷反射系数大的白色材料，减少屋顶吸收太阳辐射能。

3. 门窗、展柜所安装的玻璃，应符合以下要求。

（1）玻璃应厚实：玻璃愈厚，吸收紫外光愈多，也比较结实安全。

（2）玻璃门窗外，加上厚的木板窗，涂上红绿、黄、白色油漆，可使库房展室变暗，也可滤去一部分紫外线。

（3）可采用夹层玻璃，中间夹一层紫外线滤光膜。

（4）也可采用透光性差的毛玻璃、花纹玻璃。由于光在物体粗糙表面上重复反射，使光线大大减弱。

（5）采用蓝色平板玻璃减少光辐射。蓝色平板玻璃不仅可减少太阳辐射热能的50%,含氧化铈和氧化钴的玻璃,更具有良好的阻截紫外光的能力。

（二）应用紫外线吸收剂

1. 紫外线吸收剂的作用及原理

紫外线吸收剂的作用是强烈吸收紫外线,并将其紫外光能转变为无害热能。其原理是紫外线吸收剂吸收紫外光而激发,从基态转为激发态,然后经自身分子的能量转移,放出强度较弱的荧光、磷光或将能量转化为热能,或向其他分子转送而自身又回复到基态。

2. 紫外线吸收剂的使用方法

（1）将紫外吸收剂溶于清漆中配制成的一定浓度的溶液,喷涂或涂刷于普通玻璃上,制成防紫外线的玻璃,将此玻璃安在博物馆展室窗上和展柜上,吸收滤去紫外线,使文物不受紫外线的辐射破坏。

（2）将紫外线吸收剂加入聚甲基丙烯酸甲酯中,制成 UV 有机玻璃,即防紫外线的有机玻璃。

（3）将紫外线吸收剂加入醋酸纤维中,制成吸收紫外线的软片,贴在博物馆窗子或展柜的玻璃上。

（4）将紫外线吸收剂溶于溶剂中,涂在照明灯管或灯泡上制成紫外线灯。

（三）博物馆照明光源的选择

光源的合理选择对防止馆藏文物的色变和劣变有着特别重要的意义。在选择光源时,最大限度消除紫外线的影响是最关键的问题。在选择博物馆的照明光源时应选择有防紫外线功能的无紫外线荧光灯,或者使用带有紫外线滤光器的荧光灯,也可在荧光灯及玻璃罩上涂布紫外线吸收剂。

博物馆采用自然采光的,从门、窗、天窗透射过来的紫外光会对文物引起严重的破坏。400nm 紫外光引起的损坏要比 500nm 绿光引起的损害程度高 25 倍,300nm 的紫外光引起的损坏程度要高 250 倍。

除白炽灯外,光源经滤紫外光后,损坏可减至最小。同时白炽灯的热辐射也会引起干燥劣化。为此,有必要选择那些带有热辐射吸收过滤构造的冷反射卤灯。这种卤灯的照明辐射仅占辐射总量的 10%。

（四）防紫外线的简易措施

防紫外线的简易方法是将文物密封存放于箱、柜、匣、盒中。微缩技术的应用,可避免经常翻动文物原件而利于文物避光保护。

（五）博物馆文物耐光性分类及照度控制

1.博物馆文物的耐光性及对光敏感程度分类

根据文物对光辐射的敏感程度大致分为三类。

第一类，对光和辐射特别敏感的文物：纺织品、水彩画、纸质文物（包括手稿、素描、印刷品、邮票、字画、碑帖等）、彩绘、壁画、染色皮革等。

第二类，对光和辐射敏感的文物：油画、胶画、天然皮革、角制品、象牙制品、漆木制品等。

第三类，对光辐射不敏感的文物：岩石、玻璃、彩色玻璃、陶瓷器、宝石、搪瓷等。

2.博物馆照度的控制

博物馆照度控制与被照文物的耐光性有关，首先考虑的是珍贵文物的安全保护，还要考虑文物展出效果，使参观者能清楚地感受文物的形状、色彩和质感。文物对光和辐射的敏感程度不同，对光度的控制标准不同，随着文物耐光性即对光的敏感程度减弱，其推荐照度的标准逐渐降低。

目前博物照明主要倾向依靠便于控制而稳定的人工照明光源。为了确保文物藏品的安全，又不影响正常的视觉效果，尽量采用较低照度光源。只要有良好的控光措施、合理的光源位置及正确的陈列技术，较低的照度也能得到满意的视觉效果。

（六）博物馆光辐射的监测

为了确保博物馆文物藏品的安全，博物馆的光辐射特别是紫外线辐射监测十分重要。博物馆光辐射监测仪表，用英国牛津研制的克劳福特760型紫外线监测仪较为理想，该监测仪体积小，操作方便，可直接从标度上读出含紫外线比率。

## 第四节 博物馆环境中微生物的影响与防治

纸质文物、纺织品文物、漆木竹器类文物、尸体标本类文物等有机高分子材料文物都是菌类生长发育的良好营养基，因此对这类文物抑制霉菌繁殖，消灭菌孢子，消除霉菌斑痕是十分必要的。

## 一、微生物的生长环境

博物馆环境若出现潮湿、温度偏高、空气中灰尘较多、通风不好，就容易滋生微生物特别是滋生种类繁多，危害严重的霉菌。霉菌最适宜繁殖生长的环境是相对湿度80% ~ 95%，温度25 ~ 30℃。若将室温控制在15 ~ 25℃，相对湿度控制在65%以下，即可有效抑制霉菌的生长繁殖。

## 二、博物馆环境中危害文物的主要微生物

微生物的侵害对各类文物，特别对有机高分材料（无论是天然有机高分子材料还是合成的有机高分子材料）都是一个十分重要的问题。

（一）分解纤维素的主要微生物

1.分解纤维素的主要细菌有嗜氧细菌和厌氧细菌

（1）嗜氧细菌主要有噬纤维黏菌属、生孢噬纤维黏菌属，纤维弧菌属和纤维胞菌属等。

（2）厌氧细菌有奥氏梭菌、高温黏纤维梭菌等。

2.分解纤维素的真菌

木霉、葡萄状穗霉、葡萄孢霉、曲霉、青霉、毛壳霉、嗜热霉等属的一些种类。

3.分解纤维素的放线菌

诺卡斯菌属、链霉菌属和小单孢菌属的某些种。

（二）分解半纤维素的主要微生物

主要包括芽孢杆菌属、无色杆菌属、假单胞菌属、根霉属、曲霉属、木霉属、青霉属等。

（三）分解木质素的微生物

木质素是植物残体中最难分解的一部分，且分解速度相当缓慢。木质素大量存在于木质化组织的细胞壁中，填充在纤维素的间隙内，增强机械强度。分解木质素的主要微生物主要是一些真菌。

（1）担子菌类的真菌有：干腐菌、多孔菌、伞菌等。

（2）乳酸镰孢霉、链孢霉、木素木霉、曲霉及青霉中的一些真菌。

（3）假单胞菌、节杆菌、黄杆菌、小球菌。

木质素是一种芳香族聚合物，在上述微生物的分解作用下被分解成芳香族化合物，然后再由细菌、放线菌、真菌等继续分解。

（四）分解橡胶塑料的微生物

橡胶、塑料等合成高分子材料，在博物馆的装修、门窗、展柜、电气设备方面应用很广。真菌、细菌中的许多种类的微生物，都可以对这些天然的、合成的高分子材料进行腐蚀，其中危害最普遍、最严重的是各类繁多的霉菌，最常见的有黑曲霉、黄曲霉、杂色曲霉、球毛壳菌及绳状青霉菌等。

### 三、博物馆环境中微生物的危害

从前面博物馆环境中主要的微生物介绍中可知，分解纸质、纺织品、竹木器等文物中纤维素、半纤维素、木质素的真菌、细菌、放线菌等种类繁多，危害严重。

（一）微生物对纸质文物的危害

微生物的滋生繁殖可使纸质材料中的纤维素降解，使含有 $300 \sim 2500$ 个葡萄糖分子的高分子聚合物纤维素在纤维素酶的作用下水解未降解的纤维素并切割部分降解的多糖及纤维素四糖，纤维三糖等寡糖为二糖、单糖。再将低分子量的寡糖水解为葡萄糖，继而在好氧纤维素降解菌的作用下将葡萄糖彻底氧化成二氧化碳和水。由于纤维素酶和纤维素降解菌的作用，不仅产生低分子糖，使低质文物发黏而粘连，还产生一些有机酸及菌类代谢过生的有机酸使纸张酸度增加，使纸张受侵蚀而发黄、变脆。由于菌类微生物的滋生繁殖而使纸质文物发生严重霉腐变质，产生大量霉斑，使低质文物上的字迹、画面严重污染而看不清，而且更严重的是纸张粘连，质地糟脆，难以揭展，致使纸质文物失去重要档案、资料、信息的重要意义。

半纤维素比纤维素更容易被微生物降解，将组成半纤维素的多种戊糖或己糖的大分子缩聚物降解为低分子量的寡糖、单糖，再在分解半纤维素的微生物作用下，产生低分子量有机酸、醇等物质，腐蚀纸质文物，使纸质变脆、强度降低，甚至溃烂成一堆霉变腐烂的废末。

组成纸质文物的木质素，虽较难分解，分解速度缓慢，但仍会分解成芳香族化合物之后，继续被细菌、真菌、放线菌分解，使填充在纤维素间隙内的木质素降解损失而强度大大降低。

（二）微生物对博物馆纺织品文物的危害

微生物对棉、麻等植物纤维组成的纺织品的危害和对纸质文物的危害十分相似。

丝毛织品在博物馆藏品中占有重要地位。丝是蛋白质、脂肪类纤维，在大分子中含有组成蛋白质的各种氨基酸，在微生物的作用下，加速蛋白质的水解，使长链蛋白质大分子分解成短键的蛋白腺、蛋白胨及更低分子量的氨基酸，如水解产生的脯氨酸易在紫外光作用下被氧化反应所分解，使分子发生键断裂，而使丝织品强度大大降低。

（三）微生物对木质文物的危害

木质文物的主体是木材，木材是植物细胞所构成的，细胞腔内的原生质在细胞形成后一定时期就消失了，剩下细胞壁构成木材的主体。它的主要化学成分是 45% ~ 50% 纤维素、20% ~ 35% 半纤维素、15% ~ 33% 木质素等。

与一般木材比较，古木质化学成分中纤维素和半纤维素含量大大下降，木质素含量相对大大增高，如河南信阳楚墓出土的一件木钟残片，纤维素含量降至 10.5%，而木质素含量却高达 80.4%。木质素虽是木质文物残体中最难分解的一部分，但在过量水特别是碱性盐类溶液长期浸泡和微生物分解菌的作用下，使木质素水解。分解木质素微生物主要是木腐菌，木腐菌最适宜的环境是 25 ~ 30℃。根据木腐菌对木材的损害情况，可将其分为变色菌、褐腐菌、白腐菌、软腐菌等几类。

变色菌进入木质文物后，主要以木材薄壁细胞组织内的糖类和淀粉为营养物质，破坏木材细胞壁，虽在较短时间内不会影响木材力学强度，但如果长期在适宜条件下生长，会沿横向穿透细胞壁，引起木材软腐。

褐腐菌分解木材多糖，使腐朽木材呈褐色，纵横向均产生裂纹，呈典型的方块形破裂，木材密度和强度降低。白腐菌同时分解多糖和木质素，使木材呈白色海绵状或蜂窝状，表面凹凸不平，粗糙断裂。软腐菌分解细胞壁中的多糖而使细胞壁形成空腔。

细菌对木质文物损害虽比木腐菌轻，但可使木材变色，且对防腐剂有很强的耐药性。

**四、博物馆中微生物破坏的预防与处理**

微生物会使有机质文物霉烂、糟朽，因此消毒灭菌、防止微生物对馆藏文物的侵蚀和破坏是非常必要的。

（一）预防微生物滋生繁殖

博物馆防止微生物的重点是预防霉菌的滋生繁殖，对霉菌的预防基本方法是在库房创造防止霉菌繁殖发育的环境。因为温湿度对霉菌的繁殖生长极其重要，没有一定程度的湿度，即使有足够的营养，霉菌也不会发育。把博物馆温度控制在 15～25℃，相对湿度控制在65%以下，对抑制霉菌是有作用的。保持博物馆清洁无灰尘，可清除霉菌孢子发育的场所对预防微生物的滋生繁殖也很重要。

（二）微生物污染的文物的处理

凡被霉菌污染的文物，都会出现霉斑，因霉菌所分泌的色素不同，霉斑呈现不同的颜色。对霉菌污染的文物进行消毒灭菌处理常用的杀菌剂有溴甲烷、环氧乙烷、甲醛等。这些杀菌剂易于气化，与被消毒灭菌的文物接触均匀，渗透范围广，杀菌作用彻底。环氧乙烷因易燃易爆而使用安全混合气体（环氧乙烷∶二氧化碳=1∶9）。甲醛有毒且是致癌物质，使用时一定要注意安全。以上几种高效消毒灭菌剂对文物进行处理后，不会损坏文物。"霉敌"0.02%的丙酮溶液喷雾，可杀灭霉菌、细菌。环氧乙烷、甲醛因对蛋白质有破坏作用，不能用于丝毛织品、皮革等文物。

# 第五节 博物馆虫害的发生与防治

## 一、博物馆出现害虫蔓延的原因

（1）文物进博物时未经检查，将害虫带入博物馆。

（2）建筑物门窗不紧，害虫进入馆内寄居。

（3）虫卵随空气污染物的灰尘进入室内。

（4）博物馆内陈列柜、建筑物木质构件所用木材，带入害虫。

（5）博物馆环境如温湿度等保存环境有利于害虫的孵化、繁殖、发育。

## 二、博物馆常见的害虫

博物馆常见的害虫有毛衣鱼、烟草甲、竹蠹、黑皮蠹、麟毛粉蠹、档案窃蠹、白蚁等。

## 三、博物馆害虫的预防与除治

博物馆对害虫要以预防为主，防治结合。防虫杀虫的方法有物理方法和化学方程。

（一）博物馆害虫的预防

（1）环境清洁、门窗严紧，气候干燥凉爽，室内温度 ≤ 25℃，相对湿度 ≤ 65%。

（2）文物入馆或文物囊匣入藏前必须严格检查，做认真的防虫杀虫处理。

（3）对馆藏文物要经常检查，发现害虫及时处理。

（4）文物入馆前，要对博物馆进行防虫处理。

用环氧乙烷、甲醛、二氧化碳、溴甲烷、二氯乙烷或氯化苦处理房间，处理时关闭门窗，通入以上蒸气，保持 2 ~ 3 昼夜，打开门窗通风，经此处理不仅可杀死害虫，同时可以杀死菌类。

（二）博物馆害虫的除法

1. 博物馆物理方法除治杀虫法

（1）高温杀虫法

利用害虫是在 50℃以上虫体蛋白质凝固致死，一般高温处理 8 小时左右，便可杀死各个发育阶段的昆虫。40 ~ 48℃可使昆虫新陈代谢过速，呈热昏迷而停止发育。

（2）低温杀虫法

博物馆害虫在 -4℃以下，害虫体液出现冰冻结晶，使原生质遭受机械损伤，脱水和生理结构遭到损坏。一般冷冻 4 小时便可杀死害虫。

（3）γ 射线辐射杀虫法

γ 射线对各种微生物、昆虫均有杀伤作用，采用较高剂量辐照文物，目前采用 16 万伦琴辐照文物，既不伤害文物，对人体无放射性危害，又能在不超过一个月的时间内完全杀死害虫。

（4）气调缺氧杀虫法

将空气中各种气体正常比例调整，减少害虫赖以生存的氧气，增加氮气和二氧化碳气，使害虫正常活动受到抑制，甚至窒息死亡。可以采用充氮、除氧剂除氧缺氧等技术制造缺氧条件。

2. 利用化学方法杀虫

化学方法杀虫防虫是文物保护中应用广、见效快、杀虫彻底的方法。

（1）固体易升华或挥发的药物樟脑、萘。将樟脑或萘用纸包住，夹在纸质文物或纺织品文物中即可有效的防蠹防蛀。萘中可能含有少量有机酚，易氧化变色而影响文物，樟脑、萘升华挥发太快，用纸包住减缓散失速度，延长杀虫时间。

（2）气体熏蒸杀虫剂主要是易挥发气体、液体蒸气、进入害虫的呼吸系统或由体壁质进入虫体、引起中毒死亡。

（3）接触杀虫剂（又叫触杀剂），主要通过害虫表皮进入虫体，影响害虫的正常神经传导，使害虫致死。

（4）胃毒剂主要通过消化道进入虫体，引起中毒死亡，如砒霜（$As_2O_3$）。砒霜特别杀博物馆建筑物木构件及木质文物最主要的害虫——白蚁有特效。

3. 利用天然药物避蠹防蛀法

在收藏展出纸质文物、纺织品文物，皮革类文物，小型漆木竹器类文物时，使用的天然药物樟脑、芸草、莽草、秦椒、蜀椒、胡椒、地椒、狼毒、银古、马鞭草等30余种。这些药物的有效成分为生物碱、挥发油、甙类和有机酸对昆虫有显著毒杀作用。

# 第六节 博物馆的防火

## 一、起火的原因与燃烧的条件

博物馆起火的原因主要有：

（1）博物馆木质材料因对流传播之热，引起可燃性气体产生，当温度一旦达到着火点时与空气中氧反应而起火；

（2）博物馆木质构件因糟朽腐烂产生的可燃性气体；

（3）电器老化引起火灾；

（4）违规操作或人为的破坏引起火灾。

燃烧是一种激烈的发光、发热的氧化反应，其发生的条件一是有可燃物；二是有助燃的氧气；三是有达到着火点的温度，这是燃烧的三个重要条件，也是火灾的重要起因。

## 二、博物馆的防火设计与日常的防火管理

博物馆是文物展出与观众参观文物的重要场所，不仅陈列和珍藏有大

量文物，而且经常有大量观众，因而博物馆的防火工作就显得特别重要。

（一）博物馆的防火设计

博物馆防火要坚决贯彻"以防为主，以消为辅，防消结合"的方针，在博物馆的设计中必须特别注意防火设计。

（1）博物馆防火设计中要有齐全的消防设施，消防栓，灭火器应启用方便。

（2）博物馆建筑尽量不用易燃易爆材料。

（3）博物馆建筑应宽敞，空气流通，防止产生可燃气体。

（4）博物馆的电线及电器安装一定要注意防火，远离易燃物。严防电器开关时放火花。

（5）博物馆的照明一定采用防紫外线和防爆灯。

（6）博物馆建筑木质构件应涂刷防火涂料。

（二）博物馆的日常防火管理

博物馆的特殊性质要求日常防火应有严格的要求，严格的管理，常抓不懈，措施得力，任务落实。

（1）经常深入细致检查可能出现的一切火灾隐患。一经发现，立即处理。

（2）博物馆严禁堆放易燃物。

（3）博物馆电器设备，电线应经常检查，随时排除一切隐患。

（4）经常注意检查灭火器材。

（5）对博物工作人员应经常进行防火知识及防火技能的教育、培训。

（6）博物馆内严禁明火，清除可能产生明火的隐患。

# 第七节 博物馆建筑与环境要求

## 一、博物馆建筑的基本要求

（1）博物馆建筑应从功能要求，在结构、技术、材料、艺术、形象等各方面，满足文物展出、标本收藏、科研、社会教育等业务及行政管理方面的要求。

（2）博物馆建筑应成为一个国家、一个地区或一个城市的文化象征。

（3）一个博物馆的建筑应具备独特的格调和风貌，能很好地为现代城市服务。

（4）博物馆建筑应通行流畅，不出现人流交叉，有较宽敞的通道，便于大量观众出入疏散。

## 二、博物馆文物库房建筑的基本要求

库房建筑有许多特殊的要求，必须从建筑面积、布局、防火、防震、防盗、防潮、防汛、防腐蚀以及运输、现代科学管理设备等方面考虑。

（1）博物馆库房建筑应有宽敞的通道，以利于文物搬运及各部门的联系，一旦发生事故保证抢险救护畅通无阻。

（2）博物馆库房建筑结构材料与室内装修应选择坚固耐用、防火性能好、有抗震刚度的材料，最好选用钢筋混凝土结构体系，抗震烈度应高于一般八度设防。

库房门窗采用金属材料，密封性保温隔热性要好，防止库外温度骤变对文物的影响。

库房地板采用坚实耐磨，既防尘又保温的合成橡胶或塑胶地面。库房内如需安装吊顶时，应采用防火性能好轻钢龙骨和岩棉板或钙塑板作面层。

（3）库房既要有足够的光线，又要防止自然光中紫外线对文物的破坏，有条件的藏品库房最好使用人工照明，照度以 60 ~ 100 勒克斯为宜。如果采用自然光，必须采取蔽光措施，避免日光直射。有条件的库房，可用间接光、反光、散光照明手段。电线、电源、灯具要严格选择，电线要暗线穿管或绝缘耐火线，光源应加防爆灯罩。库房应单独设电源，以保证安全，还必须有事故照明装置，一旦照明发生故障时应急之用。

（4）库房的屋顶应安装避雷设备，以防雷击。

（5）库房的通风及温湿度调剂要求很高，目前我国大多数博物馆难以达到恒温恒湿的目标，只能靠自然通风方式来控制库房内的温湿度。

## 三、博物馆大环境的基本要求

（1）馆址选择遵照城市总体规划，建筑与环境融合协调。在选新馆址时，必须对周围环境进行调查研究，排除环境中不利因素，充分利用其有利因素，使博物馆建筑与周围环境成为一个协调的有机整体，互相辉映。

（2）博物馆环境应优美、幽静、尽量避开闹市，又要交通方便，便于观众集散往来。

（3）搞好博物馆周围的绿化工作，既美化环境吸收噪声、遮挡灰尘，又能减轻有害气体的污染。

（4）博物馆应避开低洼潮湿和有污染隐患的环境。

# 第七章 博物馆与观众

## 第一节 了解博物馆的观众

观众对于博物馆的生存和发展具有重要的意义。博物馆只有通过观众，才能实现其良好的社会效益和经济效益。换句话说，博物馆活动的有效性就是建立在对其观众的科学研究和正确认识的基础上的。没有对观众的认真研究，就不可能形成对观众正确的认识，博物馆也就无法有效地开展工作。

### 一、博物馆观众的多样性

博物馆的观众并不是一个同质的统一体，而是许多地域、年龄、职业、兴趣、动机、教育程度和文化背景不同的异质亚群的总和，各亚群都有自己的集体性倾向。因此，要正确地认识博物馆的观众，就必须改变将观众简单地视为单一整体的传统观念，而应当从博物馆的实际情况出发，深入研究博物馆观众的多样性及其各自的特点。

根据博物馆活动的实际需要，可以将博物馆观众分为实际观众、潜在观众和目标观众三类。实际观众，就是指那些来到博物馆参观陈列展览的社会公众。潜在观众，则是指有可能转变为博物馆实际观众的社会公众，具体包括两种情况：在一般的公共博物馆，它包括全体社会成员；而在专门性的学术博物馆，它往往会根据具体的要求而被限定在一定的范围之内。目标观众，也被称为期待观众，就是指博物馆举办陈列展览时假定的主要服务对象，陈列展览的内容安排、形式设计都主要以他们的愿望要求和理解水平为依据，最大限度地吸引他们是博物馆陈列展览的主要目标。博物馆的实际观众是陈列展览的参与者和支持者，博物馆应当尽可能地维持和扩大实际观众的数量；而潜在观众则是博物馆的未来和希望，博物馆应当努力争取使今天的潜在观众更多地变成明天的实际观众；目标观众是博物馆组织陈列展览的期待对象，他们往往具有较强的针对性和代表性，也是博物馆实际观众的重要组成。通过实际观众和潜在观众的对比，我们可以得知博物馆陈列展览对观众教育的广泛程度，以及它在社会上产生的影响；通过实际观众与目标观众的对比，则可以验证博物馆对教育对象和内容确定的适应性。因此，这种分类对于博物馆确定陈列展览的教育目的和判断陈列展览的社会反响具有重要的实际价值。

如果以地域作为分类指标，则可以将博物馆观众分为基本观众、旅游观众和外国观众。基本观众就是指从博物馆所在地来馆参观的观众；旅游观众一般指本国旅游观众，他们不居住在博物馆所在地，而是以旅游者的身份来该馆参观访问；外国观众则是指非博物馆所属国的观众。不同地域的观众，其参观的目的、动机和兴趣等也各不相同。对于基本观众来说，除了了解自己居住地的自然环境和历史文化外，更希望了解外面的世界，了解当代社会的新发展、新成就。因此，在参观了博物馆的基本陈列之后，他们更关注内容新奇、形式多样的临时展览、巡回展览和交换展览等。而对于国内外的旅游观众来说，他们感兴趣的则是反映该地历史渊源、地方文化特色和民俗风情的各种陈列展览和活动。

如果将年龄作为分类标准，可以把博物馆观众分为儿童观众、青年观众、中年观众和老年观众四类。儿童观众指 4 ~ 16 岁的少年儿童，主要包括小学生和初中生。儿童观众朝气蓬勃，有强烈的好奇心和介入意识，会对色彩、光照和运动表现出浓厚的兴趣，且容易被丰富多彩的陈列内容和生动细腻的讲解所感染而产生激动情绪。但他们缺乏对实物展品内涵的理解能力和将实物转化为抽象概念的能力，缺乏参观的持久性，并且其注意力不易集中。青年观众的年龄为 17 ~ 30 岁左右，包括普通高中生、大中专学生和各种职业的青年。青年观众通常精力充沛，思维活跃，有较强的求知欲，对博物馆陈列展览的知识性和参与性要求较高。中年观众主要指 30 岁左右到 50 多岁这一年龄层次的观众。这类观众年龄跨度较大，文化水平和职业也显示出较大的多样性，因而其参观的目的、动机和兴趣点也都各不相同，具有较大的随意性。老年观众就是 60 岁以上的观众群体。他们拥有较为丰富的生活阅历和稳定的兴趣爱好，善于联想，但在参观时容易产生疲劳感，因此，博物馆在进行空间设计时应充分考虑安排设计科学合理的休息空间，以满足老年观众的需求。总之，这种以年龄为依据的观众分类法，相对简单明了，所以，在现代博物馆观众工作中被广泛使用。但这种方法也存在缺陷，就是它无法兼顾由于职业、文化水平等的不同而造成的实际差异，因而难以使博物馆对观众进行更加深入细致的区分。

若按照观众参观博物馆的目的进行分类，可以将观众分为学习型、科研型和休闲观光型三类。学习型观众主要指那些以学习为目的、前往博物馆获取专门知识的人，或者将博物馆作为第二课堂的大中专学生。这类观众为数众多，约占博物馆观众总数的 1/3。他们的共同特征就是都有某方面的知识基础，希望通过博物馆开拓视野，进而加深对知识的理解和掌握，往往要求博物馆举办的陈列展览具有一定的深度和广度。科研型观众主要指以开展科学研究活动为目的的参观者。这类观众虽然人数不算太多，但他们到博物馆的目的明确，选择性强。他们一般不太注重陈列形式，而是十分关注新的研究成果以及新发现的文物、标本。同时，他们常常会要求参观更多的与其科研相关的藏品、文献，要求利用博物馆的图书资料室，会见博物馆的相关专家学者，希望收集所需的资料或与相关专家学者进行有益的探讨。而且，这类观众对于博物馆提高其陈列展览的科学性也具有重要的推动和促进作用。因为他们大多具备深厚的专业知识，所以，在参观过程中，就有可能发现鉴定、定名、说明中的不足和错误，提出进一步研究或更正的建议，从而使博物馆陈列展览的科学水平得以不断提高与完善。观光休闲型观众就是指以旅游观光和休闲娱乐为目的的参观者。这类观众数量众多，既包括无组织的零星参观者，也有旅行社组织的旅游团队，通常可以达到博物馆观众总数的一半以上。他们的年龄层次、文化水平以及职业等情况比较复杂，不能一概而论。但其前往博物馆无非就是利用闲暇时间进行旅游和休闲娱乐，以满足消遣、开阔视野、获取知识和提高审美等目的。因此，他们在博物馆的活动一般具有较强的随意性和娱乐性。

如果以文化水平和受教育程度作为分类标准，博物馆观众可以被分为普通观众、学生观众和专家观众。普通观众的文化水平参差不齐，情况比较复杂，其在博物馆的参观行为较多地受到个人兴趣爱好的支配，通常没有特别明确的动机，注意力容易集中在观赏性较强的展品上，更多地关注博物馆陈列的趣味性和娱乐性。学生观众主要指各类学生，他们一般比较重视博物馆陈列的知识性和传播能力，强调陈列展览的系统性，要求其层次分明、脉络清晰，部分学生还会详细阅读说明文字，甚至认真记录。专家观众则具有较强的专业知识，他们在博物馆的参观活动往往集中在有关项目上。相对而言，他们对博物馆陈列的把握能力和传播能力都不太重视，而是对博物馆的珍贵藏品和资料非常感兴趣，希望获得更多不为人知的展品背景资料等，以充实和完善个人的研究。同时，他们也会将自己的最新研究成果注入博物馆的实践，以推动博物馆相关活动的展开。

除了上述几种主要的分类方法外，还可以依据博物馆材料的利用形态，将观众分为隐观众（潜在观众、间接观众）和显观众（显在观众、直接观众）；按照观众对博物馆陈列所表达内容及其方式的兴趣，将其分为以审美为动机的观众、以浪漫主义和躲避现实为动机的观众、以学习求知为动机的观众；根据观众的参观状态，将博物馆观众分为一般团体观众、教育团体观众、旅游团体观众和零星的个别观众；依照观众的身体状态，分为一般观众和残疾观众；等等。

总之，依照不同的分类标准，每一种观众都有其相对一致的倾向，而每一位具体的观众又往往都是几种类型的综合体。因此，博物馆学者必须通过建立在观众分类研究基础上的分析与综合，才能较为深入和具体地把握博物馆观众的特点和要求，更好地发挥博物馆的功用，实现博物馆的社会效益和经济效益。

## 二、博物馆观众的行为和心理

为了保证博物馆陈列与社会教育活动的科学性和有效性，博物馆学者必须对观众的行为和心理展开调查与研究。对博物馆观众行为和心理的研究，主要包括博物馆观众的习惯性行为、在无意识状态下对特定环境的心理反应以及"博物馆疲劳"产生的原因、机制及克服的途径。

博物馆的参观活动往往要求观众在站立和行走的交替运动中通过观察、阅读和参与来获取知识。因此，对于博物馆观众的行为研究就主要包括观众在行走过程中的定向与位移运动特征和在观察过程中的视觉运动特征两个方面。在观众的定向与位移运动特征方面，美国的博物馆学者通过大量的研究证明，传统观念认为观众的位移是按照顺时针方向或从左到右的方式进行

博物馆管理与藏品保护研究

是不科学的。事实上，由于受到美国交通规则的影响，绝大多数博物馆观众参观时的位移是按照逆时针方向或者从右到左的方式进行的。由此证明，观众在参观过程中的定向与位移运动会受到日常生活习惯和个人喜好等多方面因素的影响。另外，根据博物馆学者麦尔通提出的著名的"出口斜坡"效应的描述，观众在博物馆停留时间越长，他们向出口走得越快。也就是说，随着时间的流逝，观众对博物馆陈列的注意力便会逐渐地下降，逐渐产生厌倦感和疲劳感。在视觉运动特征方面，研究者们发现，博物馆观众在参观过程中，眼睛总是在进行跳跃（游览）和静止（凝视）两种形式的视觉运动。观众的视觉特征总是习惯于先凝视观察对象的上方，然后移向视区中心的左边。所以，为了吸引观众的视线，应当在博物馆陈列展览的重要部位保持明亮的色调，使视线能够专注于此而不会轻易离开。同时，视觉运动的速度也会受到色调的影响，需要眼球低速运动时可以使用反差较大的色调；反之，则会使眼球高速运动。这些对博物馆观众位移运动和视觉运动习惯的研究，为博物馆建筑设计、陈列布展、举办社会活动等工作提供了很有价值的参考，也使观众在博物馆的活动变得更加自然便利，更加符合日常习惯。

博物馆观众的心理活动也与其在博物馆活动的效率密切相关，尤其是在博物馆的参观活动。因为参观博物馆陈列展览的过程，其实就是一个依赖眼睛、耳朵等感官，通过观察、阅读、倾听、触摸和操作等行为，不断接收、加工、处理和储存信息的认知过程。这一过程明显地受到观众的情绪、心理状态和价值观念的影响，因此，为了增强博物馆陈列展览的科学性和有效性，博物馆学者要对观众的心理进行深入地研究，考察环境、建筑和陈列诸因素与观众的情绪、心理状态的关系，以及情绪、心理状态对认知活动的影响，保证环境、建筑和陈列的各种要素及其组合方式能够适合观众认知和欣赏的心理学要求，从而克服观众的心理障碍，由此增强观众参观学习的驱力、兴趣和效果。研究表明，在无意识状态下，环境、建筑和陈列诸要素及其组合方式以及其他辅助性技术，对观众产生的情绪和心理状态的影响是多种多样的。其中，既有积极的，如使观众感到平静、愉悦、兴奋、充满好奇和想象力等；也有消极的，如使观众感到紧张、烦躁、恐惧，甚至产生疲劳和厌倦等。博物馆应当高度重视这些观众产生的心理感受，在举办博物馆陈列展览时力求保证和调动其积极的心理影响，以提高观众参观博物馆陈列的积极性和有

/148/

效性。与此同时，也要注意消极的心理影响，它们往往会造成观众心理上的压力和障碍，进而影响观众参观博物馆陈列的积极性和有效性，使得观众在博物馆参观过程中出现"博物馆疲劳"等现象。因此，博物馆在举办陈列展览时还必须注意最大限度地避免和消除对观众产生的消极心理影响，并积极地探究观众心理障碍产生的原因，力求找到有效的克服途径。

"博物馆疲劳"主要指观众在参观过程中逐渐出现的精力耗竭、注意力涣散、认识活动机能衰退和产生疲劳感的现象：它不仅是妨碍观众在博物馆参观的重要原因，而且不可避免地影响着参观的效果。疲劳的产生不仅是生理活动的结果，也会受到心理活动的严重影响。心理因素引起的疲劳往往会叠加于生理因素引起的疲劳之上，不但会使观众感到体力不支，而且心情烦躁，甚至出现抵制情绪，因此，博物馆应当积极探究其产生的机制，通过自身的努力，尽可能地防止观众在参观过程中产生生理和心理的疲劳感，延缓疲劳发生的时间，降低疲劳程度，从而提高观众参观的有效性。

博物馆学者的研究表明，"博物馆疲劳"的产生主要取决于环境、建筑和陈列三大要素。从环境要素角度来看，首先，博物馆应当为观众创造一个安静的参观环境。因为观众在参观时，各种噪声都会分散其注意力，影响观众的心理状态，如持续低沉的轰鸣声会使人感到昏昏欲睡，突然迸发的尖利声音会使人的心情变得焦虑紧张等。所以，保持参观环境的安静是保证参观质量的前提条件；其次，博物馆应当为观众创造一个洁净的参观环境。卫生状况不佳会影响观众参观的心态。空气混浊则不但会影响展品保护，而且有损观众健康，使其注意力下降。因此，注意参观环境的质量，保证展示空间的洁净和空气的纯洁、新鲜也是保障参观质量的重要条件。从建筑因素的角度来看，可能导致和加剧"博物馆疲劳"的原因包括楼层的设计、展览空间的分割与组合、采光方式、展示空间的装饰和地面处理等。如将展厅设在过高的楼层会更多地耗费观众的体能，展示空间的单调设计会使观众感到乏味而丧失参观兴趣，不当的采光设计会造成观众的视觉疲劳，展示空间的装饰色彩选择不当会造成视觉噪声，地面材料的选择不当也可能造成观众的心理障碍。此外，陈列因素也是形成"博物馆疲劳"的重要原因，它主要包括陈列的内容安排、艺术设计和技术处理等。在陈列内容的安排方面，由于缺乏对博物馆陈列形象性、直观性和实物性的充分认识，而对陈列内容的过分抽象化，势必造成观众参观的疲劳；同时，过多的专业术语、过细的逻辑编排和过强的教育氛围也会使观众感到厌倦；最后，陈列内容无法适应观众的认知结构和水平，以及过多的层次结构，也都是引发观众疲劳的重要因素。在陈列艺术设计方面，缺乏陈列的艺术感染力，无法提供轻松、自由和愉悦的氛围，局限于传统的静态陈列等，都是造成观众疲劳的重要原因。在陈列的技术处理方面，主要指陈列带和陈列密度，如果对其设计不当，也会使观众产生"博物馆疲劳"。除了上述三个主要因素外，根据博物馆学者麦克卢汉的研究，观众如果不被允许积极地参与博物馆的活动，他们就会出现类似"幽闭恐惧"的"博物馆感觉"，从而加速疲劳的产生。而且，观众在博物馆参观过程中，还会经常带有被称为"资料定向"的心理错觉，即通过浏览就自认为已经获取了所观察展品的信息，实则没有在其脑海中留下任何印象。这些心理状态都会加速"博物馆疲劳"的产生，而且会严重影响观众参观和体验的效果。

针对"博物馆疲劳"产生的原因，博物馆可以积极采取相应的措施从行为和心理上抑制和延缓其产生，从而提高观众参观博物馆陈列的实际效果。首先，博物馆应当努力为观众提供一个安静、空气纯洁清新、微观气候适宜的参观环境，并提供良好的休息和补充能量的场所；其次，博物馆应当将陈列展览安排在适宜的楼层，灵活多样地进行展示空间设计，尽量使观众保持新鲜的心理感受，科学合理地安排展线，并力争提供高质量的视觉环境，尽量减少视觉噪声，选择适宜的地面材料，以避免疲劳的产生；最后，博物馆陈列设计应当力求最大限度地调动观众的热情和积极性，激发他们的自主性，在设计中引入参与理念，为观众提供投入的机会。在内容安排上，应以目标观众的认知结构为依据，使陈列的信息量既新颖又适度；在艺术设计上，要使陈列富于个性和变化，通过艺术气氛的渲染，增加陈列的把握度，从而创造一种自由、随和、轻松的氛围；在技术处理方面，确定合理的陈列带和陈列密度，运用新颖的陈列方式和手段，增强观众的参与性，从而达到激发观众热情和兴趣的目的。

# 第二节 博物馆吸引观众的方法

随着社会的发展，文化产业的不断丰富，世界各国博物馆的馆长都更加清醒地意识到，观众就是博物馆生存和发展的基础，没有观众的博物馆就无法产生效益，不论是社会效益还是经济效益。所以，如何吸引观众便成为当代博物馆学界普遍关注的问题之一。其实，早在20世纪中期，博物馆学界就已经认识到观众对于博物馆的重要性，提出博物馆应当把注意力集中到吸引更广泛的观众上来。经过近半个世纪的实践，博物馆在如何吸引观众方面积累了丰富的理论和实践经验，探索出了不少行之有效的方法。简而言之，博物馆要吸引更多的观众，首先，必须提高博物馆自身的服务质量，增强观众意识；其次，博物馆应当学会利用各种媒介，宣传介绍博物馆及其举办的各项活动，扩大其影响；最后，博物馆应该采取多种手段，密切与社会的联系，从而争取更多的观众。

## 一、增强博物馆的吸引力

博物馆只有正确认识、利用和整合自身资源，不断改善软硬件条件，强化观众意识，走产业化发展的道路，才能有效提高自身的工作效率和服务质量，充分调动观众的积极性和主动性，形成鲜明的特色，进而达到增强博物馆吸引力的目的。

### （一）立足本地资源打造特色陈列

当前博物馆门庭冷落的一个重要原因就是博物馆举办的活动特别是陈列展览，平淡乏味，缺乏特色，无法满足观众丰富多样的实际需求。要改变这种现状，就必须在对观众进行调查研究的基础上，认真考虑社会和观众的需要，发挥博物馆的优势，整合博物馆的特色藏品，树立精品意识，打造特色陈列。只有这样，才能使博物馆陈列重新焕发生机，吸引更多的观众。具体而言，首先，博物馆应对观众进行广泛、深入的调研，据此了解社会的需求和观众的兴趣点。其次，博物馆要对自身有一个准确的定位。通过对本馆藏品等资源的深入研究，明确自己的优势和特色。再次，在充分考虑社会需求和观众喜好的基础上，利用博物馆特有的资源优势，借助现代化的理念和手段，打造博物馆的精品、特色陈列。最后，通过特色陈列满足社会和观众的实际需求，增强博物馆的吸引力，实现其社会效益和经济效益。

（二）改善自身条件提高服务质量

博物馆的自身条件既包括其硬件设施，也包括人员素质、文化氛围等软件。博物馆要吸引更多的观众，就必须适应时代发展，不断改进和完善其硬件设施，适时地进行改扩建，引进先进的技术设备，完善博物馆所需的各种配套设施，如增加计算机查询设备、增加多媒体设备、完善研究室、扩大停车场等，以增强其举办各项现代化活动的能力。同时，还要积极转变观念，增强博物馆工作人员的服务意识，培养博物馆工作人员健康向上的精神面貌，不断丰富他们的业务水平和专业知识，积极营造博物馆特有的文化氛围。只有不断改善博物馆的自身条件，提高服务质量，才能有效提升观众对博物馆的整体认知程度，使博物馆能够更好地为观众和社会提供服务。

（三）增强观众意识完善观众服务

博物馆要尽可能多地吸引观众，就必须增强观众意识，真正认识到观众的利益高于一切，从各方面为观众着想，不断提高和完善针对观众的各项服务。第一，博物馆应当从观众的实际需要出发，设立完备的配套服务设施，如设立专门的餐饮区、休息区、吸烟区、厕所、购物区、寄存处、咨询台、医护室等，为观众在博物馆的活动提供更人性化的服务，使观众在博物馆活动期间，既能满足其参观学习的基本需要，又能满足文化休闲的娱乐要求；第二，博物馆要注意活动种类的多样性、同一活动的多层次性以及活动的适应性，以满足各层次观众的需要；第三，博物馆应当坚持对观众进行不间断的调查研究，并根据观众的反馈意见和评价，及时地调整服务项目及其具体内容；第四，针对观众对博物馆的意见，要认真对待，及时处理，切实提高和完善博物馆的观众服务；第五，通过提高博物馆各项活动的水平，采用创新思维，开拓新的联系和吸引观众途径，如博物馆巡展、流动展览等，最大限度地调动观众积极性和主动性，最终达到使观众自愿走进博物馆的目的。

（四）重视资源转化实现产业发展

博物馆丰富的馆藏是其特有的珍贵资源，可以通过产业化开发，将它们转化为博物馆的无形资本，更好地实现其社会效益和经济效益，提升博物馆在观众心目中的认同感，从而达到吸引更多观众的目的。首先，博物馆可以通过开发馆藏品的复制品、出版物、音像制品等相关纪念品，取得一定的经济效益，更重要的是可以扩大博物馆及其藏品的社会影响力，激发观众来馆参观的兴趣。其次，博物馆应当拓展思路，将其特有的活动，如精品陈列展览、现场文物鉴定等，进行商业化运作，从活动的策划组织到具体的安排设计，都充分吸纳观众的意见，使整个活动成为风靡一时的社会文化景观，从而在为博物馆带来巨大的经济效益的同时，也为博物馆吸引更广泛的观众。再次，博物馆应当重视对外交流，特别是包括陈列展览、学术研究、专业技能等在内的博物馆产品的对外交流。通过交流不但可以打破馆与馆之间的隔阂，加强合作联系，实现优势互补，扩大博物馆的知名度，而且可以为博物馆注入新的内容和思想观念，更好地满足观众多方面的要求。最后，博物馆要积极与相关产业联系，充分利用自身的资源优势，实现产业化发展，增强吸纳观众的能力。如博物馆和旅游业相结合，不仅能缓解博物馆的经济压力，而且可以提高博物馆的人气，扩大博物馆的影响，有利于吸引更多的观众。

## 二、密切与社会的联系

博物馆作为公益性社会文化教育机构，只有努力建立融洽的社会关系，充分调动社会公众参与博物馆活动的积极性和主动性，让他们自觉地融入博物馆的日常工作和活动当中，才能在他们心目中树立良好的形象，获得他们更多的关注与支持，博物馆事业也才能更加健康、蓬勃地发展。

博物馆之友、博物馆会员和博物馆志愿者都是博物馆与社会密切联系的重要纽带。他们虽然称谓不同，但都十分关注博物馆事业，对博物馆及其活动非常感兴趣，想要共同参与博物馆的建设与发展。通过他们，博物馆不仅能够更广泛地联系社会公众，而且可以得到更多的支持和资助。博物馆吸纳他们参与博物馆的日常工作，不但为博物馆增添了民主色彩，加强了博物馆对现代社会亲和力，而且可以有效地缓解博物馆资金和人员不足压力。

博物馆之友最早诞生于19世纪的欧洲。19世纪初，欧洲的博物馆相继由收藏机构演变为开放性的、以社会教育为主要功能的社会文化机构。关心和喜爱博物馆的人群也随之增多，一些博物馆爱好者开始自愿为博物馆服务，义务参加博物馆的相关工作，有的还捐献藏品、捐赠资金。与此同时，博物馆的发展也正需要各方面力量的帮助。于是，便将这些爱好者组织起来，形成了博物馆之友组织。最初，它有学术性和非学术性两种形式。前者由学术团体成员组成，以面向社会传播科学、历史、艺术等知识为主要目的；后者则由向博物馆捐赠过藏品、资金等的热心人士组成，他们可以享受博物馆提供的诸多优惠，并参与博物馆的部分事务，起着联系社会与博物馆的作用。以后，随着博物馆社会基础的扩大，博物馆之友也日渐非学术化和大众化。20世纪以来，博物馆收藏、研究的范围和社会教育的覆盖面进一步扩大，迅速而大量地吸收馆外的信息与资金，争取更广泛的社会支持，遂成为办好博物馆的重要条件。博物馆之友的组织形式也由此得到了世界各国博物馆的普遍重视。1972年，在西班牙的巴塞罗那召开了第一次世界博物馆之友代表大会，有145个博物馆之友组织参加了会议。1975年，成立了国际博物馆之友联盟。国际博物馆之友联盟的建立，不仅帮助博物馆之友建立了国际间的广泛联系，为他们的交流合作提供了更广阔的平台，而且促进了鼓励资助博物馆的全球性舆论的形成。直到今天，博物馆之友依然是博物馆联系社会、吸引观众和资金的重要手段。

由于社会制度及国情等方面的差异，各国博物馆之友的名称、任务和组织形式也有所不同。

西方国家的博物馆之友主要是援助性的组织，包括人力、物力和财力的援助。在英国，筹集资金是博物馆之友的主要任务。同时，在博物馆之友的成员中还要推选出学有专长的人，作为博物馆志愿人员，参与博物馆的藏品征集、陈列设计、器材维修等业务工作，在旅游旺季，还要担任博物馆的导游和讲解。博物馆在得到博物馆之友帮助的同时，也会给他们一些优惠或赋予他们一些特殊的权利，如享受特别的减免优待、免费获得资料和赠品等。英国铁桥峡博物馆是组织博物馆之友的成功范例。铁桥峡博物馆之友所进行的活动主要包括大力宣传博物馆、为博物馆筹措资金、为售货点和问讯处配备人员、担当博物馆的导引人员和讲解员、参与博物馆各遗址的实际工作、开展博物馆藏品的业余整理和研究、组织一些特殊的博物馆活动等。

博物馆志愿者是以博物馆为平台，利用自身兴趣和特长，自愿为观众服务的社会人群。因为他们都是义务工作者，所以，在许多西方国家也把他们称为义工，并在博物馆普遍建立了义工制。志愿者不仅可以为博物馆提供最基本的咨询、导览和讲解服务，还可以承担资料管理、宣传教育、陈展杂务、简单行政等工作。志愿者来自社会各个阶层，有专家学者、教师、医生、在读的研究生，但更多的是离退休的年长者、有大量空余时间的社会人员和在校的大学生。经过长期的发展实践，博物馆志愿者制度在许多博物馆事业较为发达的国家已经渐趋完备，主要体现为：社会公众参与博物馆志愿服务的意识较强；博物馆为志愿者提供的岗位丰富，志愿者可以参与博物馆的多项工作；博物馆志愿者的构成日益多元化；博物馆可以将志愿者作为重要的人力资源加以利用；博物馆志愿者机制相对完善等。

总之，博物馆之友、博物馆会员和博物馆志愿者都是博物馆密切联系社会的重要途径。通过他们，不仅可以充分扩大博物馆的社会基础，吸引更多的观众，而且能够从各方面得到社会的支持和资助，推动博物馆事业更加健康、迅速地发展。

## 第三节 博物馆的社会教育

博物馆作为重要的社会文化教育机构，不仅担负着解读和传播社会历史与科学知识、传承优秀民族文化的责任，而且在提高广大观众的思想品德和文化素养方面也发挥着显著作用。当代博物馆正以其不可替代的文化价值、丰富多彩的教育信息以及个性独特、形式多样的教育方式，承担着传播科学文化知识、塑造健康思想道德、提高审美情趣、培养公共意识、增强环保意识等方面的使命，并且在通过观众得以实现的过程中显示出勃勃生机。

### 一、当代博物馆教育的特征

我们可以将当代博物馆教育的特征总结为：实物性、直观性、开放性、自主性、娱乐性及互动性。

实物性就是指博物馆以真实的文物、标本作为自己的活动基础，并由此揭示事物客观面貌及其科学内涵、传播观众所需信息的特性。博物馆教育主要就是利用实物，通过博物馆特有的陈列语言，实现信息由物到人的传播。而且，博物馆也是唯一以真实的物品作为主要传播媒体的教育场所。

博物馆教育主要就是通过举办陈列展览等活动，吸引观众前来参观，在参观过程中得以实现的。而博物馆利用文物、标本以及其他辅助展品组成的陈列展览，则为观众创造了从直观上感性认识事物、获取信息的机会。因此，直观性与形象性也是博物馆教育的重要特征。

开放性主要体现在两个方面。第一是博物馆教育的对象具有开放性。博物馆教育的对象是全体社会公众，具有广泛的社会性，不受任何条件的制约。第二是博物馆的教育方式具有开放性。随着数字化博物馆的发展，博物馆教育也突破了传统的教育模式，通过互联网等信息手段可以突破时间和地域的限制，全方位地面对全世界公众进行博物馆教育。

博物馆教育的自主性也体现在两个方面：一是博物馆可以根据社会需要和馆藏特点，自主选择教育的内容和形式；二是观众可以根据自己的实际需要和兴趣爱好汲取知识。因为博物馆属于非强制性教育机构，观众的参观活动都是自愿的行为，他们属于自我教育学习者。所以，他们在接受博物馆教育的过程中，可以自由选择参观内容，具有高度的自主性。

现代博物馆教育的主要特征也包括娱乐性。博物馆作为让学习者在运动中接受教育的地方，也为博物馆教育娱乐性的发挥提供了必要的条件。因此，博物馆在其开展的各项教育活动中都想方设法将学习与娱乐融为一体，如在陈列展览中设置具有较强参与性和娱乐性的项目等，力求寓教于乐，使观众在愉悦的状态下接受教育。

虽然现在的博物馆教育传播给观众的知识信息量越来越大，新科学技术含量也越来越多，但知识与信息的传播却已不再是博物馆向观众的单向传递，而是双向交流、互动影响。观众在从博物馆获得所需知识的同时，为博物馆反馈大量其所需的信息。所以说，互动性也是当代博物馆教育重要特征。

## 二、博物馆教育的主要内容

博物馆作为社会教育机构，必须开展有计划的教育活动，才能达到普及科学文化知识、弘扬民族文化、提高观众思想道德修养和审美情趣的目的。随着博物馆教育理念的更新和实践经验的积累，博物馆教育已经成为世界各国社会教育的重要组成部分。

早期的博物馆学者对博物馆社会教育的认识可以概括为两个方面：一是实施面向社会的实物教育，使民众的知识扩大，趣味向上，同时辅助学校教育；二是实施精神教育，陶冶性情，启发人民的爱国意识和民族自豪感。历史发展到今天，博物馆事业取得了前所未有的发展，封闭沉闷的传统形象也被开放活跃的现代形象所取代，并深深植根于现代社会中。作为文化遗产的保护神、社会文化消费的乐园、异军突起的教育新天地，博物馆越来越显示出其在社会教育中的重大作用和无可替代的地位，因此，也承担着更多的社会教育职能。

现代博物馆的社会教育是多方面的，主要包括科学文化教育、道德情感教育、审美情趣教育、公共意识教育和环保教育等。

（一）全民的科学文化教育

博物馆保存着丰富的人类文明成果，展示着自然界和人类社会从古到今的发展轨迹，承载着底蕴深厚的历史文化，是一部包罗万象的"百科全书"，是开展科学文化教育的重要场所。所以，博物馆通过举办陈列展览等活动向全民普及科学文化知识是其教育的重要内容。博物馆的科普教育具体包括两个方面：一是对在校学生的养成教育；二是对成人的继续教育。

青少年的教育质量直接关系到民族的素质和国家的前途。因此，世界各国都十分重视以青少年为主的学校教育。可是，培养学生是一个系统的工程，往往需要学校、家庭和社会三方面协同努力。博物馆作为社会文化教育事业的重要组成部分，在配合学校教育方面自然有着义不容辞的责任。

随着博物馆事业的发展，我国博物馆也积极开展了学生的校外教育。博物馆接待儿童和学生的数量逐年上升。为了更好地发挥普及科学文化知识的作用，我国博物馆还结合其自身的特点，积极开展了许多卓有成效的校外教育活动，主要包括：结合教学内容，对教师进行辅导，增加其文物、标本知识，以便更好地向学生进行讲解；组织学生来馆参观，结合学生的课堂学习，做好陈列讲解与辅导；建立学生活动室，针对各年级学生组织多种形式的学习活动，如举办绘画、小标本制作等辅导班，开办科普夏令营，观看电影，开展知识竞赛等；与博物馆所在地的中、小学建立固定联系，设立校外辅导员，针对学生的不同兴趣爱好，进行专业辅导；根据本馆的性质和条件，制作图片、幻灯、标本、模型等作为教辅，提高学生的学习效果和热情；组织小型、轻便的展览到所在地区周边的中、小学进行巡回展览，更广泛地普及科学文化知识。

成人教育也是博物馆科普教育的重要方面。如今，人类社会已进入信息与知识经济时代，知识总量急剧增长，更新速度也越来越快。这就要求现代人即使离开学校，也要不断学习，随时接受新的科学知识和信息，只有这样，才能增强自身的竞争力，更好地适应并推动社会的发展。也正是因为如此，对成人的继续教育才受到了世界各国的普遍重视。博物馆作为社会教育的理想课堂，在成人教育方面也具有明显的优势，被誉为"没有围墙的社会大学"。首先，博物馆拥有丰富的实物教学资料，适合成人的学习特点；其次，博物馆类型多样，藏品众多，涉及诸多专业，具有广博的知识含量，容易满足成年人综合学习的要求；最后，对于某些特定的专业，博物馆人才集中，有较好的设备，能为成人教育提供适宜的进修条件。为了更好地发挥博物馆对成人普及科学文化知识、提高文化修养的作用，许多国家的博物馆都开展了针对成人教育的活动。在美国，不少博物馆为成年人提供专题讲演、学习班、研究班等。

（二）广泛的道德情感教育

通过博物馆，观众不仅能够获得丰富的科学文化知识，而且能够在潜移默化中受到优秀文化的熏陶，激发强烈的爱国热情和崇高的民族精神，对其精神世界产生深远的影响。因此，对全体社会公众，特别是青少年，进行优秀传统文化和爱国主义教育，不断提高其思想道德修养，也是博物馆教育的重要内容。

在我国，博物馆有着参与道德情感教育的优良传统。从第一座现代意义的博物馆诞生至今，我国博物馆始终十分重视对社会公众的道德情感教育。这种教育，是利用实实在在的藏品，通过陈列展览等活动来实现的。博物馆开展的陈列展览等教育活动，对于民族认同感的培养、民族凝聚力的增强、民族自豪感的提升、优秀民族文化的弘扬和精神品质的传承都具有重要的作用。譬如，当我们置身秦始皇兵马俑博物馆，面对气势恢宏的兵马俑和战车方阵时，内心的震撼与自豪是无法用言语描述的。同时，作为伟大先民的后人，那份责任感也会油然而生，激励我们努力开创中华民族今日的辉煌。当我们目睹旅顺博物馆万人坑内那触目惊心的累累白骨时，悲愤和泪水交织在一起，无可辩驳地使我们认识到中日甲午战争时清政府的无能、民族的屈辱和百姓命运的悲惨，也更加深切地体会到近代中国饱含血泪和屈辱的历史。侵略者的惨无人道会激起每一个有良知的中国人的无比愤怒，唤起我们强烈的爱国情怀，强化我们保卫祖国、建设祖国、振兴民族的信念和责任感。为了更好地适应时代的发展，博物馆也可以利用一些现实题材，作为进行社会道德情感教育的切入点。可以说，每座博物馆都是一个非常好的思想道德教育和爱国主义教育基地，每件藏品都是活生生的教材。博物馆应该充分利用这些教材，完成好社会与时代赋予我们的使命。尤其是对青少年，在他们世界观、价值观形成的过程中，给他们以正确的引导和教诲，使他们成长为有社会责任感、民族自豪感、道德高尚、理想远大的新一代。这不仅是博物馆社会教育的重要内容，也是建设社会主义精神文明、振兴中华民族的长久任务。

（三）博物馆的审美教育

所谓审美教育，也被称为美育，就是运用人类实践所创造的一切美，对人类自身进行审美情感、审美形态、审美观念等方面的教育，使人的身心得到协调发展，精神世界得以升华，成为具有高尚精神和实践能力的人。其实，博物馆内的藏品都是人类创造的既具形式美感，又有丰富内涵之美，更具历史文化之美的艺术珍品。面对马家窑文化璀璨的彩陶艺术、三星堆精美奇特的青铜器、康雍乾时期美轮美奂的瓷器，所有观众都会被这些具有鲜明时代特点并且绚丽多姿的艺术品所吸引，沉浸在美的愉悦与享受之中。这种直观的、强烈的美的体验，使人们从感受美、领悟美，到汲取美、创造美，一步步地提高其审美能力和艺术修养，并最终达到较高的审美境界。所以，对于社会公众而言，走进博物馆不但是一次历史文化的追踪汲取，也是一次审美感知历程和多层次的美的沐浴。

当代博物馆特别是艺术类博物馆，业已将提供审美经验、增进社会大众的美学鉴赏力视为己任，不仅自己举办艺术类的陈列展览，而且经常通过国际文化艺术交流，引进许多高水平的国外展览，使普通民众有机会不出国门就能欣赏到世界级艺术大师的作品，了解全新的艺术发展动向。此外，许多博物馆还特别关注未成年人的审美教育，经常利用馆藏藏品、陈列展览场所和学术资源，提供面向社会公众的活动，如举办儿童书画展、书画比赛、美学讲座等。这些活动，不仅陶冶了少年儿童的情操，而且在一定程度弥补了当代学校审美教育的不足，对于培养他们正确、健康的审美观念具有积极作用。

（四）增强公共意识的教育

博物馆作为公益性的社会文化机构，其生存和发展必须依靠社会各界人士的支持和帮助。长期以来，民众的无私捐赠和服务博物馆的意识一直是博物馆创立、发展的重要物质支撑与精神后盾。

近年来，博物馆之友和博物馆志愿者等服务博物馆的社会活动也开展得如火如荼。各地大、中型博物馆基本建立了自己相对稳定的博物馆之友和志愿者队伍。他们的活动对于博物馆而言，可以有效地缓解人员不足的困扰，更好地提升服务质量；对于观众而言，能够使其在博物馆得到更加全面周到的服务；对于他们自身而言，既满足了自己的兴趣爱好，又找到了增长见识、回报社会的机会。总之，博物馆之友和博物馆志愿者等活动，不仅吸引了大量有公益精神的人士参加到博物馆事业中来，为博物馆与社会更加广泛、深入和细致地交流沟通创造了条件，为广大公众提供了走进博物馆、了解博物馆、服务社会、自我教育、自我提升的机会，而且使博物馆的性质、内涵及其公共精神得到了很好的宣传。

（五）博物馆的环保教育

环境与生态危机是当今全球面临的共同问题。资源枯竭、环境污染、人口过多，致使社会陷入了种种困境。正因为如此，环境保护才成为世界各国的紧迫任务。国际博物馆学界出现的生态博物馆和新博物馆学运动，就是整个社会生态意识觉醒并付诸行动的重要表现。随着全社会环保意识的不断增强，博物馆的环保教育也随之得到了迅速的发展。通过与当地环保组织的密切合作、举办相关的陈列展览、开办论坛、讲座等方式，面向全体社会公众进行环保教育，使他们在每天的生活中认识到生物多样性的重要性，理解人类生活与大自然的相互依存性，理解人类行为对生物多样性的影响，明确生活质量和环境保护之间的关系，最终培养其自觉的环保意识和行为。此外，随着生态博物馆观念和环保意识的日益强化，一批自然博物馆、自然保护区、遗址博物馆以及村寨博物馆应运而生，它们也都具有保护环境和宣传环保的目的与功能。上述种种都昭示着人类正在努力实现与自然界的和谐相处，博物馆也正在以自己独特方式与思维，对社会公众进行着积极有效环保教育。

**三、博物馆教育的主要方式**

博物馆教育要取得良好的效果，仅仅依靠充实教育内容、完善教育职能是不够的，还必须依据社会的发展和观众的实际需求，采取丰富多样、贴近公众的教育方式，才能更大范围地扩大博物馆教育的影响。随着社会的发展和公众对博物馆认识的不断提升，当代博物馆已经逐步发展成为多功能的社会文化中心，其社会教育功能随之变得越发强大。为了更好地适应社会的发展，满足社会公众对博物馆教育的各种需求，博物馆的教育方式也应当与时俱进，推陈出新。除了举办各类陈列展览、进行陈列讲解的传统教育方式外，还可以采取开办讲座进行辅导教学、运用多媒体和计算机技术进行电化教育、利用研究成果编印博物馆资料进行宣讲、组织更多的参与性活动、使博物馆流动起来、发展博物馆旅游等新型教育方式。

（一）陈列展览和讲解

陈列展览是博物馆进行社会教育的主要方式。当代博物馆往往会在充分挖掘展品价值的基础上，借助各种现代化的陈展手段，组织兼具功能性与艺术性的各类陈列展览，并且通过博物馆特有的陈列语言，在科学文化、情感道德、审美鉴赏、公共意识和环保观念等方面，实现对观众的教育。

虽然博物馆的陈列语言对于观众参观、理解陈列内容具有重要的作用，但它也不可避免地具有自身的局限性。比如，陈列语言难以针对不同文化水平和理解能力的观众进行不同的表达；由于各方面因素的限制，陈列展览和展品复杂深奥的内涵可能也无法通过陈列语言使观众理解。这时，博物馆就需要借助讲解工作予以补充，以提高观众的学习效果。

讲解作为博物馆辅助观众参观的重要手段，不但可以帮助观众更加全面深刻地理解陈列展览的内涵，而且可以通过与观众的互动交流，激发其参观兴趣，拓宽其知识面，从而更好地进行博物馆教育。在讲解的过程中，要注意讲解艺术。在有声语言上，应做到吐字清晰，节奏适宜；发音圆润洪亮，声情并茂；掌握讲解重点，抑扬顿挫；语言简练，通俗易懂。在无声语言上，要借助表情，表达源于讲解内容的真情实感，还可以借助身体语言，激发观众的想象力，从而更好地吸引和感染观众，加深其对讲解内容的理解。针对不同的陈列展览和不同观众的需要，应采取不同的讲解方式，如在接待一般的零散观众时，可以在引导观众参观的过程中，按照陈列展览的顺序进行讲解，既可以前后贯通讲完全部内容，也可以根据观众要求，重点讲解；在接待团队观众时，可以采取总体介绍的方式，集中、概括地介绍展览的主题思想和主要内容，使观众明确参观内容，调动其参观兴趣；在接待学生和专业工作者时，则可以通过互动讨论、提问的方式进行讲解，这样既能够活跃气氛，又可以达到互相学习的目的。

（二）开办讲座

开办讲座也是当代博物馆教育的重要方式。博物馆可以根据本馆的性质和目前举办陈列展览的内容，以及观众感兴趣的热点，结合博物馆的科研状况，来制定讲座的计划和内容。讲座一般在博物馆的展厅或专设的报告厅内举行。通过讲座，不但可以满足广大观众学习科学文化知识的需要，增强博物馆教育的效果，而且可以有效地体现博物馆的科研成果，密切与观众的联系，扩大博物馆的社会影响。博物馆讲座的讲解人，既可以是博物馆的工作人员，也可以是兼职讲师、专家学者，甚至是普通观众。讲解的内容，既包括丰富多彩的科学知识，也可以是参观的感悟、对博物馆事业的建议等。讲座分为两种形式：一种是申请讲座，至少要提前15天进行安排，要把听众的有关情况通知讲解者，以便讲解者准备的内容能够适合听众的能力和特有的兴趣；另一种是凭票特别讲座，在博物馆的散页印刷品上发出预告，感兴趣的观众就可以获得免费的入场券。讲座一般聘请相关专业的专家学者，在博物馆内部进行，由于受到空间和人数的限制，必须凭票入场。

（三）电化教育

博物馆的电化教育就是指利用幻灯、投影及电视、录像等视听媒体与多媒体计算机和网络技术，将博物馆的宣传教育内容传达给观众，以达到良好的宣教目的。随着科技和信息产业的高速发展，电化教育凭借其音画同步、直观形象、信息量大、灵活性强等特点，已逐步发展成为当代博物馆重要的教育方式。许多博物馆已经设立了专门的电化教育室，或在展厅和报告厅等地安装了电化教育设备，以便对观众进行更加全面的博物馆教育。电化教育的技术和形式多种多样，主要包括光学投影技术、电声技术、电视技术和计算机技术。

光学投影技术主要包括幻灯、投影等。这种手段在博物馆教育工作中应用较早，并且积累了大量经验。利用光学投影技术进行观众教育，具有较大的灵活性，并且幻灯、投影等比较容易制作，相对较为经济。特别是对于小型博物馆而言具有重要意义，能够对陈列展览的内容起到良好补充作用。

电声技术主要指各类广播音响系统。现代博物馆为了更好地实现对观众的教育，往往会在观众参观的过程中，配合陈列展览的内容播放背景音乐，创造舒适优雅的参观环境；或者结合展品特点，辅以音响效果，增强展品的艺术感染力，加深观众的理解。湖北省博物馆就在观众参观过程中，播放举世闻名的曾侯乙编钟所演奏的乐曲，不但能引起观众的无限遐想，而且可以激发观众强烈的民族自尊心和自豪感。现代电声技术为了满足同一博物馆不同展厅音响效果的需要，还可以进行分区播放，互不干扰。

利用电视技术，博物馆还可以将自己的陈列展览、精美藏品以及丰富多彩的活动情况拍摄录制成主题鲜明、生动形象的录像带和光盘，再配以多种语言的讲解，通过电视传播给观众，寓教于乐，也可以收到很好的社会教育效果。故宫博物院就曾将钟表展采用动静结合的手法录制成电视片，使观众既能看到造型各异、多姿多彩的钟表，又能看到它的机械原理，同时听到它报时和鸣叫的音乐声。这样，既能形象直观地普及关于钟表的科学知识，又能极大地引起观众的参观兴趣近年来，随着电视在现代社会的广泛普及，它的受众也必然越来越多。而且，它所播放的内容来源广泛，形式多样，具有及时、灵活的特点。可以说，电视技术是博物馆从封闭走向开放的重要电化教育方式。

计算机和网络技术的发展也为博物馆的电化教育提供了广阔的空间，由于计算机和网络技术集多种传媒的优点于一身，所以，已经迅速成为博物馆电化教育的重要手段。计算机和网络技术在博物馆信息查询、藏品检索、陈列布展、参观导览、陈列讲解等方面都已经发挥了积极而强大的作用。利用计算机和网络技术，还可以为博物馆提供在线查询、同声传译、休闲娱乐等更加完善的服务功能，更好地提升博物馆的电化教育能力。

（四）实现科研成果的转化

博物馆可以通过多种途径实现科研成果的转化，使之应用于博物馆教育。博物馆的科学研究主要包括博物馆学研究和藏品研究。这些研究取得的成果，对博物馆的各项工作都具有很强的指导作用，博物馆教育也不例外。所以说，博物馆的教育是其科学研究的延伸。博物馆既可以将对博物馆学和藏品的研究成果通俗化，通过出版各类宣传参考材料和音像制品，使观众通过阅读和观看获取更加全面系统的信息；也可以将对藏品和观众的研究成果应用于陈列展览，以提高陈列展览的水平和对观众的适应性，从而更好地实现博物馆教育；还可以将对观众和博物馆教育的研究，应用于博物馆对观众的各项服务，提高博物馆教育的有效性。总之，博物馆的科研成果，具有较强的科学性、系统性和针对性，将其转化为博物馆教育的相关内容和方式，可以成功地增强博物馆教育的广泛性和有效性。

（五）组织更多的参与性活动

组织参与性活动是博物馆教育的新观念，也是重要的教育方式。博物馆的参与性活动主要包括各类陈列展览中的参与性操作和博物馆组织的征集、考察、培训、鉴定等活动。

现代教育学的研究表明，运用多种感官对于增强理解是有积极意义的。因此，博物馆在举办陈列展览时，便有意设计安排一些可供参与的操作项目，以提高观众的自主性和投入感，获得更好的教育效果。特别是现代的科学技术博物馆、考古学和人类学博物馆、自然博物馆以及露天博物馆，都在陈列展览过程中安排了许多参与性的操作项目。丹麦一座反映史前文化的博物馆，就在陈列展览时安排了不少让观众亲身体验史前社会人类生活的项目。观众可以在用树枝和兽皮搭制的帐篷或粗制的木房中，从事打制石器、钻木取火、用陶罐煮粮食等活动，体验史前人类生活的场景，还可以手持金属棒，从海豚的口腔沿消化道在两条金属导轨间执行食物的旅行过程，以此增强观众对海豚的认识，寓教于乐。这些动手操作的亲身体验，不仅能够帮助观众更深刻地理解陈列展览，而且会给他们留下难以忘怀的印象，形成参观博物馆的驱力。在美国还有许多让少年儿童通过参与操作完成学习的发现室，如加利福尼亚科学发现室、国家自然历史博物馆发现室等。在这些发现室内配置了许多发现箱和自然标本，使少年儿童通过探寻和把玩，更好地认识展示内容，因此，他们在发现室逗留的时间是一般参观时间的3倍。

博物馆还可以有计划地组织各种吸纳观众参与的活动，如针对青少年观众组织各种博物馆夏令营、科技培训班、摄影培训班、传统文化培训班等，既可以实现博物馆的教育功能，又能培养青少年对博物馆的感情；针对成年观众可以组织他们参加博物馆举办的藏品征集、田野考察、鉴定培训班、鉴定会等活动，以增强其主人翁意识，密切其与博物馆的交流合作，更好地发挥博物馆的教育职能。

（六）流动的博物馆

博物馆教育要取得良好的社会效果，就不能仅仅满足于坐等观众到博物馆进行参观学习，除了要积极地采取措施吸引观众外，还应当转变教育服务观念，使博物馆流动起来，全面地深入社会公众，将博物馆教育的丰富内容送到广大的农村、学校、社区中去。

流动的博物馆，其实就是指由博物馆主动研发，以对社会公众进行宣传教育为主要目的，以主题陈列展览为基本方式，组织符合主题的重要藏品，必要时将陈列展览缩微化的一种博物馆教育方式。博物馆的流动方式主要有两种类型：一类是博物馆之间的流动，即某一博物馆将自己制作的便携式展览通过交换展览或借展等形式运往另一些博物馆展出；另一类是博物馆向全社会的流动，即博物馆将精心组织的微型展览，以巡回展览和博物馆汽车等方式，送到有需要的社会公众那里。无论哪种形式，都有助于扩大博物馆的社会影响，强化博物馆教育的范围和效果。

博物馆通过交换展览或借展等形式，既可以加强馆与馆之间的交流合作，而且可以扩大博物馆教育的范围，增强实际效果。作为博物馆教育重要方式的交换展览和借展等，不但可以在一定程度上丰富博物馆的藏品，而且能够拓宽观众的知识面，满足更多观众的不同需求。

博物馆汽车是使博物馆流动起来的更加灵活的方式，展览以精练的方式浓缩在汽车中，被汽车带到任何需要它的地方。随着博物馆事业的发展，我国与国外博物馆汽车相似的流动博物馆也得到了迅速发展。

实践证明，流动的博物馆具有题材广泛、覆盖面广、筹备迅速、装备轻便、短小精悍、机动灵活、成本低廉、教育效果显著等特点。因此，它已经成为现代博物馆积极有效地进行社会教育的重要方式。

（七）大力发展博物馆旅游

随着全球旅游业的发展，博物馆旅游也已成为当代博物馆实现社会和经济效益的重要方式。博物馆旅游实际就是将博物馆作为人文旅游资源，安排游客进行参观考察的旅游方式。同时，也是博物馆创造经济效益和开展社会教育的重要途径。

改革开放以来，我国的博物馆旅游也得到了突飞猛进的发展。旅游者作为博物馆观众的重要来源，不但为博物馆带来了可观的经济效益，而且扩大了博物馆教育的范围，增强了博物馆教育的实际效果。博物馆通过为旅游者提供热情周到的服务，既可以使旅游者在参观博物馆的过程中汲取丰富的传统文化和科学知识，加深对展品内涵和当地文化的认识，达到很好的教育效果，还能够通过各类旅游纪念品和口碑效应等，对博物馆进行大范围的宣传推介，实现良好的经济效益。博物馆旅游凭借其不可替代的藏品和遗迹等旅游资源，已经成为博物馆开展社会教育的有效方式。

# 第八章 博物馆全面质量管理

## 第一节 博物馆全面质量管理的必要性和紧迫性

### 一、博物馆开展全面质量管理的对应性

博物馆管理与全面质量管理理论有着密切的对应性。对应性主要表现在博物馆非营利组织管理的特性——服务性和非营利性。

全面质量管理的定义中一个组织"以质量为中心"就是要求博物馆作为一个非营利组织以工作质量为中心；"以全员参与为基础"就是要求博物馆全体人员共同参与提升博物馆质量的管理活动；"顾客满意"则是要求博物馆通过提升工作质量，主动开展文化教育活动，为社会提供优质、优秀的文化产品；"社会受益"对于博物馆而言则是要求博物馆发挥其社会使命，发挥其公益性核心价值体系作用，保证公民文化权益，对社会及其发展真正起到推动作用；"长期成功"则是说博物馆能够长期持久的发展，不断自我完善，不断提高运营水平为公众服务，不断以学习教育、娱乐为目的，满足人们文化需求的要求。博物馆这种"以工作质量为中心，全员参与质量建设，通过提升工作质量，主动开展社会文化教育活动，提供给社会优质、优秀的文化产品，真正发挥博物馆使命，发挥博物馆公益性和新价值体系作用，长期持久发展"的要求突出展现的是博物馆的社会性与社会价值，这是非营利组织使命的重要特征。博物馆建筑全面质量管理体系是博物馆作为非营利组织的特点所决定的。

那么，非营利组织的概念与博物馆管理的关系又是怎样的呢？

（一）非营利组织的概念及其与博物馆的关系

所谓非营利组织是指不以营利为目的、主要从事社会公益活动、具有

独立法人地位的组织。非营利组织参与艺术、教育、政治、学术到慈善、环保等诸多领域。非营利组织的运作对利润并不感兴趣，这是这些组织的主要特点。在今天的社会中非营利组织与政府和私营部门并驾齐驱，成为社会上的主要三股力量。

包括博物馆在内的各类非营利组织是以向社会提供公益性服务为宗旨的，这样的公益性服务显现在社会的各个领域，比较集中的方面包括慈善、救灾、帮助穷人、环境保护、公共卫生、文化事业、科研、教育、技术推广、农村和城市社会发展和社区建设的许多领域。

所谓服务性，是指博物馆具有服务社会、服务公众的特性。博物馆是因为和社会发生关系才存在的。博物馆的基本社会角色是文化的代表、文化的承载形象，社会之所以让博物馆存在，是要求博物馆服务于人、服务于公众、服务于社会。服务是博物馆工作的重要职能和组织目标，服务的内容不但包括陈列、教育、研究，还包括为满足观众休闲和文化消费需求的服务，服务的范围不但在馆内，也扩展到馆外。当今，由于互联网技术的存在，博物馆服务扩展到地球的每一个角落。博物馆的服务是公益性的社会服务，强调社会公平原则。公益性社会服务更多的具有公民互助和为社会奉献的意义，从社会层面讲，公益性服务是公民和社会组织为促进社会公平、增进社会福利、增强社会发展能力和保障社会和谐而付出的努力，从个人层面讲公益性服务是使个人的基本权益获得保障，同时获得更多的发展机会。博物馆提供的社会教育服务和作为社会学习的公共资源会让更多的人了解和利用博物馆提供的社会服务。

博物馆的非营利性表现在博物馆作为非营利组织，它的工作不追求利润，它不以营利为目的。国际博物馆协会对博物馆的"非营利性"有着清晰的阐述。这个规定的社会和历史背景是西方社会从法律上明确博物馆社会身份和社会地位，明确申明博物馆的法律身份和经济属性，将博物馆定为非营利机构，其根本思想要强调博物馆是代表社会最广大民众利益的社会公益事业机构。博物馆的根本目的在于推进社会的积极变革和发展，提高公众素质，改变公众的信念和行为，提供社会需要的文化服务和公民文化权益保障，博物馆的工作重视社会效益，注重其工作结果，注重组织职能的实现。

（二）非营利组织框架下博物馆管理的诉求

作为非营利组织，在管理上博物馆具有很多非营利组织共有的特征，其管理的基本诉求也来自战略目标、人力资源、财务、绩效、质量的各个方面。

如今，越来越多的博物馆在重新定位自己——以新型的组织形式、展览设计、项目编排和各种服务来适应社会及公众不断变化的要求和期盼。博物馆的目标和使命正在经历着变化，博物馆管理者和专家们需要对他们面临的挑战做出反应，这些挑战是来自多方面的，它包括确定一个独特的吸引观众的使命，并在这个使命和外部要求之间寻找可操作的平衡点，开展有效地藏品管理和宣教推广，建立稳固的观众群和社区支持，并保证有充足稳定的自己供自身的发展。

博物馆是一个具有多重目的、功能及角色的复杂组织，它拥有众多项目和活动，因此，对它的使命和身份进行定义成为一项颇具挑战的工作，在实现多种目的与满足受众期望之间需要找到一种平衡。

社会对博物馆的要求是展示并解释藏品及展览物，并让人接受。但是出于博物馆的使命，它又不能频繁地展出藏品而导致藏品的损坏，它还要稳妥地对藏品进行照顾和维护，博物馆寻求尽可能多的观众（在其最大承受范围内），为公众提供高视觉享受的展品，同时又要为人类永久保存自身发展的见证物。博物馆就是这样一个承载多重使命的、扮演多个角色的特殊的非营利组织。博物馆需要围绕自身使命、价值、资源开展工作，为社会公众服务，完成自身认同。这些都需要博物馆在运作中以完善的管理作为保证。

高质量的管理和运作是博物馆满足参观者和使用者需求的必要条件。管理水平提高包括目标管理、员工管理、财务管理、公共关系和营销、建筑和设施等一系列的步骤和行动，这是博物馆管理必须特别考虑的问题。

## 二、全面质量管理理论在博物馆管理中的实用性和有效性

（一）全面质量管理理论对于复杂的博物馆工作实用有效

对于博物馆而言，全面质量管理理论的实用性和有效性体现在博物馆工作的特殊性当中。博物馆的工作涉及多个学科交叉重叠的各个方面，具有相当程度的特殊性。博物馆的特殊性表现在以下两个方面，一是博物馆工作的复杂性，二是博物馆工作的"零差错"性。

博物馆工作的主要内容包含文物（标本）的征集、收藏、研究，举办

各种专业的展览、进行文化传播，同时还涉及了与之相关的市场营销、财务管理、行政管理、安全保卫、信息技术和人力资源管理等内容，它的工作具有相当程度的复杂性，内容涉及多个学科的方方面面。

博物馆是立足于人类"蒐集"的本能之上的产物。博物馆的专业人员通过采集、收购、接受捐赠及采取田野考古调查等方式征集藏品及相关资料，目的是为了保存那些有价值或可能有价值且在未来世代中可能消失的物件。博物馆要有"蒐集原理"。那就是：第一，博物馆无法征集所有存在的物件；第二，征集藏品必须有选择；第三，征集藏品仅为真实世界之摘要。博物馆藏品征集的复杂性恰在此处。博物馆要通过好的藏品表达它具备严肃的目的和有效的管理，而好的藏品来自审慎的征集。好的征集需要征集者具有逻辑性且明智的计划，博物馆到底收藏什么？收藏的目标是什么？物件的挑选应该由专业的研究人员在完善的收藏计划指导下进行。另外，藏品征集人员还应具备相关的法律知识和藏品征集原则，这包括确定征集品是否有合法的来源，如果是捐赠品有没有相应的附加条件，征集品是否还具有其他潜在的用途以及博物馆是否有征集品的照管能力等。这项工作需要受过专业训练的人完成，藏品的征集人员不但需要了解博物馆需要什么、不需要什么，同时还要具有鉴别真品和赝品的能力与文物价值的判断力，了解藏品涉及法律层面的物的要素、人的要素以及清楚地了解自己的博物馆征集的原则和持续的程序性的藏品管理活动。这些因素的存在，导致了藏品征集工作在博物馆整体工作中具有的特殊性和专业性。

文物藏品进入博物馆后，要进行登录和编目，登录是博物馆工作人员为入藏品指定永久编号的工作，编目则是将藏品根据不同学科进行归类的工作。对于征集工作而言，博物馆藏品的登录和编目具有同样的复杂性。藏品登录是博物馆正式取得物件及其所有权藏品的正式记录，因此，馆藏的每一件物件，都必须编列一个区别于其他物件的属于自己的典藏编号。登录和编目需要专业的人员来完成，就像图书馆可以根据每本书的书名和专业领域进行分类，做上标记编制书目，以便于今后藏品的整理与使用。藏品的登录是复杂和有难度的工作。编目需要具有科学性、可升级性以及易检索性。如何编目，是判断一个博物馆典藏方针和博物馆使命是否具有科学性标志之一。

所有博物馆都有责任照顾藏品，藏品照顾是博物馆定义中的重要成分，由于藏品是博物馆构成的基础，而且博物馆大多被认定为永久经营之机构，因此，博物馆必须给予藏品足够的"照顾"，这样的"照顾"包括日常的清点、保护、修复以及环境控制等方方面面藏品照顾工作也具有相当程度的复杂性。这样的工作会涉及多个领域的专家。需要由历史、美术、生物、纺织品、金属、纸张、环境科学、建筑学等门类的专家共同完成。这些专家的任务就是负责藏品的日常维护、点检、清洁、修复、摄影等工作，从事这些工作需要具备专业的知识，与博物馆其他工作相比专业性更强，涉及多个学科同时相互作用。

藏品的研究工作在博物馆工作中最具学术性，研究涉及藏品的自然属性、社会属性、社会关联等内容。它相对于保管、收藏、展示、陈列活动具有相对的独立，要求研究人员对藏品本身有深入的了解，还要求研究人员具备相关的专业知识和素养。藏品的研究工作是博物馆业务工作中的一项重要内容，有着一定的复杂性。

博物馆展示工作具有复杂性。展示是博物馆工作中直接面对观众的部分，观众经常根据展示来判断一座博物馆的好坏。而博物馆藏品展示的好坏则完全在于展览设计人员。展览设计人员必须是专业的，他们要有专业的素养，对环境与不同材料有所了解，他要知道观众的需求和博物馆应提供的内容，他要能够将两者很好地契合在一起，同时在设计中融入美学思想。另外，展览设计人员还要掌握观众心理，以设计最佳参观路径，提供最舒适的服务。

博物馆的教育工作具有复杂性。博物馆的教育工作是以实物组成的陈列及其他辅助形式对观众进行的直观教育活动。博物馆面向整个社会，它的展览和教育活动与社会历史、社会环境、自然环境、社会政治、经济、科学、文化以及人们的生产、生活、娱乐等有着密切的联系。博物馆教育工作要求能满足人们追求各方面知识的兴趣，它不同于学校教科书式的教育，博物馆教育活动以展览展示为基础，通过讲解、多媒体与信息技术和互动式活动等形式实现。这种教育形式是博物馆特有的，也是构成博物馆基本工作的重要内容。

博物馆的营销与推广活动具有复杂性。随着当代博物馆的发展，博物馆事业越来越社会化，在很多领域博物馆也采取了现代企业的行为进行运营，以增强博物馆的竞争力和社会功能的发挥。其中，博物馆营销就是一项。

所谓博物馆营销，就是博物馆利用营销学理论，进行市场推广，在激烈的竞争中取得最大的社会效益（和经济效益）。营销本身是一种市场商业行为，运用在博物馆中，成为推介博物馆"产品"的重要手段，当今的博物馆都涉及营销的工作，虽然在博物馆里它还是一项新内容，但是随着博物馆的演进，这项工作的重要性日益突出。很多博物馆出现了专门从事营销、经营管理的具有博物馆知识和营销理论的专业人员，同时出现了相应的营销部门，负责相关的工作。

博物馆的数字信息化工作具有复杂性。博物馆的数字化工作是博物馆近些年来出现的一项新的工作。博物馆的数字化工作是博物馆利用信息技术和互联网进行办公，对藏品等进行数据采集、储存、加工利用，对外进行博物馆资信发布和文化传播的工作。博物馆的数字化工作至少要包括以下几个方面：博物馆的藏品管理系统、藏品数据库；博物馆信息基础设施；数字化图像数据库；博物馆网页和虚拟博物馆，可供观众和研究者远程登录、参观、使用。除此之外，博物馆办公的数字化是十分重要的，在博物馆内实现局域网络办公，会使办公流程清晰，办公效率增加，从而提高博物馆运营的整体水平，但是博物馆数字化对信息技术应用有着特殊要求，工作需要一个专业的团队，有特定的人员进行博物馆资源的数据采集、加工、存储；要有专业的人员对网站和博物馆信息化办公平台进行技术支撑维护；要有专门的人员对博物馆的数字化工作中涉及的硬件进行维护，同时需要专业的人员对博物馆其他从业人员进行数字化办公的培训。由此看，博物馆的数字化工作进入博物馆时间并不长，但它的特殊性和复杂性在博物馆各项工作中表现得十分显著。

在所有博物馆中，安全是最重要的因素。这是博物馆中最具特殊性的工作。凡博物馆建筑物之保护、博物馆之内容、博物馆馆员以及博物馆观众，都属于安全因素的考虑范畴。其中，它的最主要内容是藏品的安全保卫，包括藏品的防盗、火灾、人为破坏等。这就需要博物馆拥有一个专门的安全保卫系统，有专门的防火、防盗设备和专业的防火防盗警卫人员，有专门的安全保卫支撑平台，制定相应的应急预案。来自安全保卫方面的因素也为博物馆工作增加了复杂性。

除了这些和藏品、和观众发生关系的工作外，博物馆自身也是一个庞杂的系统，它要正常运行，还要有一套完整的行政体系。这个体系是维持博物馆健康发展，良好运营的保障，它包括博物馆工程建设、设施的维护、博物馆预算、经费的收支使用、薪金发放、员工福利、人力资源管理等，内容相当复杂。

可以说，博物馆的工作复杂性表现在它不同于一般的生产性企业有着明确的产品和明确的质量目标以及流程式的生产环节，博物馆的每一项工作最终都形成一条工作链，每一个工作链又是由多个环节构成的，环环相扣，层层递进，每个环节在前一环节工作产出的基础上，将本环节的工作内容添加到工作产出上，并提供给下一个环节。博物馆的工作具有系统性和交织性的特点。由于博物馆工作的复杂性，博物馆的某项工作可能会为多项工作提供服务，如藏品编目就要为管理、研究、陈列、数字博物馆、出版等工作服务；有些工作需要多个部门和岗位提供服务，如博物馆陈列就会涉及藏品管理、陈列设计、工程管理、物业管理、宣传推广等，不同岗位的工作相互交织，为博物馆工作带来了复杂性和多样性的特点。

（二）博物馆工作的零差错要求

博物馆工作还有一个重要的特征，就是"零差错"性。这个概念来自现代企业管理中的"零缺陷"概念。

"零缺陷"管理是美国质量大师菲利浦·克劳士比（Philip B.Crosby）提出的一套质量管理理论，其核心为："第一次就把事情做对"。它追求的标准为"零缺陷"，即没有不合格品；强调质量控制和质量保证，但更注重强调的是人的意识，即所有人必须首先明确自己工作的要求是什么，而且每项工作必须符合要求，则可达到"零缺陷"管理目标。如果零缺陷相对于生产制造过程的话，那么零失误就相对于领导者的决策过程，零差错就相对于员工的工作全过程。

博物馆工作的要求是零差错，这是博物馆的性质所决定的也是藏品的性质所决定的。藏品是博物馆存在的原因，藏品不但造就了博物馆的特质，也界定出了博物馆之所以存在的目的。而全面质量管理理论在保证博物馆工作"零差错"要求也是实用和有效的。

博物馆藏品是国家宝贵的科学、文化财富，是博物馆业务活动的物质基础，博物馆对藏品负有科学管理、科学保护、整理研究、公开展出和提供使用(对社会主要是提供藏品资料、研究成果)的责任。藏品是人类社会的见证，是不可再生的，是具有唯一性的。博物馆在保存馆藏以供长期使用，忠于自身使命与公众信托的同时，也必须尽可能有效管理馆藏，避免藏品的损失。由于博物馆工作的核心是藏品，工作的各个环节都是围绕藏品展开的，博物馆中藏品的征集、建档、分类、编目、排架、保管、保护、修复、展示、研究，都是以藏品为原点开始的工作，没有藏品，这些工作的内容和意义近乎于零。但是，博物馆人在这些工作中都与博物馆藏品发生直接的接触，其一举一动都可能对藏品造成直接或间接地影响，因此，在博物馆人开展各项活动的过程中，不允许有任何差错，一旦出现差错，都会对藏品造成不可挽回的损失。从某种程度上说，博物馆事业是一个高风险的事业，博物馆人在涉及藏品的工作环节中任何一个小的差错都可能导致重大的经济损失和人类文化损失。为避免这种无可挽回损失的发生，博物馆人必须做到第一次就把事情做好，需要在工作的每一个环节保持高度的责任心。为了达到"零差错"的目标，就需要从工作目标的设计开始，立足于高起点，新要求，精益求精；所做的每一项工作必须保证一次成功；每一项工作完成时要保证下一步工作的正常开展；在各项工作之间设置必要的质量控制点，对工作过程的质量状态进行监控，使博物馆各项工作都能顺利进行、圆满完成，不断良性循环。

另外，博物馆与观众之间的活动要求"零差错"。博物馆向社会公众提供的服务。博物馆通过展览或其他形式的文化产品满足来自社会的文化需求，为人们提供文化休闲的可能。博物馆向社会公众提供的服务是无形的，同时是一过性的。服务产品质量的显现和服务产品的形成是同时的，这就导致了博物馆向社会提供的服务成为一种不可逆转的过程，在这个过程中，出现一次失误或差错就会导致这一次的服务以失败告终，博物馆的公益性核心价值体系就无法得以发挥。

因此，可以看出，博物馆的工作具有明显的"零差错"要求。对于博物馆"零差错"的要求，需要博物馆在进行工作前制定周密的计划，严格按计划实施执行，并及时检查和纠正偏差、这个流程和全面质量管理中 PDCA 循环过程相符。从这个角度看，全面质量管理的工作方法在博物馆的运行中是实用而有效的。

# 第二节 博物馆质量管理体系的构建

有效而健全的质量体系是博物馆开展质量管理的基础。博物馆质量管理体系的建立与运行是博物馆质量管理的核心。通过质量管理体系的建立和运行实施，能够使博物馆向社会公众提供的产品、服务的所有与之相关的环节和因素及博物馆自身内部的所有部门与全体员工都处于受控状态，这将使博物馆围绕它的质量体系目标形成一个系统网络，各个部门、各个员工和各个要素在网络上相互协调、协作，为实现博物馆终极质量目标而努力。

## 一、建立博物馆质量管理体系的重要意义

当今博物馆在不断发展的同时，在管理上仍存在着一系列问题，导致了博物馆不能很好地发挥社会使命，实现其教育宗旨，不能满足人们的文化需求。而从博物馆的非营利性和特殊性来看，全面质量管理理论在博物馆管理中有着很好的适用性、对应性、实用性和有效性特征，博物馆建立全面质量管理体系最直接的作用就是提升博物馆的品质。

（一）建立博物馆全面质量管理体系保障组织健康运转

博物馆是公益性社会文化机构，当代博物馆的一项重要任务是根据社会需求征集、保护、研究和传播博物馆藏品及其信息。而为了实现博物馆的任务，博物馆需要从自身工作进行考量，通过组织内部的健康运转得以完成。

当今的博物馆，已经形成了以行政管理为基础以藏品为核心的组织体系，盖特洛德的这个三角图很好地描述了博物馆内部工作的特点。三角形图显示了博物馆的自身工作被划为三个部分，即一部分与博物馆藏品有关，一部分与博物馆的活动有关，最后一部分与对面两者的行政管理有关。博物馆藏品管理部门通常由藏品收藏、文物保存、记录等分支构成；博物馆的公众活动规划部门包括展示、设计、教育、研究、出版、营销等分支构成；行政管理部门则包括财务、人事、发展、安全保卫、其他服务等分支。作为一个整体的博物馆存在这三个方面的工作，就意味着需要部门与部门之间的交叉合作。

博物馆的工作不是单纯的或是独立的，各个工作是相互关联的。只有

每一项工作良好地进行，才能使整个系统健康运转，有序运行，才能推动博物馆持续发展，不断为社会提供高质量的产品。在最终形成博物馆"产品"的过程中，博物馆内部的工作会产生不同的依赖与互助。这就导致了某个环节要完成其内部产品时，需要其他部门提供相应的支持。例如展览部门要制作一个好的展览，那么它就要负责文物收藏的部门提供适合的产品，负责营销的部门做好展览推广。这样，博物馆内部不同部门之间的合作与依赖就使得博物馆内出现多样的内部需求，继而出现了实际意义上的内部"供方"和内部"客户"。

"供方"从工作最基础的地方开始关注质量，向内部顾客"使用方"提供合格的"产品"，会使内部的"使用方"产出更高级的产品，这些高质量的产品将推动整个博物馆系统的正常运行。全面质量管理体系本身就是一个系统，它在博物馆中运行，需要博物馆各个部门的共同参与和支持。它将博物馆内部的组织联系得更加紧密，并使其充分有效运转。同时作为一种管理工具，它能够系统地识别博物馆内部各方的关键要素，监控博物馆内部产品和外部产品形成的过程，能够使内部的"供方"和"使用方"在过程产品上达成一致，并通过体系协调双方关系，保证两方协助互利，促进博物馆健康发展。

（二）建立博物馆全面质量管理体系服务社会需要

博物馆是公益性文化机构，收藏着大量的人文遗产、自然遗产，收藏着科学，收藏着文化，这些丰富的资源能够满足人们的学习、欣赏需求，能够提供给人们与古人与自然对话的机会，使人们能够找到人文关怀的家园。"为社会及其发展服务"是博物馆工作的出发点和归宿，是博物馆的使命也是博物馆工作的宗旨。不同的人对博物馆有着不同的希望和要求，需要博物馆提供相应的社会服务。提高服务意识和服务水平，向社会提供更好更多的展览和优质的文化产品，是我国博物馆的基本职责。高质量的服务是当代博物馆实现其社会任务的主要手段，当代博物馆已经成为广大民众"终身学习"的重要场所，是加强公众自主学习能力的重要工具，博物馆通过高质量的服务，可以让更多自主选择学习机会和休闲活动的民众走近博物馆，使他们在自由的状态下主动进入学习状态，使他们对自己的学习效果和学习能力有积极的评价。

我国的博物馆一直关注为广大民众服务，长期以来一直在积极努力，以让更多的人享受博物馆的公共服务。随着时代发展，博物馆向社会提供服务的范围和内容逐渐扩大，服务内容逐渐转向满足民众文化消费和休闲，服务的范围也从馆内扩大到馆外。我国博物馆在经历了20多年的快速发展后，一些博物馆也开始关注博物馆运营的社会效益，关注高质量的博物馆服务对吸引观众和提高观众满意度的重要作用。当今，我国博物馆服务呈现全局性、系统性、服务目标导向和服务质量导向。建立全面质量管理可以说是博物馆服务社会的需要。博物馆的服务需要强调"服务质量"，博物馆服务质量的主要评价标准是服务对象对服务过程和结果的感受，是他们在接受服务之后将自己的感受与服务预期比较之后得到的满意。博物馆服务要得到用户满意的效果，首先应深入了解社会和观众对博物馆的需求和服务预期，进而采取相应的行动调动博物馆资源，满足社会公众需求。这一个过程需要以质量为基础，通过对每一个流程进行标准化管理，从而为观众提供一个安静、温馨、得到人性享受的参观环境和方式，最大限度地满足不同层次的观众的需求，为社会提供多方位的服务；同时提高博物馆的服务质量和服务水平，提高博物馆的业绩和用户满意程度。

（三）建立博物馆全面质量管理体系保障博物馆持续发展

发展意味着实现潜能、帮助成长、促成开展、扩充或逐渐成长、逐步养成，发展是种持续不断地努力，必须依赖于长远的愿景、合理的规划和良好的组织运营。持续的发展是一个组织成功的关键。

在我国经济高速发展的同时，我们需要更多的文化作为国家建设的内在动力与支持。国家提出文化大发展大繁荣的目标，对社会公众的文化价值取向产生影响，这也对包括博物馆在内的文化机构提出了新的要求。但伴随着各地博物馆观众人数的激增，一系列问题也非常突出地显现出来。这些显现出的问题要求我们认真对待，否则博物馆的社会效益就很难得以彰显，公共文化资源也会受到严重的损害。

当前，中国的博物馆在运行上还存在一定的缺陷，影响了博物馆使命的发挥。中国博物馆从功能发挥的角度看，存在以下三个方面的问题：一是公益功能发挥不足，尽管博物馆作为收藏、保护、展示人类活动和自然环境的见证物的社会服务机构，在发挥教育等功能上具有独特的优势，但展览陈列水平不高，形式比较单调，相关服务和产品开发不够，难以满足免费开放后公众对博物馆的不同需求；二是管理矛盾处理乏力，普遍存在管理粗放，安全工作漏洞多，监督力度不够等问题，如果不能及时提高内部管理的质量并加强科学管理，处理好保护和利用的关系，就会产生诸多工作漏洞甚至失误；三是经济功能发挥无序，博物馆大多数缺少在市场经济条件下生存发展的意识，准备和自我发展的能力，使其经济功能的一部分暂时被弱化，从而限制了文化影响力和服务于人民的能力。

出于维护博物馆可持续运营和长期良性发展，保持博物馆对社会公众的吸引力，我们必须以科学务实的态度进行博物馆的组织管理，以保证博物馆的可持续发展。

在这种情况下，博物馆及其内部所有员工就应当将持续改进作为既定的工作目标，通过在工作中发现问题及时分析原因，采取对应措施，消除出现问题的原因。而这一切，都要从质量管理角度出发，让博物馆的工作在计划、实施、检查、反馈过程中完成，通过全面质量管理的核心——PDCA 循环过程得以实现，并让博物馆这个非营利组织的工作在稳步向前滚动的过程中逐步向上攀升。

## 二、博物馆质量管理体系的构建要素

质量管理体系建立健全的主要目的是能够确保博物馆产品质量，使顾客感到满意。博物馆质量管理体系可以被看作保证向社会公众提供的服务产品具有高的质量，在博物馆管理中运用系统理论和科学的方法，把博物馆质量管理中涉及的所有阶段和环节上的"生产"活动进行有机组合互相促进的有机整体。从系统理论思想出发，博物馆质量管理体系建立要素有以下几点。

### （一）设立可行的管理目标体系

博物馆的质量目标是博物馆根据确立的质量方针要求而设定的一定时期内博物馆管理活动的行动纲领和期望取得的最终成果。这个目标是由导向性的质量方针、可考核性的阶段质量目标和实现这些目标的措施所组成的一个有机的整体。

博物馆质量管理目标的建立是要求参照国内外通行的先进水平加以制定，并按照系统原理，在博物馆各部门间和层级单位间合理的分解建立目标体系，围绕博物馆服务社会服务公众的总体方针，将质量管理体系目标方针对策、组织机构、职责权限、奖惩办法组合起来，形成一个网络系统，按照 PDCA 循环原理开展运作，重视管理设计和整体规划，进行综合管理，达到好的效果。

如何根据中国的文化政策和博物馆自身的特点为博物馆确定可行的管理目标，怎样对总体目标分解，并建立收藏、展示、宣传教育、行政、人力资源、财务、保卫各个部门管理目标，是当今中国博物馆界需要考虑的问题。

我国博物馆开展质量管理还属于刚刚起步阶段，在质量管理实际制定目标的过程中，应考虑不同地区、不同类型、不同等级博物馆自身的条件及发展水平。我国现有的博物馆包括了综合类、艺术类博物馆、遗址博物馆、自然博物馆、科技馆、行业博物馆、纪念馆、陈列馆、名人故居以及私人博物馆，这些博物馆又有着不同的行政级别，包括县级、市级、省级、国家级，他们在物质基础及人才配置上相差巨大，但是不管是哪一类博物馆，他的质量目标最终是要体现博物馆的服务社会服务公众基本特征，始终围绕以"顾客为关注焦点"的核心思想进行。总体上看，根据博物馆的主要工作内容，博物馆的质量目标设置的内容应基本涵盖行政和人事管理、藏品保管、展示与公众服务、市场营销、经费管理、设施与安全保卫等各项工作，这些内容要有自己独立的质量目标，并在横向和纵向上形成相对完善的目标体系。对于每一项内容还应规定出具体的标准，每个博物馆应该从自身条件出发，制定相应的标准。在标准的制定工作中，不但对相应的指标提出定性的要求，更重要的是为指标进行量化。

（二）明确管理者职责

明确管理者职责是博物馆建立全面质量管理体系的第一要务，只有明确管理职责，博物馆在开展质量管理时才会有总的方针和具体目标，同时博物馆的工作人员才会知道"他要做哪些工作"，管理职责需要博物馆的管理者在为博物馆进行战略规划时制定。根据博物馆的特点，在明确管理职责时，博物馆最高管理者提出建立、实施质量管理体系并持续改进其有效性，通过向博物馆传达用于满足顾客要求及合乎法律法规重要性；开展质量方针的制定工作确保质量目标；对管理开展相应的评审来确保获得所需的资源。

1. 在博物馆发布正式的质量方针

在博物馆中，管理者"应以顾客为关注焦点"确保质量方针的内容满足与博物馆的宗旨相适应，方针的建立最终是为了能更好地向社会公众提供优质的服务；质量方针中要有承诺，能够满足博物馆质量持续改进，保证质量管理体系发挥效能；能够为博物馆质量目标的评审工作提供一个框架。另外，质量方针的设立要求能够在本博物馆内得到理解与沟通，有必要评审质量方针在博物馆内的适宜性和持续性。

2. 确保质量目标在博物馆的建立

质量目标依据质量方针制定而成，对于质量方针而言，其内容变得具体化了。对于博物馆来说，博物馆的质量目标需要最高管理者在不同职能和不同层次上分别进行规定，确保博物馆质量目标所包含的内容有可以满足能够持续改进的、提供给社会公众优质服务的内容；无论是定性的目标还是被量化的目标，都必须能够进行测量，博物馆的质量目标要符合职业伦理和工作标准，要与博物馆的质量方针具备高度的一致性。

3. 确保质量管理体系策划

建立完善的质量管理体系是博物馆提升服务质量的保证，博物馆质量管理体系的策划应当由博物馆的最高领导者确定，作为博物馆的一项战略规划，博物馆质量管理体系的内容应以满足博物馆质量目标为准。对于博物馆的最高领导者来说，策划博物馆的质量管理体系要有预见性，要以满足博物馆质量管理体系总体要求为出发点。在为变更质量管理体系进行决策与执行时，应对博物馆质量管理体系之完整程度加以保持，使之不受影响。

4. 规定博物馆的职责和权限

质量职责和权限是对博物馆中各部门、各级别各类人员在质量管理工作中应承担的任务、责任和权限所做的具体规定。它要求博物馆中所有人员的具体任务、职责和权限，应当在博物馆为实现其向社会公众服务的高质量目标所使用的方法与措施保持一致。博物馆中的最高管理者需要保证对博物馆的职责和权限加以规定和有效实施，并在组织内相互间得到沟通，成为管理者和所有员工通力合作的有效基础。

5. 对质量管理评审是最高管理者应做的事情

为了保证博物馆质量管理体系的持续性、有效性、适宜性和充分性，博物馆要根据计划的时间段对管理工作进行评审（对管理体系进行审查）。

最高管理者对于博物馆进行评审，审查管理体系的现有运行情况、方针目标是否进行了落实，审查管理体系是否依然适用、有效、充分，是博物馆质量管理评审工作的主要内容。博物馆质量评审工作的目的在于利用评审过程对质量管理体系所取得的成绩加以总结，发现与所制定的目标之间的差距和不足之处，发现能够进行质量改进的机会，以分析研究为基础，评价自身在社会中的位置及所发挥作用的程度，最终确定改进方向加以改进。

管理评审的内容包括对博物馆质量管理体系改进时机与改进需求的评价，同时还需要对已有的质量方针和已有的建立在质量方针基础上的质量目标进行评价。

博物馆的质量管理评审是对该博物馆整个质量体系执行状况进行的评估。在实施中需要涉及：外部机构、客户等对该博物馆之审核状况；各项组成部门之管理目标达成状况；过程绩效体现和产品符合性评估；纠正措施改善措施成效；各项资源配备之评估。博物馆的管理评审其重要性在于它可以及时地了解博物馆质量管理体系运行的效果，并根据结果提出改进方案，为博物馆质量的持续改进做出依据。

（三）合理配置管理资源

合理对博物馆资源进行管理，是博物馆开展质量管理，构建全面质量管理体系的重要条件。博物馆的管理资源主要包括人力资源、技术资源、信息资源、组织资源及设备设施资源等。

1. 人力资源

在博物馆这一系统中，无论是藏品管理、观众管理、馆舍设备的管理，还是行政、业务管理，尽管具体内容不同，但是其最重要、最根本的都是围绕着对人的管理开展的。博物馆管理者与工作人员的关系，会直接影响博物馆实现其使命的能力，馆方必须努力营造一种具有生产力进步发展的工作环境，同时也尊重个人与机构的需求。为了充分发挥人的作用，博物馆需要好的政策和方法对人力资源进行管理。博物馆应制定良好的政策，通过奖惩、晋级、参与、管理等一系列方式调动职工的质量工作积极性，同时开展人员培训，对员工进行质量使命感、责任感、道德感等方面的培训，使他们受到单位关于质量方针、质量目标、公众满意度等方面的教育；对新员工进行质量责任、质量意识、质量管理方法以及问题识别、数据收集、纠正偏差和改进方法等方面的培训，开展博物馆员工在质量管理工作领域的绩效考评，通过考评，通过测量博物馆员工在质量工作上和博物馆总体目标的一致程度，使员工知道自己该做什么事情，最终跟随博物馆一起朝着正确的方向前进。同时考评可以给员工在质量工作上的反馈，使他们知道来年如何做得更好。通过这样的考评，可以从人力资源管理的层面推动博物馆质量管理工作的开展。在做考评时，可以通过确定目标(员工工作和博物馆质量管理的一致性)、拟定考核标准、对考核对象进行全面评价，最终进行结果反馈并促使其改进绩效。考评的方法可以是多样的，既可以采取传统的个人鉴定、小组评议、组织考核、实践考核、对比评估等方法，还可以采取目标管理法等现代绩效考评方法。

2. 组织和技术资源

通常，博物馆有明确的机构设置和较为严密的组织分工，每个部门和其他部门形成一定的互动关系，每个职工各司其职，履行自己的工作。无论是在自馆长到职工的纵向结构，还是从部门到部门的横向结构，都按照一定的组织模式有序运转。这样的组织模式，为博物馆开展全面质量管理提供保障，使博物馆的质量管理体系运行在严密的框架下，减少了管理上的随意性；同时，严密的组织形式对形成质量规范会起到很大的帮助作用。博物馆全局的工作中心是向社会提供优质服务，业务工作的核心是藏品。藏品的唯一性、不可再生性等特殊属性，使得博物馆在围绕藏品开展活动中形成了一套特殊的工作方式和管理技术，如藏品保管制度、藏品修复制度、藏品展示制度。在这些制度的背后则是博物馆形成的特殊的管理技术，这些博物馆的管理技术形成了它与其他非营利组织的差异，也成为博物馆的一个特征，它是较为严密的，有章可循的，有的甚至直接和全面质量管理工作相吻合。这些技术在博物馆管理上是一种资源，它能够成为博物馆开展质量管理的一个辅助工具，不但促使博物馆员工深入理解全面质量管理体系的内涵，还可以将全面质量管理体系活动有机纳入博物馆的工作之中，使博物馆员工在自然而然中形成良好的质量观，自觉参与博物馆的质量管理工作。

3. 设备和设施等物质资源

博物馆开展质量管理工作，要求大量的形成文字的文件，如各种规章制度、标准文件、技术手册等作为工作的基础。博物馆质量管理运作需要物质资源的保证。博物馆在质量管理中需要的物质资源主要包括各类现代化的办公设施及信息存储设备，如数据库、档案库、计算机系统，而运行则需要良好的传达方式，必要的条件则是要求有良好的通信设施和便利的网络系统。更为重要的是，博物馆需要科学的质量评定设施和质量统计分析软件，以此对质量数据进行收集，对质量工作进行科学的评价。

4. 信息资源与信息交换

在质量管理工作中，博物馆内部人员之间的信息传达、思想的交流、必要的互动和沟通、协作是质量工作的基础。这就从人员的角度提出要求：对于博物馆工作人员来说要形成良好的沟通，开展密切的协作，对外部信息进行及时的反馈，在内部建立必要的信息系统，作为沟通联络和服务的桥梁。

由于工作的需要，博物馆通常会有一套自己的信息传递系统，可以较好地作为各个部门之间和组织中上下级之间进行沟通。随着科技的发展和现代网络技术的进步，我国很多博物馆都在文博数字化领域做了相当多的工作，设立了自己的网站，有的还建立了网络办公系统，大大提高了博物馆内各种形式的沟通效率，缩短了沟通的周期，提高了沟通效率。这样的信息传递系统可以被认为是博物馆管理领域的一种资源。

合理配置上述资源，可以使博物馆在最经济的条件下为最有效的运营奠定基础，是博物馆开展全面质量管理必须具备的条件。

（四）设立质量控制部门发挥博物馆领导的质量管理作用

一个组织需要有专门的部门负责他的产品质量，这个部门可以被理解为专门的独立于其他部门之外的"质量控制小组"，它的成员构成包括各级管理者、有关专业技术人员、一线员工等。这样的部门需要由最高领导直接负责，在组织上以管理人员为主组成，以提高工作质量，改善与解决管理中的问题，提高管理水平为目的。

领导要重视开展质量管理小组活动，可以利用很多特殊手段如质量审核、调查和行政报告等方式保证组织在质量上的持续改进。有关专业技术人员、一线员工则是直接负责"产品"生产的人，最了解决定生产质量中的关键因素，这样的组织结构，可以充分在行政和技术上保证一切产品在质量管理上具有的优势；这样的组织结构，可以正确地提出组织的质量方针、质量目标，并在运转的过程中从战略策划的角度开展质量改进；这样的组织结构，可以通过开展相应的质量策划和执行工作拿出全面的、足够数量的质量文件和质量记录，用于质量监督和审核。

在博物馆中，设立专门的质量改进小组是博物馆开展质量管理至关重要的条件。在博物馆成立专门的质量改进小组能够监督博物馆如藏品保管、展示与服务、安全与设施维护等各项工作的质量环节，保证博物馆安全有效的运转，通过在每一环节提供高质量的"产品"，最终促成博物馆向社会公众提供优质的服务，体现其公益性核心价值。

在博物馆设立专门的质量管理小组，首先需要考虑的问题是如何得到来自博物馆决策层（博物馆的最高管理层或博物馆的领导者）的支持，他们是推进全面质量管理活动的关键。有博物馆的领导参与、支持，许多问题，如激励政策、奖励制度、质量管理小组活动的时间、活动资金和活动计划等，才能实实在在得到解决。博物馆的质量管理小组要有领导者和技术专家在其中起策划、带头和骨干作用，使其团体能有效工作、按计划实施。

另外，组建高效实干的专业质量管理团队，也是博物馆开展质量管理的重要工作。

质量管理小组不是靠哪一个人或几个人可以完成的，特别是项目较为复杂、程序和内容较多的工作，需要全体参与人员的共同努力，经过多次反复试验和论证才能完成。

因此，在博物馆中，包括领导在内的质量管理小组人员的参与意识和理论水平决定着质量控制的效果。培养一大批有热情、有理论水平的骨干人员就显得很重要，他们隶属于藏品展示、保管，设施维护，行政和人力资源的各个领域，对博物馆的质量控制发挥着作用。他们需要掌握一定的质量管理基本理论知识和质量控制管理活动基本技能，积极投身于博物馆质量改进活动，保证活动顺利开展。

（五）建立严格的管理责任制度

质量的管理在于落实，而严格的管理责任制度是落实质量管理的保障，对于博物馆的质量管理而言，保证落实质量方针和质量目标，保证落实各项质量管理工作的实施，博物馆就必须建立一套适合自己实际情况的责任制度，这项制度应当包括科学和详细的绩效考核办法以及完整严密管理制度。

博物馆的各项工作应当是缜密而有序的。因此，开展博物馆质量管理需要在制度上明确地规定博物馆整体及其分支部门的质量职能和质量责任，以及相互之间的关系，协调内容及相应的补救措施。有关质量管理的职能、标准和责任及奖惩制度等应当以书面的形式进行确立和规范，加以明确的表达，并通过印制成正式的文件传达到每一个员工、每一个岗位和每一项工作中，让他们明确地知道自己的目标和责任，使他们的所有工作都处于质量管理制度的可控范围下。

（六）培养良好的博物馆质量文化

作为质量理论之一的质量文化，到目前人们还没有给出一个明确的解释，但从字面上看，质量文化应当是关于质量的文化。质量文化是社会在长期的生产经营中形成的有关质量的意识、规范、宗旨、行为、价值取向、道德水准、思维方式、哲学思想等。质量文化的概念自然地表达着 20 世纪的工业文明的特点，它继承了当代质量实践的主流价值观——全面质量管理思想的本质，在西方国家关注的广大的企业文化研究界限上是一个突破。

在现代企业中，质量文化就是在长期生产经营实践中，由企业管理层特别是主要领导倡导、职工普遍认同的、逐步形成并相对固化的群体质量意识、质量价值观、质量方针、质量目标、采标原则、检测手段、检验方法、质量奖惩制度的总和。质量文化对企业员工的行为具有导向功能，体现在规定企业在质量方面的价值取向、明确行动目标、确立规章制度和行为方式，对员工约束、自控、凝聚；质量文化通过潜移默化的方式沟通员工的思想，从而使员工产生使命感，对企业所坚持的质量目标与质量观念、制定的质量规范形成认同。

要提升博物馆质量，使之真正能够体现其公益性核心价值，保障公民文化权益，更好地为社会服务、为公众服务，就要求在博物馆培育质量文化，使全体员工以自觉地意识参与质量管理，形成良好的质量文化氛围。

博物馆质量文化的培育，需要根据博物馆特性，从非营利组织、文化服务机构的视角进行构建。这就要求从以下几点进行。①树立质量文化理念，制定质量规范，动员全员参与。质量管理关系到博物馆社会责任的发挥，应当被视为博物馆管理的核心内容之一，馆内上下，从领导到员工都要自觉树立正确的质量观，认识到"有缺陷的工作就是白做"；"谁提供不合格的服务，谁就是不合格的员工"；"质量改进是个没有终点的连续性活动，停止就意味着开始倒退"。树立这样的思想，培养这样的质量理念，将会使博物馆的服务质量有一个好的起点。②开展质量文化培训，提高员工的质量技能。博物馆员工的文化素质，决定着他们对"质量"的理解和掌握程度；但是他们对质量管理基本知识的认知对于博物馆成功开展质量管理而言并不够。开展质量活动技能的学习，是博物馆培育质量文化的重要途径。开展质量培训，使博物馆的员工对各项专业技能的方式与技巧有所掌握，才能在开展质量活动，运行各项具体计划、对策中切实落实质量管理的基本思想，完成质量管理的既定目标。只有把质量教育工作做好，系统地培训博物馆全体员工，把质量方面的基本理论和专业知识、政策、法规和科学管理方法、管理工具贯彻到每个成员身上，才能让他们用科学管理方法开展质量活动。通过发现问题、落实措施并解决问题，确保质量管理活动取得实效。③充分发挥每个员工在质量文化建设上的作用，落实全员质量行为。博物馆的服务质量是博物馆运行活动的各个环节、各个部门全部工作的综合反映。在博物馆中，收藏、展示、行政、安全保卫、设施管理、人力资源建设等工作中任何一个环节、任何一个人的工作质量，都会不同程度地、直接或间接地影响博物馆最终产品——面向社会公众的服务质量。因此博物馆必须把所有人员的积极性和创造性充分调动起来，鼓励通过开展自主管理活动，充分发挥每个员工的积极性、主动性、创造性，让质量管理成为每一个员工的自觉行为，使他们以主人公的身份参与质量的管理与改进，使他们自身自然而然形成一种质量的文化。④为博物馆塑造自身的全员性的质量文化形象。质量管理是一项长期的工作，它不是一劳永逸的，一个组织要长期的坚持实施全面质量管理必须不断改进质量，形成有自身质量特色的产品。一个组织要确立自己产品的品牌形象，光是依赖推行既有的质量标准和保证现有的质量水平，这样的举措是远远不够的，能否达到在最大限度上满足消费所追求的质量水平是该产品的质量形象的关键。对于博物馆来说，它承载着替全人类收藏自身及与自身相关的见证物、传播知识传播文化的责任，它需要向社会公众持续不断地提供高品质的服务，博物馆通过高品质的服务向社会传达它的价值观，显示它独特的个性；博物馆通过优质的服务实现其社会责任；博物馆通过高质量的产品取得社会公众的认同，这是博物馆获得成功的标志。博物馆质量管理中，它的质量文化目标就是坚持不懈、持续改进服务的水平。这就要求博物馆在全体员工中开展质量教育，普遍地、不间断地提高每一个工作人员的质量意识、质量技能、质量行为水准，通过开展各项活动，在博物馆中形成质量氛围和全员质量文化，并把这种文化传播到博物馆外，使其成为博物馆的一种社会形象表现，这样不但增加博物馆整体质量改进的基础，还对博物馆的社会形象提升有积极的促进作用。

（七）构筑灵敏的质量信息反馈系统

质量信息指的是反映产品质量和产供销各环节工作质量的原始记录、基本数据以及产品使用过程中反映出来的各种信息资料。质量信息是在质量形成的全过程中发生的有关质量的信息。它涉及工作质量、工序质量、产品质量，以及全员的、全过程的、全面的质量管理各方面一切有关质量的信息。

在质量保证体系中，按工作或生产程序的反方向传递、输送质量信息或情报的网络，是质量保证体系的神经系统和重要支柱。

在企业中，质量信息反馈系统的流转范围包括厂内反馈和厂外反馈两个方面。厂内反馈指企业内部质量信息的传递和流通，它主要来自工序质量测试、出厂成品检验的质量数据资料、生产现场的动态和影响质量主要因素的变化情况，以及群众性改善质量的信息等，厂外反馈指产品进入流通领域或使用过程，用户根据产品的使用质量所作的评价，对产品的改进意见或要求，以及提供的质量情报等。它主要来源于国内外市场同类产品的质量状况科技动态情报以及协作厂、对手厂提供的质量情报等。

博物馆产品的实现是社会公众对博物馆服务的消费，博物馆服务的最大特点则是即时性和一过性。因此，改进博物馆服务质量需要增强博物馆对顾客需求的反应速度，建立灵敏的质量信息反馈系统。

为了能够及时对社会公众的需求和对博物馆的感受做出反应，博物馆在进行质量管理的过程中，必须对内外部的信息进行收集、分析和处理。博物馆建立质量信息反馈系统，要从博物馆自身性质和工作特点出发，确定博物馆中收藏、展示、营销、安全保卫与设施维护各类活动对不同质量信息的需求，收集和获取所需的数据信息，对收集到的数据进行分析，充分利用所掌握的信息资源对信息应用的效果进行评估，并将结果进行反馈，根据质量信息反馈结果做出整改。博物馆建设灵敏的质量信息反馈系统，应当严格规定各种质量信息的传递路线、方法和程序，形成综合交叉、畅通无阻的信息网，从制度上保证其能够及时、准确地搜集博物馆内部和外部的各种质量信息，形成从信息的收集开始，经过汇总、贮存、传递一直到分析、处理等全过程的质量信息反馈系统，保证信息畅通和发挥作用。这样的质量信息反馈系统的建设，将有助于博物馆的管理者正确认识影响博物馆各个环节工作的产品和服务质量的因素，认识到它们的变化及其内在的联系，从而为质量管理方面的重大决策提供依据，也为控制质量管理体系运行过程提供正常运转。

### 三、博物馆质量管理体系的建立程序

对于博物馆来说，质量管理工作是一个新生事物，建立博物馆全面质量管理体系是一个复杂的过程，需要科学的方法和合理的程序。

博物馆建立全面质量管理体系可以通过以下几个步骤进行。

（一）对博物馆质量管理体系进行总体的规划与设计

1. 开展统一思想进行科学决策

建立博物馆全面质量管理体系涉及博物馆的方方面面，是关系到博物馆全局发展的重要工作。因此，博物馆在战略规划中，在决定建立质量管理体系之前，最高管理者、各层级领导及所有相关人员都应对标准的有关内容和要求有清晰的认知和领悟，这是对博物馆运行全面质量管理体系的实际成效起决定作用的基本工作。所以，统一认识，在此基础上进行科学决策，是开展和推进博物馆全面质量管理、确保博物馆全面质量管理体系有效运行的关键环节和首要条件。

2. 开展针对性培训进行质量体系教育

培训是促使员工提升工作水平的重要途径。博物馆建立和完善全面质量管理体系自始至终都需要积极地开展培训作为保证。在开展培训的过程中，博物馆的最高管理者应当以身作则，积极主动地参与质量管理标准的学习，通过学习和领会，加深对全面质量管理体系标准的理解和认识，并督促其他员工学习体系标准。博物馆的全体员工则要将全面质量管理体系的标准要求和自身工作结合起来，认真领会标准的含义及在个人工作中的体现，通过考核和实践，最终确保每个员工都能达到从事质量管理活动的能力要求。

3. 制定严格的质量方针和明确的质量目标

博物馆开展制定质量方针和质量目标，是其建立全面质量管理体系进入策划阶段的一项重要工作。对于确立博物馆的质量方针和质量目标，博物馆的最高管理者应将其作为博物馆管理工作的一个重要内容，予以高度重视

并亲自领导、组织策划。博物馆总的质量方针要为实现博物馆的总体目标服务，要成为博物馆质量目标的基础，并为其提供框架，博物馆质量管理方针的制定应当以八项质量管理原则为基础。在博物馆中，质量目标被认为是博物馆开展服务过程中在质量方面追求的目的。它应当作为博物馆战略规划的一部分，它的确立应当以博物馆的质量方针为依据，在切实可行的范围内确立。而博物馆的各层级机构、部门同样要制定各自的质量方针和质量目标，它们的质量方针和质量目标则是以博物馆总体质量方针和质量目标为基础结合自身工作特点设立。

4.确立质量管理体系运行过程进行资源的管理

一个开展质量管理工作的博物馆，为了实现自己的质量方针和自己的质量目标，应当规定必要的过程并合理地配置相应的资源。博物馆需要采用多种方式识别质量管理体系中所谓的全部过程及其输入、输出和所开展的活动，明确过程中涉及的用户及其要求，同时还要确定各个过程之间的相互作用，明确各个过程之间的接口和顺序，明确对过程进行的必要的监视、测量和分析的准则和方法，确定过程运行所必需的相关信息和资源，并且在最后还要对测量分析结果采取相应的纠正和预防措施，借此实现各个过程的持续改进。

5.制定相应的工作计划开展组织落实

全面质量管理体系重在实施。在博物馆中，建立全面质量管理体系，落实工作，首先要考虑的是成立一个专门的领导小组，负责实践中全面质量管理工作的具体策划，领导并推动全面质量管理体系的建设。这个领导小组应当由博物馆的最高管理者（如博物馆的董事会）或者管理者代表（如博物馆馆长）全面领导和负责，这个机构应当成为博物馆质量管理的决策和协调部门，博物馆内各个有关部门的第一负责人组成质量领导机构，以便在协调工作中遇到问题。博物馆中设立的全面质量管理领导小组，它的主要任务是为博物馆制定实施全面质量管理体系的各项工作计划，这个具体的工作计划应当符合博物馆的特性，具体而明确，并且能够逐层分解，保证能够落实到位。工作计划应当对工作完成的形式、方法、资源需求、时间进度、经费开支等工作做出明确的规定，在计划执行的全过程中还应有必要的审查、监督、控制，确保计划的完成并达到预期的目的。

（二）博物馆质量管理体系的文件编制

全面质量管理体系文件的编制，它的主要内容是将体系分析和策划的结果通过书面的形式确定下来。博物馆质量管理体系的文件包括以下五个部分，它们是质量方针和目标、质量手册、程序文件、工作文件和质量记录等。

1.编制质量管理体系文件的一般要求

由于质量管理体系文件是由多个层次和多种文件构成，因此，博物馆在编制质量管理体系文件时应考虑满足以下几个要求。

一是质量管理体系文件的系统性。博物馆质量管理体系文件应反映博物馆质量管理体系的特征，应对博物馆"产品"形成的全过程中影响产品质量的技术、管理、基础设施和人员因素的控制做出规定。体系文件的各个层次间，文件与文件之间应做到层次清楚、接口明确、结构合理、协调有序。对于博物馆而言，要做到以上各点，在策划编制体系文件时，应从博物馆自身的目标使命出发，所有文件都在统一的指导思想、统一的规划、统一的步骤下进行。

二是质量管理体系文件的法规性。体系文件是博物馆实施质量管理活动的行为准则。体系文件对博物馆内部而言，应是必须执行的法规文件。

三是质量管理体系文件的高增值性。体系文件的编制和使用是一个过程，这个过程是一个动态的高增值的转换活动。质量体系文件将随着博物馆质量管理体系的不断改进而完善，而这种动态的"增值"对于博物馆质量管理体系的影响也会越来越显著。

四是质量管理体系文件的见证性。体系文件可作为本组织质量管理体系有效运行及其保持性的客观证据，向顾客及第三方证实博物馆质量管理体系运行的情况。

五是质量管理体系文件的适宜性。体系文件的编制和形式应充分考虑博物馆的产品特点、博物馆的规模、质量活动的具体性质以及博物馆自身管理经验等因素。此外，质量管理体系文件的适宜性和协调性还取决于人员的素质和技能以及培训程度。在任何情况下，都应寻求体系文件的详略程度与博物馆人员的素质、技能和培训等因素相适应，以使体系文件保持一个合理的水平，从而便于有效贯彻。

2. 关于质量手册

质量手册是指"规定组织质量管理体系的文件"。博物馆需要编制质量手册，用文件的形式规定博物馆质量管理体系，它可以是独立的文件，也可以是组织文件的一部分。质量管理手册的内容应当包括：质量管理体系的范围（应包含博物馆提供满足顾客和适用法律法规要求的产品的能力所要求的内容）；程序文件的主要内容或对其的引用；过程顺序和相互关系的描述。

质量手册的编制应当是由一个经过领导授权的编制组完成。编写可以按以下程序进行：确定并列出现行使用的博物馆质量方针、目标和程序及计划；确定博物馆质量管理体系的要求；使用各种方法从各个方面收集涉及博物馆质量管理体系的做法和资料；从业务部门收集补充的原始文件或参考资料；确定待编手册的格式和结构；根据预定的格式和结构将现有文件进行分类；完成质量手册草案的编制。

3. 程序与程序文件

程序是为"进行某项活动或过程所规定的途径"。程序可以形成文件也可以不形成文件，当程序形成文件时成为程序文件或文件化程序。程序文件的内容一般包括文件编号和标题、目的和适用范围、相关文件和术语、职责、工作流程、报告和记录表格。在程序文件的编制过程中，要考虑对现有的文件、标准及规章制度，进行一次彻底的清查；根据质量管理体系的总体要求编制程序文件明细表。

4. 关于质量记录

质量记录是对产品达到所要求的质量和质量管理体系有效运行的实证。质量记录是质量管理的一项重要基础工作，是质量管理体系中的一个关键要素，是采取纠正和预防措施的依据。博物馆质量管理中，质量记录的设计应与编制程序和文件同步进行，以使质量记录与程序文件协调一致，接口清楚。

5. 对文件进行评审、核准并发布

当博物馆完成体系文件报批稿时，博物馆的质量小组应对文件进行审核，确保文件的适合性、系统性、协调性、可行性和可操作性。审核包括对质量手册、程序文件和管理性的作业文件进行审核，因为它们涉及各职能部门的应用，必要时应进行文件的会签，再做一次协调和审查，可使用文件会签批准表。在会签基础上，上述管理性文件均应经过管理者代表审核，质量手册应报请最高管理者批准，程序文件和质量作业文件可由管理者代表批准（或最高管理者批准），在文件会签批准表上签字，最高管理者应在质量手册批准页上签字。质量作业技术性文件按技术性文件审批规定执行。质量记录表格也属于文件，应根据策划由各职能部门进行编制，经质量主管部门审核协调，修改后应随同体系文件同时进行审批，在文件中应注意质量记录表格名称编号，使文件处于受控范围内。

文件批准后，即应发布实施，实施前应由质管部门统一进行编号，要做到文件编目的唯一性，由文件分管部门分发，以加强对文件的控制。并由人力资源部门开展体系文件的培训。

### 四、博物馆全面质量管理体系的实施

博物馆在正式发布全面质量管理的体系文件之前，还应该多方面认真听取相关的意见，进行修改。博物馆的体系文件要经授权人批准后进行发布。博物馆的质量手册必须经过博物馆最高管理者认可签署发布。博物馆质量管理体系正式开始运转和实施的标志就是博物馆质量手册的正式发布执行。在这里博物馆需要从以下几点着手进行工作。

第一，组织开展全面质量管理体系文件学习活动。在质量文件在博物馆内即将发布或正式发布但未正式实施之前，对其进行认真学习至关重要。这样的学习有助于体系的建立和实施。博物馆内的各部门、各级人员都要通过学习，清楚地了解质量管理体系文件中对本部门、本岗位的规定和要求；同时要了解本部门本岗位与其他部门、岗位的相互关系和要求。通过这样的学习活动，质量管理体系文件在整个博物馆内有效实施会得到保障。

第二，博物馆全面质量管理体系的运行。质量管理体系的运行在博物馆中主要反映在两个方面：一是博物馆依据质量策划的计划和质量管理体系的要求实施所有质量活动，二是博物馆所有质量活动都有相应的证据。这些证据可以证明博物馆质量管理体系有效实施、保持，它的运转能够符合相应的要求。

第三，博物馆质量管理体系内部审核。质量管理体系在博物馆内运行一段时间后，博物馆应该在馆内组织一次内部审核，这项工作由内部审核员根据质量文件的规定完成。作为一种重要手段，博物馆的内部审核可以让博物馆进行自我评价和自身完善。博物馆可以根据自身的情况，按照一定的时

间间隔开展内部审核工作。

第四，博物馆管理评审。博物馆最高管理者在博物馆内部审核的基础上，出于质量管理体系在博物馆持续的有效性、适宜性、充分性的情况，对博物馆质量管理体系进行系统的评审。管理评审通常由管理者完成。管理评审与内部审核都是博物馆对自我进行评价、完善自身机制的一种重要手段，博物馆应在一定的时间段内开展管理评审工作。

通过内部审核和管理评审后，当博物馆质量管理体系规范运行现实效果后，博物馆可向质量认证机构提出质量认证的申请。

# 第九章 壁画、彩绘、泥塑类文物保护

## 第一节 壁画保存环境

壁画由于长年累月受自然环境因素的作用，往往出现裂隙、空膨、酥碱、粉化、起甲、发霉等病变。这些环境因素对壁画的损坏包括：水的侵蚀、光辐射、空气污染、微生物腐蚀等，并且它们是互为因果、互相促进的。按壁画的保存环境，可区分为建筑壁画、墓葬壁画、石窟壁画三类。一般建筑壁画均处在离城市较近的郊区，壁画受当地工业污染及人为污染的情况较严重；另外，它属于一个半开放体系，壁画所处的温湿度环境和室外有一定的差别，人为因素易改变室内温度环境。如河北隆兴寺中殿，在寺庙的窗户上安装了玻璃，造成寺内外通风不畅，寺内湿度急剧上升，在壁画表面聚积了大量的水分，墙体内水分不能蒸发而致使壁画地仗松软脱落。石窟壁画主要分布在西部边远地区，各石窟寺受周围环境污染较轻。墓葬壁画更具特征性，由于其多处于离地面几十米深的墓穴中，温湿度受季节变化的影响较小，一般温度在10℃左右，湿度常年在95%左右。高湿度是墓葬壁画的显著特点，由此引发了以微生物霉菌为主的一系列病变。

随着近代工业、基本建设以及旅游业的发展，环境污染、小气候改变已致使壁画破损速度加快，到了有可能导致壁画艺术品很快消失的地步。如云冈石窟由于粉尘迁入窟内，附着在石窟表层，潮湿空气及地下水使其成为酸性溶液而腐蚀石雕；再如炳灵寺石窟，在修建刘家峡水库后，原本干燥的气候环境变为干湿交替的环境，致使石雕内部蒙脱石频繁发生胀缩变形，加速了石雕表面的风化，石雕开始掉粉、变得粗糙模糊。敦煌石窟由于降雨及窟前树木浇灌水的作用，酥碱病变非常严重。酸雨严重的地区，已使石雕表面腐蚀成麻点。这类有环境因素作用引起壁画损坏的例子不胜枚举，因此壁画环境的保护问题已迫在眉睫，引起了广泛重视。

## 一、石窟壁画的地质环境

石窟壁画的兴起和发展有其特定的历史背景，但石窟的开凿与布局则受地质环境的制约，即开凿石窟需要一定的岩石条件。我国石窟一般开凿在砂岩、砾岩、灰岩、结晶岩上，在开凿时都是选择完整性好，成层厚度大，而又比较均一的岩体。此外，又要求岩性不能过分坚硬，易于开凿，并具有良好的自稳能力，未经构造变动。因此，大多数石窟开凿在砂岩、灰岩等岩体中。地质环境是石窟壁画保护应首先了解的，许多石窟壁画病害都与开凿岩体的性质、成分有直接或间接的关系；同时，地质环境还决定了石窟的布局分布及艺术表现手法。

一般砂岩的结构致密、均一，适于精雕细刻。因此，开凿于砂岩中的石窟以"雕"为主，如云冈石窟、乐山大佛等。砾岩与砂岩比较，质地粗糙，不适精雕细刻，因而开凿于砾岩中的石窟多采用"石胎泥塑"，如麦积山、大象山石窟等。开凿于半胶结沙砾岩中的石窟，由于岩体结构疏松、粗糙，既不能雕，也不能塑，这时只能以壁画和彩塑的形式表现。在这类岩石上开窟作画，也仅限于我国西北少数地区。

石窟壁画保护中的重点是开窟崖体的稳定性问题，以及水患和盐害。由于大部分石窟开凿于陡峭的崖壁上，在崖体上部产生平行于压面的卸荷裂隙。同理，由于开窟造像，在洞窟围岩内部也存在许多于壁画画面近似平行的卸荷裂隙，加上地震等原因造成的不规则构造裂隙。因此岩体内部分布着纵横交错的裂隙发育，是造成石窟崖体不稳定的主要因素；同时又是地下水、地表水、降水入渗洞窟壁画的主要通道，是造成壁画发生各种病变主要因素。

## 二、气象环境

在壁画的保存与利用中，环境温度和湿度是直接作用于壁画材料的两个最普通因素。任何壁画材料都有它适宜的温度和湿度界线，超过这一界线，壁画就易发生病变。

（一）温度

一般来说，壁画保存环境的温度变化范围不应超过 30℃，在这一范围内壁画制作材料受到的影响很小，但由于环境中还存在其他光、氧、湿度等因素，当壁画材料受到它们的联合作用时，温度在后续反应中具有加快反应的作用。所以温度对壁画的影响可分为直接作用和间接作用。

由于各种物质的热膨胀系数不同，甚至相差很大，对于组成壁画的两种或两种以上的材料对温度变化时的反应不同，导致体积伸缩和变化速度各异，致使壁画开裂。在文物保护过程中，由于忽视这一问题，对一些石雕进行修复时，采用了高纯度黏合剂，随着温度的交替变化，在原本没有开裂的地方又出现了新的裂缝。

由温度的改变对壁画产生的间接作用包括相对湿度变化和冰冻风化两类。与温度相比，相对湿度对壁画材料的影响更大，一般壁画保存环境的平均温度变化范围内不会引起材料的直接损坏，而平均湿度的范围达50%，有时甚至达到90%，在此湿度变化幅度下，几乎所有的壁画材料都能迅速做出相应的反应。因此，温度对壁画材料的间接作用主要是通过改变其周围的相对湿度来进行的。

此外，在室外石质文物中，填充在岩石裂隙中的水分结冰使岩石破坏的作用称为冰冻风化。它实质是温度变化间接破坏岩石的是另一种形式。在岩石裂隙中，常有水分填充，当温度下降到0℃以下时水分冷冻结冰，此时体积增大9%，由于体积的增大，对裂隙壁产生的压力可达960～2000kg／cm²，使岩石裂隙加宽、加深。当温度回升后，冰体融化，水沿着扩大了的裂隙进一步渗入岩石内部，继续冰冻风化作用。如果气温在0℃上下波动，则岩石裂隙中的水分时而冻结、时而融化，岩石在这样反复的作用下，裂隙不断扩大、加深；同时，由于岩石表层与深处对温度的反应不是同步均匀的，最后导致岩石崩裂成碎块或片状脱落。

（二）湿度

环境湿度因素可以引发多种壁画病害。其中最突出的当属壁画颜料变色、酥碱、胶结材料老化等。

1. 壁画颜料变色

颜料变色是一个十分复杂的化学反应过程，它不仅与颜料的化学成分、性质有关，而且与颜料载体的性质、光辐射、相对湿度等因素有关联。而高湿度环境是引起颜料变色的必要条件之一。

2. 壁画酥碱

上述颜料变色是在高湿度环境下由光辐射引发的一种化学变化。壁画酥碱病变与之相比，则不论相对湿度的高低，只要不发生饱和状态，就不会产生。并且相对湿度越低，这种病变的速度越快、程度越严重。

一般来说，在壁画制作材料中都含有少量可溶性盐，当壁画中的水分蒸发后，这些盐结晶于壁画中，随着水分不断地蒸发，越积越多。当有新的水分经过壁画时，这些盐重新溶解，水分蒸发后又重新结晶，结晶时体积膨胀，对周围材料产生压力；同时每次结晶的地点不同，这样缓慢地侵蚀壁画材料，最终导致壁画酥松脱落。而保存环境湿度是这类病害发生、发展的关键因素，决定着水的蒸发速度。

3. 壁画胶结材料老化

壁画制作材料中的胶结材料有动物性和植物性两大类，它们均含有丰富的蛋白质，在高湿度环境下，这些动植物蛋白质是微生物的良好营养基体，而微生物在其代谢过程中产生的有机酸、过氧化氢等腐蚀性产物能与含铜、铝、铅颜料发生作用而加速胶结材料的老化，导致壁画颜料层强度降低，最终脱落。

胶结材料的老化是一个非常复杂的过程，由于不同地区的温湿度等环境因素的差异，有高湿度引起的微生物霉烂老化，有炎热干燥气候引起的热氧老化，也有强烈日照引起的光老化。通常是各种因素交替作用、相互促进。

4. 湿度突变对墓葬壁画的破坏

在考古发掘古代墓葬时，一些精美的壁画会由于颜料层的开裂、起甲、粉化而脱落、褪色、变色等而消失得无影无踪。一般情况下，一座古代墓穴已经在相当长的时间内保持着相对湿度100%的饱和状态，墓穴内的温湿度非常稳定，也没有空气流动。这种高湿度和黑暗环境正是微生物生长、繁殖的良好条件，实际上生物腐蚀早已发生，由水分和其他因素引起的化学风化也早已作用在壁画材料上，即使没有其他任何形式的变化，文物材料的强度也仅能维持自身的完整性。一旦墓穴被打开，外部的干燥空气进入墓穴，形成了壁画制作材料的迅速干燥。由于这些材料在长期地下环境中已变得极其脆弱，其自身强度无法抵御这种剧烈的变化，造成壁画颜料的粉化、灰化。

### 三、光辐射

光辐射也是壁画保存使用过程中最基本的外界环境因素，主要来自太阳光，其次来自各种人工光源。光线对壁画的保存十分不利，尤以紫外线为甚。光辐射对壁画材料的危害除了它的热效应能使有关化学反应加快速度外，更重要的是体现在对壁画颜料的光化学反应效应上。光线能够损坏它所能到达的任何物体，对于壁画而言，其颜料是不透光的，所以光对它的主要作用是表面老化变质，而表面正是壁画的精华所在。光对壁画的危害主要体现在颜料褪色、胶结材料老化、颜料变色三个方面。

（一）光褪色

光照能引起颜料层的褪色，许多壁画在向光的地方比背光的颜料色层有明显的彩色差别。这是长期的光照使颜料晶体微粒发生微小变化而引起的褪色。此外，光照导致颜料层胶结材料迅速老化，使颜料颗粒间失去黏性，颜料颗粒逐渐脱落，降低了颜料的表面密度而发生褪色。

（二）光老化

光对所有有机材料文物具有破坏作用，引起它们表面变质并加速这种变质反应的速度，光对壁画颜料中胶结材料的破坏也不例外。一般高分子化合物分子链的断裂往往发生在分子链的弱键上，只有在弱键电子振动时吸收并积累了相当数量的能量时，分子键才能断裂，从而引发光化学反应。分子键的断裂是由于成键电子的振动能超过一定数量，电子振动时远离平衡位置，最终脱离原子核的束缚，从而导致化学键的断裂。而大部分由 C、H、O、N 组成的化学键强度都在近紫外区及可见光区的紫色、蓝色光波能量范围内，当它们吸收了光线中与键能相应的辐射能后，并进行积累，就有可能造成键的断裂。

（三）光变色

许多研究结果表明，光辐射能引起颜料的变色。应用模拟的太阳光源照射涂在三合板上的石黄、青金石、铅丹、石青、赭石、铅白、朱砂、铅蓝、白垩等颜料，经 2000 小时后发现朱砂表面变成黑色，铅黄由鲜黄色变成灰绿，石黄明显褪色。

紫外光仅占太阳辐射能量的 7%，但其能量很大，它能引起许多物质发生光化学反应。应用模拟的紫外光源照射颜料样品时，发现最初的 50 小时颜料变色非常剧烈，经 200 小时后速度减慢。此外，可见光及红外光也能引发颜料变色反应。

### 四、空气污染物

空气污染物也是直接作用于壁画表面的环境因素。这可以使壁画颜料变色，褪色、酥碱等，其中尘埃往往是细菌、霉菌的良好载体，光空气中的降尘经常与湿气结合在一起降落到壁画表面时，便形成一层难以去除的覆盖层，很适宜微生物的生长繁殖。空气污染物对壁画的危害可分为有害气体与降尘两种类型。

（一）有害气体对壁画颜料的影响。

1.$H_2S$ 气体的影响

用一根细导管将 $H_2S$ 气体对准铅白、铅丹、石青、石绿、藤黄、赭石、朱砂等壁画试块时，几乎在接触到颜料板时就引起铅白、铅丹、石青、石绿四种颜料的变色，经分析变色后的产物是 PbS 与 CuS。这说明含铅和含铜颜料极易受到 $H_2S$ 气体的影响。当壁画保存环境湿度较高时，空气中的 $H_2S$ 气体易在壁画表面溶解，造成变色反应的发生。

2.$CO_2$ 气体的影响

$CO_2$ 是一种酸性氧化物，当过量 $CO_2$ 存在时可使铅白变为中性的 $PbCO_3$，使颜料品质显著下降。在 CO 及水分的作用下，会使碱性较大的石绿转变成石青。将铅丹及石绿涂在泥质地仗上，放入湿度为 87% 的内部充满 $CO_2$ 气体的密闭玻璃缸中，铅丹表面立刻变成暗灰色、石绿周边颜色变深变蓝。这些例子说明，$CO_2$ 对某些铅铜颜料有一定的危害作用。因此应尽可能控制观看壁画的人数，避免环境 $CO_2$ 浓度过高，以利壁画保护。

3.$O_3$ 气体的影响。

$O_3$ 的化学活性比 O 高得多，具有很强的氧化作用，是一种二次污染物。在两个模拟箱中，各控制 $O_3$ 浓度为 28.4 与 0.7ppm，将铅丹、铅白、铅黄分别置于两箱中，在不同时间观察颜色的变化发现，铅黄最易被氧化、铅丹次之，铅白基本没有变化。

4.$SO_2$ 气体的影响

$SO_2$ 气体一般来自煤或油的燃烧，是一种普遍的工业污染物。$SO_2$ 进一步氧化则变为 $SO_3$，$SO_3$ 在一定的湿度条件下吸收水分转变为硫酸，硫酸可和地仗中及颜料中的钙质化合物发生反应生成硫酸钙，而造成体积膨胀，对壁画造成危害。$SO_2$ 最严重的危害是室外石质文物上，长期暴露于受 $SO_2$ 污染的酸性气氛中的石质文物，其表面风化的主要原因就是 SO 的作用。

（二）降尘对壁画的影响

许多地区的壁画表面覆盖了一层厚厚的粉尘，不但降低了壁画的艺术价值，而且有些粒度很小的粉尘会嵌入颜料颗粒之间，难以清除，久而久之就成为壁画的一部分；在大气污染较严重的地区，粉尘成分极其复杂，化学活性物质含量较高，当它们降落于壁画表面后，能与颜料化合，形成新的物质，造成壁画发生病变。

空气降尘对壁画的一个显著影响是使画面表层变灰甚至变黑，形成一种黑色薄层，既薄又硬，且具有一定的吸水性。这种薄层除了在视觉上是一层难看的堆积物外，也是一层可以引起壁画表层片状剥落的憎水层。薄层的化学组成极其复杂，因地区而异，是由画面层成分和空气降尘反应生成的新物质。例如云冈石窟，经分析其薄层化学成分是 $SiO_2$、$Al_2O_3$、$CaO$、$K_2O$、$MgO$、$Fe_2O_3$、$C$、$TiO_2$、$S$，主要矿物成分是石英、高岭土、石膏、云母、长石、铁的氧化物、铁的化合物、炭黑等。引起黑色的主要成分是炭黑和铁的氢氧化物，表面铁的无机盐类来自空气污染，也有部分来自岩石自身。酸性降水入渗岩体内部与含铁矿物反应，于是形成表面铁的化合物相对富集。

**五、风沙对壁画的影响**

当空气作水平运动时就形成了风。风吹动时，空气运动有湍流和层流两种状态，当风速超过 1m／s 时可将地面上的沙粒、尘土等吹起，进入空气中移动，对地表物体可产生剥蚀、搬运、沉积等作用，对壁画则主要产生剥蚀作用。

剥蚀作用包括吹蚀和磨蚀两种方式。前者是指风的冲击力和湍流的向上分力将地面的碎屑物吹起离开地面，一旦形成这种风沙流后，就可加强风蚀能力。后者是指风以挟带的沙粒为工具，在吹动中对物体、岩石等裸露表面进行碰撞、摩擦和钻进岩石的裂隙、凹坑内旋磨的破坏作用。磨蚀作用的强度除取决于风速和被磨蚀的物体表面性质外，还与风所挟带的沙量有关，当沙量很多时，它的磨蚀作用就很强。风所挟带的沙粒主要集中在离地面2米高范围内，尤以10厘米高的范围内最多，因此风的磨蚀作用在此范围内最强，在沙漠地区，常见到古建筑的墙角被风沙磨蚀而出现凹槽的现象。

### 六、微生物对壁画的破坏

由于壁画的泥底材料中草、蒲绒、棉花等纤维类物质，长期在微生物作用下发酵、腐烂、分解，产生气体，导致壁画发霉、起甲、空臌、脱落。仅敦煌莫高窟霉变壁画就有144平方米，霉菌分属青霉素、曲霉属、枝孢霉属、葡萄状穗霉属、交链孢属等6个属、15种菌以及其他细菌等。

大足石刻大面积发霉变黑，在大足北山石刻上采菌样进行培养、分离、鉴定，结果表明危害大足石刻壁画的菌类有霉菌和细菌。霉菌主要有青霉属（青霉）、绿霉属（绿霉）、曲霉属（以黑曲霉为主）。细菌主要是球菌、螺旋菌和杆菌，而放线菌培养基中培养出来的也是6个霉属的霉菌，说明大足石刻壁画微生物中没有放线菌。

# 第二节 壁画的修复

### 一、石窟壁画崖体的病害及其加固

石窟壁画的主要支撑体崖体受自然、人为两种因素的作用，其横向崖边裂隙和纵向构造裂隙以及地震的破坏、潮湿水的影响、微生物的生长、温湿度变化、日晒、雨淋、风沙打磨、大气污染物的侵蚀等因素的破坏，会使壁画主要支撑体崖体开裂、剥落。洞窟重叠密集，致使洞窟崩塌。下层局部坍塌的洞窟，又形成上层洞窟的悬空，导致再次崩塌的危险。此外，建筑物地基的下陷引起的墙体开裂、倒塌等，也严重威胁着壁画的保存，必须采取措施进行加固。

我国石窟崖体的加固可分为三种主要方法：即采用工程构筑附加建筑物、锚固技术、灌浆加固技术。

工程构筑附加建筑物方法是我国早期石窟壁画维护中常用的方法。主要措施是构筑重力阻挡墙，以制止崖体的坍塌。具体作法如下。①支顶。对于悬空的岩体用钢筋混凝土或石砌墙柱予以支撑、顶托。②挡墙。对于成片有崖边裂隙的崖体、崖壁陡峭之处，建筑厚重的石砌墙体或混凝土结构以抵抗岩体的侧向压力或地震的影响，防止岩体向外倾覆，以保证石窟安全。③刷取对于一些崖壁高处的悬岩危石，人工按一定的坡度刷取，防止其突然坠落和崩塌，减少岩体自身的荷载。对于支顶和挡墙结构，为了有效发挥其作用，必须与被支挡物紧密接触。可采用砌体延迟封顶、墩式基础深入地层直达基岩等措施解决。

锚固技术是 20 世纪 60 年代后期发展起来的一种加固技术。主要通过钢质锚索把危险岩壁与稳定基体岩体连接起来以达到防止危险岩壁脱离岩体而坍塌的目的。

灌浆技术是近年出现的一种新技术。主要是在崖体裂隙中注入化学黏合剂以达到填充、黏合裂隙的作用。黏合剂的选择主要依据岩体及黏合剂自身物理性质以及壁画岩体所处的环境，目前常用有 PS（北方干燥地区）、三甲树脂和脲醛树脂（南方潮湿地区）。为了达到良好的加固效果，目前常采用锚固与灌浆相结合的施工工艺。

### 二、壁画地仗层空臌、大面积脱落病害及其加固修复

（一）壁画地仗层空臌脱落的原因

1. 支撑结构材质不同

由于壁画支撑结构材质不同，材料的孔隙和导热性不同，水分在支撑体上上升速度不同，水汽上升特别快的部分，易产生凝聚水而致使地仗层溶胀、水分蒸发时又会产生空臌。

2. 灰泥层质量不好或黏着力不强

特别是壁画泥层和支撑体之间结合力很差，在湿度反复变化的状况下，会引起壁画变质，表现为空臌、剥落和酥粉。

3. 发酵、腐烂、分解产生的气体

壁画地仗层中草泥、蒲绒、棉花等高纤维物质的发酵、腐烂、分解产生的气体，导致壁画地仗层空臌、剥落。

4. 溶盐对壁画地仗层空臌脱落的影响

（1）支撑体上溶盐的形成主要途径

① 地下水或地表水源中盐的析出

支撑体地下水中含有的 $HCO_3^-$、$SO_4^{2-}$、$Cl^-$、$Ca^{2+}$、$Mg^{2+}$、$Na^+$，在水分持续蒸发作用下，渗入岩石深处的溶液受支撑体毛细管作用，随水分移动而向支撑体表面迁移，不仅会在表面析出絮状盐类，还会在支撑体与地仗之间及石刻岩石空隙中沉积。

②石质中难溶盐转化为易溶盐

由于工业、交通运输业、旅游业的快速发展，空气中有害气体 $SO_2$、$CO$、$NO_2$ 不但增加，这些有害气体溶于水并渗入石刻后和石质发生一系列化学反应，如石质溶盐中的芒硝，主要来源于石质中的钠长石和空气中的有害气体 $SO_2$ 作用。

（2）石刻上溶盐对壁画地仗层空臌脱落的影响

①岩石中盐的结晶与潮解对石刻壁画地仗层的破坏

岩石中盐的结晶与潮解对石窟壁画地仗层的破坏很大，当气温升高时，岩石中的水分要陆续蒸发，岩石空隙及表面上的盐分增多，浓度增大，当达到饱和浓度时，盐分会结晶，而结晶时体积增大，对周围岩体及地仗层产生压力，致使地仗层产生新的裂隙或空臌。当气温下降时，盐分又从空气中吸收水分又变成盐溶液，渗入岩体内部，并将岩体与壁画地仗层及沿途的盐溶解，盐又会渗到地仗层及新的石刻裂隙中，如此反复，裂隙不断扩大，岩石与地仗层之间的结合力越来越差，导致壁画地仗层空臌脱落。

②溶盐晶变对地仗层的破坏

溶盐的晶变对石窟壁画地仗层的破坏不容忽视，如大足石窟中石膏（$CaSO_4$），当夏天气温达 40℃ 时，气温对岩石的有效影响范围可深达 10 厘米左右，气温差可促使石膏与硬石膏之间发生周期性变化。当硬石膏变成石膏时，体积增大 31%，并产生 $10kg/cm^2$ 压力，使联结较弱的岩体产生胀裂，使岩体与黏着力很差的壁画地仗层产生空臌、胀裂、脱落。

（二）大面积空臌地仗层的加固修复

对于已经发生大面积空臌的地仗层，如果地仗层本身强度还比较好时，可以用注射器吸取黏合能力强、透气、透水性好的，耐老化，稳定性好的聚醋酸乙烯酯乳液或丙烯酸乳液注射到空臌地仗层与岩体之间，稍等片刻，待黏合加固剂渗入地仗层和岩体时，将空臌的地仗层回贴回岩体上，再慢慢压平、贴紧。

对于空臌壁画，如不及时采取有效措施，就会使壁画大面积脱落。尤其是石窟顶部及四壁上部壁画由于重力的作用，需要比较大的拉力才能抵御，故应选用黏结强度较大的树脂，如改性环氧树脂、聚乙烯醇缩丁醛、聚醋酸乙烯酯。

（三）大面积脱落壁画的修复

对已经发生大面积脱落岩体已裸露的壁画，早期采用石灰、细沙、麻刀等和泥抹平的修复方法。但用这种方法修复过的壁画，由于石灰泥层较原地仗层致密，透气透水性差，岩体或墙体内的水分向四周有壁画的部分移动，致使这些壁画受到危害。如果出现在底部四壁上，则导致水分上移，威胁上部壁画，因此此法现在一般不用。

另一种方法是采用15%聚醋酸乙烯乳液与黏土、麦草和泥，填塞到壁画脱落处的边沿，将壁画贴紧干燥后，再在草泥面上抹一层掺有麻刀的石灰。这种方法称为大面积脱落壁画的边缘封护，可以防止发生新的脱落，是一种简便易行、经济可靠、行之有效的修复方法。

### 三、壁画地仗层酥碱病害及修复

（一）壁画地仗层酥碱病害及其产生原因

壁画地仗层酥碱是壁画的主要病害之一，它是指在水参与下，壁画支撑体洞窟围沿及地仗层中盐分在壁画上产生表聚作用，造成壁画地仗层酥碱、粉化、脱落，或者使地仗层逐渐松软。壁画地仗层酥碱对壁画危害十分严重，壁画地仗中的可溶盐及地仗附着的岩体或墙体中的可溶盐随水迁移富积在壁画地仗表层。当壁画所处的环境湿度增大时，可溶盐溶解并连同地仗层膨胀；当环境湿度变小时，可溶盐结晶收缩，这样地仗层中的可溶盐始终处于溶解—结晶—再溶解—再结晶状态，而使地仗始终处于膨胀—收缩—再膨胀—再收缩的循环状态，这种反复过程对壁画的地仗及画面造成极其严重的影响和破坏，使壁画的地仗层及画面层在反复膨胀——收缩的循环作用下发生连片状或疱疹状酥碱。

地仗的酥碱必然导致与之贴附的壁画画面的酥碱。这种病害是洞窟温湿度变化引起壁画地仗层中可溶盐的活动造成的。要治这种病害，就必须从引起这种病害的根源——环境中水的来源着手，采取一定的工程措施。如在壁画岩体下挖排水沟，防止水渗入壁画地仗层，或防止水汽进入洞窟，保持壁画所处的环境相对干燥和稳定，防止酥碱病害的发生、复发和蔓延；对已酥碱的壁画尽快选择合适有效的修复材料和工艺进行脱盐、加固等抢修。

（二）地仗层酥碱病害的修复处理

酥碱壁画的修复采用与修复起甲壁画相同的材料，多年来一直采用聚醋酸乙烯酯乳液，近年来也用丙烯酸乳液等人工合成高分子材料和一些天然有机高分子材料修复酥粉壁画地仗层。

壁画地仗层酥碱，应先加固地仗层，其修复工艺大致如下。

1. 清除酥碱地仗层上的尘土

用小的吸尘器或洗耳球将酥碱壁画表面及地仗层上的尘土吸除干净，以防影响起甲颜料层与地仗层的黏结。

2. 酥碱地仗层的加固

向酥碱的地仗层注射 2.5% ~ 3% 的聚醋酸乙烯乳液。注射加固剂时，注射器针头应插入地仗层，使加固剂注入地仗层并被充分吸收后，用适当工具轻压地仗层，以使地仗层强度增加。

3. 酥碱地仗层上溶盐的清除

可用棉签蘸蒸馏水与酥碱地仗上的溶盐接触，以使溶盐溶解并渗吸入棉球中，反复多次将酥碱地仗层中的可溶盐接触吸除完。

### 四、壁画颜料层起甲、粉化病害及其修复

（一）壁画颜料层起甲、粉化病害的原因

壁画颜料层和白粉层由于某些原因造成龟裂并起翘成无数鳞片状小片，称之为壁画起甲病害。由于壁画所处环境中温湿度频繁变化，地仗层中溶盐反复溶解膨胀——结晶收缩，导致地仗层由原来的密实状态变得酥松，进而导致贴附其上的壁画颜料层与之结合力大大降低，而产生壁画画面层发生起甲、鼓起小泡、龟裂粉化。

颜料层较厚时易出现壁画颜料层起甲、粉化。这多是因壁画绘制时用胶不当引起的，主要的直接原因是用胶量过多。胶量过多时，虽然增强了颜料颗粒之间的黏着力和颜料层与地仗层的附着力，但由于作画时需涂抹较厚的颜料，因而最终形成一层较厚的硬壳。这层壳随温湿度频繁变化而发生胀缩变形与地仗层对温湿度反应不一致，久而久之，导致颜料层开裂、起翘，最终脱落粉化。

（二）起甲壁画的修复

修复壁画时如果起甲壁画的地仗酥碱，应先修复加固地仗，然后修复起甲颜料层。在修复壁画时，先从壁画的所在的窟顶或上部开始，逐渐向下进行。修复起甲壁画的工艺，大致分以下六个程序进行。

1. 清除起甲壁画表面尘土

起甲壁画在起甲部位不能留下尘土。这不仅因尘土影响壁画颜料的鲜艳美丽的原貌，还会直接影响起甲颜料层与地仗层的黏结。因此在起甲壁画修复时，首先应用软毛排笔或小吸尘器小心地将起甲壁画的尘土吸除干净，然后用洗耳球将起甲翘起的小片颜料层下面及裂缝间的尘土吸干净。如果颜料层边缘起翘不易用洗耳球吸除时，先用沿起翘颜料层边沿用注射器注射3%的聚醋酸乙烯乳液回贴固定后，再用洗耳球将内部尘土吹吸干净。

2. 注射黏合剂粘贴加固起甲壁画

用注射器将2.5%的聚醋酸乙烯乳液注射到壁画起甲的裂口处，注射时针头应伸进起甲画面的底部，如画面有鼓起小泡时，应在不重要部位将针头插入泡内注射黏合剂。

如果壁画起甲面积较大时，应在不重要的适当部位用注射器针头刺小孔，通过小孔向起甲颜料层下部注射黏合剂，使黏合剂充分渗透起甲颜料层。起甲面积大时，应在画面划分小块，按顺序一块一块注射。注射黏合剂量不可过多而污染画面，又不能过少而渗透不充分而影响加固效果。

若有小片颜料层掉落，一定设法将其回贴原处。万一有黏合剂流到画面上，应立即用柔软棉纸吸除干净。

3. 将起甲壁画轻轻压贴回地仗层

待注射的黏合剂被地仗层吸收后，用竹、木刀或不锈钢刀，用力适当轻轻压贴回地仗层，特别注意不要用力过大、过猛而压碎颜料层或使画面层局部凹陷变形，也要防止因用力过小而使起甲颜料层与地仗层黏结不紧密。

4. 用棉球排压起甲壁画

用质地细而白的绸缎包扎脱脂棉做成直径5cm左右的棉球排压上述用竹、木刀或不锈钢刀局部压过的起甲壁画（不能用纱布、粗纹或塑料布包扎棉球，以防在壁画上留下纹印，或因塑料布光滑不透气而将小片起甲颜料层粘吸掉）。

用棉球排压起甲壁画时，应从壁画未开裂处向开裂处轻轻滚压，以便将起甲内的空气排出，防止出现气泡和将画面压出皱褶。

5. 壁画表面喷涂黏合剂

在经过棉球排压过的壁画表面，用工作压力在 0.7 ~ 0.8mPa 的小型空气压缩机，喷头与画面垂直且距画面 30 ~ 40cm，喷速适中而均匀的喷涂 2%的聚醋酸乙烯乳液，既加固没有起甲的颜料层，又可对起甲壁画在注射黏合剂时遗漏处进行补漏。

用小型空压机喷涂黏合剂的优点是工作效率高，喷涂均匀，操作简便等。

6. 软胶辊滚压画面

当壁画喷涂黏合剂的画面达到 70% 的干燥程度后（干燥程度不能超过80%，否则会在滚压时压裂或压碎画面使颜料层脱落）将白绸铺在壁画上，用软胶辗缓慢、均匀用力滚压，特别注意防止壁画上出现滚痕或将颜料层黏在白绸上。

（三）颜料层粉化脱落的原因

这也是壁画制作时用胶不当而引起的病害，但与起甲病害相反，它是由于在颜料中加胶过少而引起的，往往出现在颜料层较薄的壁画上。当颜料中用胶量过少时，不足以使颜料颗粒相互黏结并附着于地仗表面，胶结材料在外界环境因素作用下老化，失去黏着力和附着力，导致画面的颜料层渐渐粉化脱落，发生褪色以至消失。同样的情况也常出现在用墨书写的题记上。古代壁画一经制作完毕，颜料层以及胶含量就无法改变，因此对起甲、粉化壁画病害的防止只能从改善外界保存环境入手。

（四）颜料层粉化壁画的修复

壁画发生粉化病害后，受到风的扰动或轻轻一碰，颜料颗粒即自行脱落，因此不能像起甲壁画修复那样采用注射黏合剂的方法，而应以喷雾的方法使黏合剂落于颜料层上，首先加固颜料层，其余步骤与修复起甲壁画 3 ~ 5 步相同。

**五、壁画颜料变色病害**

颜料变色是壁画的主要病害之一，古代壁画使用的颜料绝大部分是无机矿物颜料，它们的化学性质稳定，不易变色，这也是古代壁画保存至今仍艳丽明快的主要原因。但有一种人工合成的无机颜料，即含铅颜料较易变色；

红色是壁画的主要色调之一，红色颜料的变色会直接引起整个壁画外观的改变，在很大程度上改变了壁画原有的艺术风格。在绘制壁画时作为红色颜料使用的有铁红、朱砂、铅丹三种，铁红化学性质极其稳定，不易变色。朱砂经光照后，晶体结构发生了变化，颜色由红变黑，但总体说朱砂还是不易变色的。

颜料变色是一个极其复杂的过程，它不仅与颜料的化学性质有关，而且外界环境（诸如光线、湿度、胶结材料、生物腐蚀等）是导致颜料变色的关键因素，它们互为因果，相互促进。

### 六、烟熏壁画及其清洗

烟熏壁画就其产生原因来说，非常简单，石窟寺是佛教徒从事宗教活动的主要场所，需要燃烧大量的香蜡油，同时它们又处于一个相对封闭、与世隔绝的环境，需要燃柴做饭、取暖。这样，柴草中未燃烧充分的炭粒与挥发性有机物质混合在一起降落在壁画表面并与颜料结合在一起而形成烟熏层。形成的烟臭污染画面，甚至使画面完全变黑，无法辨认其内容。

烟熏层成分与壁画所在地域有关，一般以有机芳香族化合物，如苯酚、苯二酚、甲苯酚等为主，混有少量炭粒、硫等无机元素。

烟熏壁画的清洗一直是壁画保护中的难题，国内外有关这方面研究报道很少。目前总的趋势是：一种方法是采用激光束照射烟熏层，利用激光的高能、单色性将以有机物和碳粒为主的烟熏层灼烧后转变为 $CO_2$ 和水，以达到清洗的目的。此法源于馆藏文物保护中对某些难于接触到的污物的清除，具体能否应用到壁画保护方面，还处于实验研究阶段。但有一点可以肯定，即激光束会对壁画颜料层中的胶结材料及颜料产生不良后果。二是采用化学溶剂清洗烟熏层，从已发表的研究报道看，用碱性溶剂已为各家所采用，只是所用溶剂的种类及浓度不同。一般筛选清洗剂的原则是，既能与烟熏层成分反应，又对壁画颜料层无损坏作用的试剂。必须满足：①清洗剂能与烟熏层大多数成分化合反应；②清洗剂应无色，试剂本身的颜色不会导致壁画颜色改变；③清洗剂最好能以水作为溶剂。有机溶剂大多数有特殊气味、易挥发，在烟熏层上停留时间短，不足以使烟熏层与清洗剂反应完全就挥发已尽。经多年大量实践证明用50%丙酮和14%的氨水混合溶剂清洗壁画上烟熏斑，既安全、方便清洗效果又好。

### 七、风沙对壁画的危害及防风治沙

风沙的危害已在前面做了叙述，我国北方地区是石窟壁画的密集区域，该地区的石窟壁画受风沙的侵害相当严重。例如，敦煌石窟由于风沙流强烈的风蚀、剥蚀作用，上层洞窟遭受"薄顶"之灾，直接危及壁画的保存；严重的积沙又造成窟顶的巨大压力，增大了窟顶的透水性，导致窟顶崖体积水，造成上层洞窟壁画的酥碱。沙尘对壁画的磨蚀以及钻入颜料颗粒之间，造成壁画颜料褪色或起甲。

风沙对壁画的危害较大，治理风沙已引起有关方面的高度重视。风沙治理大体可分为工程治沙、化学固沙、生物治沙三种方法。工程治沙指设置防沙障以阻止沙丘向壁画保存地移动；化学固沙指喷涂化学黏合剂，将表层沙粒黏合，以达到阻止沙粒移动的目的；生物治沙指广植植被，利用植物的根系和秆、叶进行固沙、防沙。

## 八、壁画的揭取、迁移及复原

壁画的揭取、迁移是一项工艺技术比较繁杂的操作。由于壁画本身及其所依附的建筑物是古代艺术品的整体，按文物保护法的原则，壁画应原址保护，因此一般情况下应尽量避免揭取、搬迁。

（一）壁画揭取、搬迁主要原因

① 无法抵御的自然灾害，如地震、地裂，地基下陷、水灾、火灾、风灾或其他因素导致的古建筑、墓室和洞窟坍塌等。

② 恶劣且又无法改变的环境条件，如太深的古墓，随着地下水位上升，墓室会渗水甚至严重积水，致使墓室特别潮湿，霉菌滋生，或因灌溉、盗墓挖的盗洞使墓室灌水或淤泥，致使壁画无法在原地保存。

③ 壁画所在的古建要落架维修，也要首先揭取古建筑内的壁画，进行加固修复，待建筑物修复好后，再将壁画回贴复原。如西藏布达拉宫、青海塔尔寺等古建筑进行大规模落架维修时，都对建筑内的壁画进行揭取处理。

④ 国家重大工程项目，需要搬迁石窟、古建筑、墓室时，其中的壁画要揭取，待搬迁工程完成后，将壁画加固修复好后回贴原处。如三峡工程、三门峡工程等水利重大工程中搬迁的石窟、建筑物中的壁画。

⑤ 为了便于管理、保护及展示，对一些壁画进行揭取、搬迁。

（二）壁画的揭取

1.壁画揭取前的准备工作

（1）摄影、测量、临摹

壁画在揭取之前，必须进行摄影、录像、测量和临摹工作，详细准确地做好原始记录，以便在壁画分幅揭取、加固后，以原始记录为依据进行修整复原。

（2）清洁壁画画面的灰尘污物等

用软毛刷轻轻清除壁画画面上的灰尘，用竹签等工具清除画面上的污泥、沉积物硬壳等。黏附较牢的灰尘污迹，为防损伤画面，可先用水或有机溶剂或沉积物络合清洗剂小心将其湿润软化，以机械剔拨法轻轻将其剔除。

（3）加固壁画画面层

如果要揭取的壁画画面有起甲或酥粉等病害，或画面强度不够时，应按前述修复加固方法进行加固，以保证画面分幅处理安全顺利进行。

（4）画面分幅处理

当壁画画面大且薄，难以一次性揭取时，可采取分幅揭取。分幅时要考虑画面主题，要避免在人物面部、画面的精华部分分幅；尽量利用其自然裂缝，不开新缝；如果画面出现拱鼓断裂错位，也为防画面过碎而难以复原。

当整幅壁画分幅确定后，一定要准确、翔实记录整幅壁画及各分幅的尺寸、各幅相互位置及画面局部脱落的位置，最好绘一个壁画分幅位置示意图，编好分幅号码，并将号码依照示意图指示标在画面背面，以使修整复原时校核使用。

2.壁画的揭取迁移方法

壁画类型复杂，保存状况差别较大，揭取方法应根据具体情况而定，大致分为三类。

第一类：整体迁移法，就是把整个壁画连墙壁一起切割下来，全部搬走。只有壁画的画面层、地仗层和墙体都结合比较牢固，壁画的机械强度也比较好的情况下，才能采取此类整体揭取迁移法。此法已应用不多。

第二类：部分揭取法，即只将壁画的地仗层（或地仗层的一部分）与画面层一起揭取下来迁移走的方法。当壁画的画面层和地仗层之间黏合很牢固，可采取此法揭取。

第三类：画面揭取迁移法，仅把画面层揭取下来迁移走。当壁画的地仗层机械强度很差，或壁画只有画面层而没有地仗层时，采取此法揭取。

（1）整体搬迁壁画的方法

① 先将壁画紧紧用支架固定。壁画较大时可分块揭取。

②当画面分割线按避开画面精华区、人物面部、尽量利用画面裂缝而少开新缝的原则，按先底线后两侧线的程序，用薄刀片顺线割开，切割所要揭取的壁画，使之与周围的墙面分离。

③从壁画背面进行切割，使要揭取的壁画与周围的墙全部分离下来，并沿着支架慢慢地放平，然后按分幅位置按原样拼接、修整和复原。

此法的优点是保存了原壁画的结构，不需在画面上贴布，保持各壁画的原貌。这点对考古研究有特殊意义。

砖墙壁画墓在拆迁时因每一块砖就有一幅画，拆前只要测量和记录下每块砖的位置，依次编好号，运到新址后，完全按原样复原即可。甘肃省博物馆曾成功完整地把一座嘉峪关壁画墓搬迁到馆内。

如果搬运整个壁画墙，运输困难，又要毁坏壁画墙所依附的建筑物时，此法不可取。

（2）画面层与地仗层一起揭取的方法

①壁画揭取前应采取有效加固措施，将画面予以加固，使画面上的彩绘得以保护，使画面层与地仗层之间牢固地结合成一个整体。

②处在墓葬中的壁画，若过于潮湿，必须先予以烘干，然后加固。

③壁画画面上如有裂缝、残缺时，可先贴以纸条或布条。若残缺面积较大、较深，在贴布加固之前应用制作壁画的泥土加合成树脂溶液，调成糊状后予以填充加固，使地仗层坚固、画面平整。最后用聚乙烯醇抵糊，用面团或桃胶作黏合剂将整个画面予以贴布加固。注意贴布时画面与贴布间要平整，不要留气泡，待贴布干燥后再加固一遍。

④当画面贴布加固层干燥后，将泡沫板平稳紧紧靠贴在画面贴布上，并把托板支撑固定，再将贴布上端及两侧预留部分向外反包于托板上固定牢，用贴布下端预留部分将画面底部包住，临时固定。这样可防止在揭取和运输过程中损伤画面。按照分幅线，用锋利的割皮刀或钢解剖刀沿分幅线开缝，先开底缝，再开边缝，最后开顶缝。

⑤揭取壁画的具体方法：揭取壁画的方法很多，主要有拆取法、锯取法、震取法、橇取法和木箱套取法等。

拆取法：用托板托住壁画前面，在墙身外面拆除墙体支撑结构（砖块或土坯块），自上而下逐层拆除，每隔50～70厘米再加上挡板，以防揭取过程中壁画灰泥层倾倒，当将墙体支撑结构拆除到底边时，迅速将托板连同壁画地仗层一起向内推倒，平放在托板上。这种方法简单易行而且安全。

锯取法：先安放好托板，再用纱布将画面与托板固牢，以免画面与地仗层脱开，然后用细而长的锯条，从壁画一边开始先由下而上的，这样锯比较安全，既可防止出现滑脱现象，又可防止锯下来的泥土进入画面背后而脏破画。当锯到壁画最上边时要特别小心，在锯上下底边的同时，迅速将托板连同锯下的壁画推倒平放在地上。

震取法：此法与锯取法大致相同，如果壁画的地仗层和支撑结构之间结合得比较牢固又不易锯开时，可采用震动的方法。此法是先用钻子从壁画的地仗层一端打入灰泥层中间去，因在钻打过程中使周围的泥灰层受到强烈震动而与墙体分离开来。由于此法产生强烈震动，所以震取前一定要保护好画面。

撬取法：出现大面积空臌而画面层与地仗层强度比较好时，采用此法比较方便。操作是用一种带木柄的平铲，从壁画后面插入地仗层与墙体脱离的空隙内，自上而下轻轻撬动，直到地仗层和墙体完全的脱开，将壁画揭取下来。

木箱套取法：做一个与画面大小尺寸相同的木箱，在箱底垫上棉花或纸保护壁画画面，然后在壁画四周挖槽，将木箱套上去，直到木箱底接近画面时，从壁画背后将壁画与墙挖断，这时壁画便装入木箱中，取下木箱，画面向下，在背面加盖，用木棍绞绑后，将画面向上，揭取完毕，即可运输。

## 第三节 彩塑的病害及其修复

彩绘泥塑，也是我国优秀的民族艺术。泥塑在我国起源很早，司马迁的《史记》中，就有"帝乙为偶人以像千神"的记述。刘向在《战国策》一书中，明确谈到"土偶"。徐彝舟在《读书杂释》上，解释土偶为"今世捏土肖鬼神日臻，亦作塑"。以上记载表明我国在两千年前已有了完整的泥塑创造。

在我国山东省长清县灵岩寺千佛殿内，保存着 40 尊被认为是北宋时代的彩绘泥塑罗汉像，造型优美，神态生动，梁启超誉之为"海内的第一名塑"，表明北宋彩绘泥塑技术已有相当高的水平。

敦煌莫高窟不仅是一座大型壁画陈列馆，也是一座大型雕塑馆。至今保存有北凉、北魏、北周、隋、唐、五代、北宋、西夏、元、清等历代彩塑2200多身，数量之多，延续时代之长，塑绘技术之高，不仅是我国珍贵的民族艺术遗产，也是世界文化遗产中艺术瑰宝。

## 一、彩塑病害产生的主要原因

① 彩塑制作材料及工艺引起病害。

② 自然因素会造成彩塑的塑像木骨架腐朽、四肢断裂、倾倒解体和彩绘变色脱落等。

③ 人为因素如盗窃、重修、重绘、刻画、磨损等造成破坏。

## 二、彩塑的病害

壁画病害也会全部发生在彩塑上，由于彩塑结构的特点，它还会发生一些不同于壁画的特殊病害，如彩塑木构架腐朽、四肢断裂，高浮雕和圆雕固定点松动而导致的倾倒，因此，必须注意彩塑的保存情况，特别对高浮雕隐蔽固定点进行调查监测，以防倾倒而毁坏。彩塑的主要病害如下。

① 彩塑颜料层的起甲脱落：和壁画相似，由于彩塑所处环境温湿度频繁变化，彩塑泥层中可溶盐反复结晶膨胀溶解收缩，导致泥层变酥松，致使彩塑颜料层与泥层结合力大大降低而发生颜料层鼓泡、起甲、脱落。

② 彩塑泥层酥碱，泥层内的纤维材料（草、麻、棉）均已腐朽，导致泥层破碎、酥碱、掉落。

③ 彩塑草胎腐朽而导致泥层塌陷、粉碎。

④ 彩塑四肢断裂，甚至少胳膊缺腿。彩塑四肢断裂有的是由于窟顶岩体局部坍塌砸毁；有的是洞窟温湿变化导致彩塑泥层开裂后四肢骨架糟朽而断裂；有的是彩塑开裂后，没及时加固修复而坠毁或将下面彩塑四肢砸断砸毁；也有因地震或其他强烈震动引起彩塑四肢断裂；有的因保管不善而被人砸断砸毁。彩塑四肢断裂情况比较普遍，也十分严重。

⑤ 彩塑木骨架腐朽：彩塑木骨架长期处于潮湿的洞窟环境中，木质纤维水解而糟朽、腐烂、生霉，有时还遭到虫蛀鼠咬等破坏，导致彩塑木骨架垮塌，四肢断裂、严重者使彩塑倾倒、碎裂，甚至完全解体。

⑥彩塑倾倒垮塌：用木桩将塑像固定在墙面的岩体上的高浮雕、圆雕常因固定在岩体内的木桩松动，当遇到地震或重力作用而发生倾斜，当重心移到一定程度，就会发生倾倒垮塌。靠脚下固定孔插入木骨架，然后用木楔固定的高大圆雕，如遇大的震动，就会将岩基撬裂前倾或倒塌。

### 三、彩塑的保护修复

（一）彩塑修复前的准备工作

①认真、全面调查，翔实记录彩塑保存现状，包括准确翔实的文字记录，拍照和做测绘图。有条件时，最好做近影摄影或数字图像。

②彩塑病害的调查、分析、病害机理的分析研究。

③彩塑材料、结构的检测分析。

④彩塑所处环境的调查分析。

这些工作是制定彩塑修复工作和筛选修复材料的基础和重要科学依据。

（二）彩塑的修复

1. 彩塑四肢断裂的修复

四肢断裂服饰破碎，严重影响彩塑的艺术效果，必须及时抢修。

①先分块取下塑像的泥层，注意分块时尽量避开面部、花纹、图案、服饰的重要部分。

②小心取下绑扎在彩塑木骨架上的草胎。

③加固修复彩塑的木骨架，用螺栓、钢片和拉杆进行连接固定，必要时可用聚醋酸乙烯溶液或聚丙烯酸酯类溶液或聚乙烯醇缩丁醛溶液接触渗吸加固。

④待彩塑木骨架连接固定加固好后，按原样复原草胎。

⑤复原泥层。

断裂四肢修复的基本要求：

①修复时要求位置、姿态准确；

②连接加固要坚固牢靠；

③泥层、草胎复原准确；

④对残缺部分，一般不要补塑和补色；

⑤个别彩塑要补修时，必须在充分可靠的资料基础上，按照作者原作请高水平雕塑人员慎重、细心修补，绝不能按修复者臆想随意补塑、补修。

2. 木骨架腐朽和泥层酥碱彩塑的修复

木骨架腐朽和泥层酥碱塑像的病害情况不同，修复的方法不同，一般分以下三种情况区别对待。

（1）木骨架和草胎已完全腐朽和腐烂而泥层完好的彩塑的修复

木骨架和草胎完全腐朽腐烂而泥层完好的彩塑采用"脱胎换骨"的"大手术"进行修复，首先对塑像进行解体，分块取下泥层，再按塑像原木骨架和草胎的大小形状复制新木骨架和草胎，然后将泥层复原加固在新的木骨架和草胎上。

"脱胎换骨"法修复工艺如下。

① 塑像解剖定位

塑像采取"脱胎换骨"大手术，解剖前要找准塑像的重心、方向、姿态等特征，用塔吊线的方法进行准确定位。这个步骤非常重要，是复原修复成败的基础和关键。

② 彩塑表面加固

彩塑泥层已出现酥碱的，必须加固酥碱泥层。常用注射或喷洒 3% ~ 5% 的聚醋酸乙烯水溶液的方法加固彩塑泥层和颜料层，以增强彩塑泥层强度。

③ 分块解剖彩塑

待加固的泥层及颜料层干燥后，采用彩塑上原有的裂隙或选择衣褶等较隐蔽位置分割，由上至下逐一编号，并按顺序排放在修复场地上，以待渗透加固。

④ 制作新的骨架

再次对木骨架进行定位、测量，完全按原木骨架的尺寸制作新木骨架，并在安装前用 850# 有机硅做防水、防潮加固处理，以防骨架受潮变形。

⑤ 加固塑像酥碱泥层

用 5% ~ 8% 的聚酯酸乙烯水溶液作接触渗透加固已酥碱的彩塑泥层。

⑥ 安装新骨架

清理干净原木骨架基岩孔穴，按旧骨架部位安装新骨架，并用环氧树脂和木楔固定，使木楔、木骨架及孔穴壁牢固粘连为一体。

⑦ 将分块的彩塑泥层一块块组装

将分块的彩塑泥层，按原顺序先下后上，核准后一块块组装，泥层与骨架之间的空隙（原草胎），用麦草泥填塞，这样彩塑泥层与新木骨架牢牢粘结成一个整体。

⑧彩塑组装完毕后

用彩塑泥层相同的材料对彩塑上自然裂缝和新开锯缝进行填补，待填补泥层干燥后，进行准确补色，使色调整体协调一致。

（2）木骨架和草胎完好泥层酥碱的彩塑的修复

彩塑木屑架和草胎完好，只是泥层酥碱，不需要更换木骨架和草胎，只需按加固修复酥碱壁画的方法修复加固酥碱泥层。

（3）木骨架和草胎已腐朽，泥层也酥碱的彩塑的修复

木骨架和草胎已腐朽而且泥层已酥碱的彩塑的病害是最严重的病害。修复时先按修复酥碱壁画的方法对酥碱泥层进行修复加固，以防在后续程序中破碎；然后按"木骨架和草胎已完全腐朽和腐烂而泥层完好的彩塑修复"的方法处理。

3.倾倒彩塑的修复

高浮雕和圆雕由于塑像固定点松动而倾倒、坍塌，必须及时抢修，否则会致使彩塑破毁而无法挽救。

倾倒的彩塑修复应遵守尽量少干预的原则，尽量不采取解剖、分块取泥层的办法，而采取"拉固法"。这是敦煌研究院在实践基础探索的一种修复倾倒彩塑的安全、有效方法。

（1）倾倒高浮雕的修复

①在固定彩雕木桩的位置，凿一个直径约3cm的孔，用水泥沙浆在孔内埋设一直径2cm的螺纹钢筋，露出墙面一端作成直径3cm的圆环。

②将塑像木骨架上的木桩改做成钢筋圆环，套在木骨架上，套环两端也作成与崖壁上相同圆环。

③使骨架与崖壁上的圆环逐渐重合。

④把一个大头小尾的钢楔子小尾插入环内，环重合越好，楔子进度越深，塑像与崖壁间的距离越小，直至将彩塑扶正归位，塑像紧贴墙壁为止。

敦煌研究院用"拉固法"修复的五座高浮雕，效果比较理想。

（2）倾倒圆雕塑像的修复

①先用倒链将事先包好的塑像轻轻吊起扶正，并搭架支顶定位。

② 再将塑像脚下的夜叉像利用自然裂缝进行解体。

③ 将原来固定塑像木骨架的基岩孔穴清理干净。

④ 用水泥沙浆将木骨架重新固定，使木骨架稳固、结实。

# 第十章 皮革、尸体、骨角质类文物保护

## 第一节 皮革类文物保护

### 一、皮革类文物易霉腐的主要原因

皮革类文物易霉腐的原因有两个方面：一是皮革类文物本身的组成和加工过程造成的，这就是所说的内因；二是外部环境引起的，这就是所说的外因。

（一）皮革类文物易霉腐的内因

1.皮革类文物本身的组成和结构的原因

皮革是由牛、羊、马、猪等动物皮经加工而制成的，其主要成分是一种网状结构的蛋白质纤维。它是一种胶质状的长链结构，在长链上还有支链，这种大分子间按相对方向排列，形成胶束，同时皮革中还含有大量维持皮革弹性的水分和脂肪，这些物质特别是蛋白质和脂肪很容易霉腐变质，其霉腐变质的原因在丝绸类文物中已讲过了。

2.皮革加工过程中带来的一些外界因素对皮革文物影响

一般制革时，要经过鞣革→加脂→涂饰等多道工序，而各道工序中都加入了一些极易霉腐的有机物。

① 鞣革过程加的植物烤胶中含有大量的糖分和单宁。

② 加脂过程中使用的动物油、植物油。

③ 涂饰过程中使用的涂饰剂中会有蛋白质、奶酪素。

以上皮革加工过程中加入的以上物质都是微生物的营养基，再加上皮革本身组成中就含有蛋白质和脂肪，这些物质易霉腐、变质，是引起皮革类文物霉腐的主要原因。

（二）皮革文物易霉腐的外因

1. 温湿度对皮革文物的影响

适当的温湿度是霉菌生长繁殖的重要外部条件。内部因素加上墓葬温暖、阴暗、潮湿的环境，当菌孢子一旦玷污到皮革类文物的表面，就会迅速繁殖。加之加工过程中温度 60℃，相对温度 70 ~ 80℃，7 ~ 8 天干燥过程就产生了菌孢子或发霉。

2. 代谢产物分泌的多种水解酶和有机酸对皮革的腐蚀

菌类孢子的迅速滋生繁殖，同时霉菌孢子代谢过程中会分泌各种酶和各种有机酸等腐蚀皮革文物的组成。菌类从中获得自己的养分，迅速生长发育成熟，产生新的子实体。

3. 空气中有害气体对皮革类文物的破坏

如空气中煤的燃烧、天然气及汽油的燃烧都会产生二氧化硫侵蚀，致使皮革变红或粉化。

4. 光对皮革类文物的影响

由于皮革是由蛋白质脂肪组成的，而蛋白质是一种网状结构，它有胶质状长链结构，在长链上还有支链，而侧链上蛋白质的最大特征是肽键中含有大量的胱氨酸的双硫交联键，皮革的化学性质在很大程度上取决于胱氨酸的化学性质，光对蛋白质中的色氨酸，蛋氨酸都有氧化作用。

5. 空气中尘埃对皮革类文物的影响

空气中尘埃的成分十分复杂，有固体的酸、碱、盐，还有各种菌类微生物，这些东西落在皮革上，不仅影响皮革文物原貌，而且一遇潮就合黏在皮革文物上，发生潮解而腐蚀文物。

以上内因、外因对皮革文物的影响，会使皮革文物不断受到分解、腐蚀，致使皮革失去光泽、出现皱折和老化，进而使皮革糟脆、腐朽。

## 二、皮革文物的保护

（一）皮革的防霉腐保护

1. 过去常用的防霉剂

（1）0.35% 的对硝基酚的水溶液及酒精溶液在鞣革中加入

不仅防霉效果不好，而且容易氧化，且本身为黄色，作防霉处理皮革后发黄，更严重的是致癌，严重污染地下水，后不准使用。

（2）五氯酚钠

因五氯酚不溶于水，而衍生为五氯酚钠后，可溶于水。

五氯酚钠毒性大而不再用。

**2. 现常用效果较好皮革防霉剂**

（1）德国的 Collsiff 防霉剂

Collsiff 防霉剂是出口皮革要求要用的，效果比过去用的防霉剂都好，但价格贵，性价比并不十分理想。如宝鸡皮革厂一次用 Collsiff 防腐剂处理蓝湿皮，全遭退货，后经"霉敌"水溶液处理后，效果很好。

在 25 ~ 30℃、相对湿度 85% ~ 95% 的条件下，用 Collsiff 防霉剂与"霉敌"作皮革防霉的对比实验，用德国 Collsiff 防霉剂处理的皮革 36 天后发霉，而用"霉敌"处理的（0.02% 水溶液），20 多年仍未发霉，效果十分显著。

（2）"霉敌"高效、低毒、广谱、新型防腐防霉剂

经中国人民解放军某厂两年多的实验和与乙萘酚、对硝酚、德国 Colliff 防霉作对比实验表明，"霉敌"在防腐防霉方面表现突出。

① 将浓度为 0.02% 的"霉敌"加入鞣革液中，效果很好，但浪费大。

② 将浓度为 0.02% 的"霉敌"加入预加脂的动植物油中在 60℃、60% ~ 70% 相对湿度下，7 ~ 8 天无霉变，而用对硝基酚、乙萘酚、Collsiff 防霉剂均有霉变。

③ 加在涂饰剂中用于皮革、防霉效果也十分突出。

（二）皮革类文物的杀虫剂

皮革防虫蛀是皮革类文物保护的一个关键，皮革防虫常采用以下方法：

① 熏蒸法：杀虫效果又快又好，常用的熏蒸杀虫剂有溴甲烷（$CH_3Br$），二硫化碳（$CS_2$），但此法效果难以持久。

② 喷雾法：常用 DDT（滴滴涕）、烟秆等。其中烟秆提取液喷雾杀虫，既经济，效果又好。

（三）脆弱皮革文物的保护

① 用甘油 + 羊毛脂 + 蓖麻油 +0.02% 霉敌搅匀，涂刷或喷雾，均可很好的保护脆弱皮革。

② 对薄而脆弱的皮革的加固：用甘油（1 份）+ 水（1 份）+ 蛋清（1 升溶液中用 2 ~ 3 个蛋清）制成乳剂 +0.02% 霉敌来保护，效果很好。

③已干硬变脆的皮革类文物的保护处理

A.先用蘸有肥皂水或2%中性钾皂酒精溶液的海绵将皮革擦拭一遍，以擦除污物，晾干过夜后，涂抹10%乳酸钾溶液再放置过夜即可。乳酸钾既有采菌防腐作用，又有吸潮保持皮革强度的作用。

B.用羊毛脂＋蜡混合液体进行鞣革。羊毛脂浸透皮革组织里，使之润滑，而蜡则不会渗入皮革组织里而留在皮革表面上而使皮革表面酥化部分凝固起来。

④新的鞣皮可用乳酸钾保护性盐类溶液擦拭，这样可以防止皮制品暴露在空气中受二氧化硫气体侵蚀而产生的变红或粉化。以延长所鞣皮革的寿命。但对旧皮，此法无明显作用。现在正在研究一种能溶于水的草酸盐或焦磷酸盐，从皮革中将促使生成硫酸的催化剂（铁质）分离除去，以保护皮革。

（四）饱水皮革文物的保护处理

墓葬中出土的被水浸泡的皮革或皮革制品类文物不能立即让其自然干燥，否则就会完全失去韧性而难以复原。保护处理方法如下。

1.洗净皮面的方法

①将皮面用2%苯酚酒精溶液擦拭（杀菌、防腐）→放入110℃的熔蜡中浸半小时→取出后，在皮件中塞入软纸，以便冷却时保持原形在处理深色皮革时可在蜡中加极少量沥青粉，一可避免蜡固化时在皮革表面产生炫光，二是可以加深颜色。

采用此法用2%苯酚酒精溶液擦皮革，清洗杀菌，由于苯酚有毒、腐蚀性很强，杀菌效果并不十分理想，近年来做了改进，采用新的清洗剂清洗皮革表面。

②新的皮面清洗方法：用0.02%的霉敌丙酮溶液将皮革表面擦干净（杀菌防霉、除污垢）一放入110℃之熔蜡中半小时一取出用软纸塞好以保持皮革文物原形。这一方法比①法效果更好：一是霉敌无毒；二是稳定；三防霉杀菌效果好，有效期长。

2.浸泡

用聚乙二醇1540和聚乙二醇300混合溶液将皮革浸泡几天后取出，用薄棉纸擦去表面多余的聚乙二醇。

3. 干燥

用 100 毫升蒸馏水 +2 克聚乙烯醇 +40 毫升甘油配成的混合物，将饱水皮革浸泡几天后取出，让皮革自然干燥。如果用低分子量聚乙二醇代替甘油，即用一种甲氧基聚乙二醇，按聚乙二醇 1540 和聚乙二醇 300 混合液浸泡处理，效果会更好。

（五）糟朽脆弱皮革类文物的加固

糟朽脆弱皮革文物的清理复原工作难度大，在操作用必须十分谨慎。

1978 年 3 ~ 6 月，湖南博物馆等单位在湖北随州擂鼓墩一号墓里发掘了大量的皮甲胄，发掘时多已散乱，皮甲胄片的皮胎均朽坏，仅留下髹漆的外壳，已不能确认革料属何种兽皮，只能从漆片内表的痕迹，辨认出皮革的毛面和肉面。1979 年中国社科院考古所和有关单位一道，复原了比较完整的 12 套皮甲胄。这项复原工作意义十分重大，不仅对战国初年皮胄的形制、结构、实用性能、制作工艺等方面的研究提供了重要的资料，更重要的是积累总结出一套清理、复原皮甲胄的经验和有效的操作方法。

为了加固糟朽脆弱的旧皮文物，往往要在皮制品的背面加防腐黏料，裱上一层帆布，使其具有一定强度。若有褶皱的地方，可先将其湿润，再在上面慢慢压上玻璃。当皮已回软之后，可适当加些重物以增加压力，直到皮革干后，取掉重物，皮革即可展平。

此方法虽能使糟朽脆弱的皮革类文物大大增加强度，但另一面即背面看到的是背裱衬的帆布、遮住皮革的背面。虽然如此，但对已糟朽脆弱的皮革类文物而言，这种抢救性保护仍是十分必要的。

# 第二节 尸体类文物的保养

尸体类文物就是指古代人死后，由于采取一些措施而保存下来的遗体。我国古代人民群众由于迷信"死者有知"和出于孝道，流行厚葬。一些王公贵族、达官贵人更是不计花费，千方百计企图保存死者遗体不腐。因而人们在保存尸体方面做了不少尝试，采取了不少措施，积累了不少这方面的经验，据记载墓主人尸体保存完好的也屡见不鲜。如汉薄太后死于公元前 155 年，其墓于公元 1515 年被掘，已历时 1670 年，而"太后面如生"，"缯帛可服"，即尸体保存完好、面部如活人，随葬的衣帛还可以穿用。可见在公元前 155 年，已有比较高超的尸体防腐保养方法。《后汉节·刘盆子传》说"有玉匣殓者率皆如生"，甚至有人说"玉能寒尸"，但在过去的考古发掘中，即便有以玉衣为殓的，却不见完整的尸体。1968 年在河北满城发掘中山靖王刘胜与其妻窦缩墓时，虽得到两件完整的玉衣，而尸体却完全腐烂，足见"玉能寒尸"只不过是古人的一种想象和希望，是一种不足为信的传说而已。

## 一、古尸体的分类

到目前为至，保存下来的古尸主要有四类：干尸、尸蜡、鞣尸、湿尸。

干尸：处于干燥环境（如沙漠中）脱失体内水分，或用防腐剂制成的干尸——木乃伊。

尸蜡：空气稀薄，环境湿润，水土中含钙、镁等矿物质，尸体本身由于多脂肪形成表面似蜡的尸蜡。

鞣尸：周围酸性水土中，尸体骨质脱钙软化呈皮革状的鞣尸。

湿尸（鲜尸）：在高度密封，隔绝空气，加防腐剂的情况下，尸体外形完整，皮肤湿润，肌体组织仍有一定弹性，叫湿尸。1972 年长沙马王堆一号汉墓出土的女尸，是我国迄今出土最完好的尸体。

## 二、马王堆一号汉墓出土女尸的情况

尸体外形完整，全身皮肤湿润，身上许多软组织还有一定弹性。

在大腿外侧毛孔清晰可见，脚趾指纹清楚，眼睫毛可见。

左耳鼓膜完好，胸膜完整，胸腔内部器官外形完整。

腹膜结构层次清楚，心脏表面光滑，内隔膜完整，皮下脂肪丰富。

这一地下埋藏 2000 多年还类似一具鲜尸的古尸，是考古史上罕见的。

## 三、马王堆汉墓女尸保存如此完好的原因

马王堆汉墓女尸之所以能保存如此完好，原因是多方面的，可能主要有以下几点。

① 女尸入土前用多层丝麻织物紧密包裹，有助于隔绝空气和防止蚊、蝇产卵。

② 尸体在人死后很快入棺，内棺由六块整木构成，又涂有油漆，四层棺一层套一层，层层用油漆密封，棺外又有内棺和外椁。

③木椁外用 1 万多斤木炭填塞，木炭外又用 60 ~ 130cm 的白膏泥填塞封固，可很好地防潮和隔绝空气。

④尸体初期腐败已耗尽棺内氧气，以后处于缺氧状态，细菌在缺氧条件下死亡。

⑤深埋 16 米，墓坑加上墓口封土共 20 米，整坑用黏土夯实，墓室没有裂缝，基本完成隔绝外部空气。

⑥棺液 pH 为 5.18，含乙酸、乙醇和其他有机酸，沉淀又含有硫化汞，该条件有利于防腐和保持尸体湿润。

综合所述，深埋、密封、防水、缺氧、防腐的综合作用，是女尸保存完好的基本原因。马王堆一号汉墓女尸的保护，是我国古代尸体保存方法的典型代表。

**四、古尸的保护**

（一）马王堆一号汉墓女尸出土后的保护

①出土后解剖研究，取出内脏后，密封于有机玻璃棺材内。

②用 1 号防腐液（1 号药水）防腐浸泡，更接近鲜尸颜色。

③深放于 8 米深地下室，并配有空调。

（二）其他古尸的保护

对于有历史研究价值的古尸，可按类别不同采用不同的方法加以保护。

1. 干尸（木乃伊）的保护

我国出土有不少干尸（木乃伊），特别在新疆出土的比较多。

①保护时首先要清洗掉干尸上的污物，用含有杀菌剂的丙酮或乙醇溶液，用脱脂棉蘸取擦洗干净，晾干后，用加有高效防霉剂的表面保护剂涂刷。

②做完保护处理后，可置于密封的有机玻璃箱中，密封保存，防尘、防虫。

2. 尸蜡和鞣尸的保护

我国现存的尸蜡和鞣尸比较少，一般保护方法和干尸有些相似。

①尸蜡、鞣尸出土后首先清洗尸体上的污泥浊土，用含有杀菌防腐剂的蒸馏水及有机溶剂乙醇清洗，然后用软布或脱脂棉擦洗干净，用加有高效防腐防霉杂菌剂表面保护剂涂刷。

②将保护处理后的尸蜡或鞣尸，置于密封且抽真空或充隋气的有机玻璃箱中，于较低的温度下保存。

**五、国内外关于鲜尸的保护**

鲜尸的保养保护不仅只是古代鲜尸的保护，而和医学研究、解剖学研究、生物生理研究和医学人才的培养也有密切的关系，因而研究尸体及动物标本的保养是一个十分重要而迫切的问题。

（一）福尔马林法（甲醛法）

1.福尔马林法保养尸体的作法

用5%的甲醛+2%甘油+10%乙醇混合液来浸泡。去除尸体内脏大脑，清洗干净。

2.甲醛溶液保存尸体存在的问题

（1）对解剖学、生物学工作者的危害

①甲醛易挥发，强烈的刺激味，严重刺激眼粘膜、呼吸道。

②长期接触会引起皮肤过敏、硬化干裂。

③长期接触会引起咽炎、鼻炎、气管炎。

④严重时引起肺纤维化、肺气肿。

⑤引起小灶肝细胞坏死，淋巴白细胞浸润。

由于解剖学工作者，医学院校、生物学专业的师生经常通过解剖尸体及动物标本来研究人体及动物体的内部结构，对特殊病例的分析研究而长期接触甲醛，就受到以上危害，严重影响身体健康，引起严重疾病，西安医科大学著名解剖学专家，解剖教研室主任、博士生导师凌风东教授很有感触地说："我就是甲醛的受害者，肺纤维化。"

（2）保存尸体存在的问题

①因甲醛易挥发需要更换，既有害于操作者，又污染环境。

②使蛋白质、脂肪固化、使解剖时无真实感。

③使皮肤硬化、皱褶失去弹性。

④用甲醛溶液保养尸体，必须取出大脑和内脏，否则大脑、内脏易腐烂而难以保存，这样就会影响尸体类文物的原貌。

（二）用"霉敌"水溶液保养尸体

在考古与文物保护中制作某些动物标本或尸体标本时，要求要保持尸体原貌，这是文物保护的一条基本原则，而formalin（甲醛水溶液）因在保养时必须取出尸体的内脏，又使尸体蛋白质固化、皱褶，难以达到保持尸体原貌的目的。同时甲醛溶液保存尸体对解剖学、生物学、医学工作者会造成那么多严重危害，甚至导致不治之病，故寻找或研制一种高效、低毒、既能保持尸体文物之原貌，又不危害相关工作人员健康的材料，在国内外都是一个亟待解决的重要课题。

因在合成及实验研究中发现"霉敌"对金鱼标本皮革的防霉防腐作用十分突出，这就启发我们研究"霉敌"对由蛋白质、脂肪组成的尸体标本可能会有很好防腐防霉作用。

1. 用霉敌保存尸体的操作方法

将尸体表面清洗干净，放入 0.02%、0.025%、0.03% 三种不同浓度的"霉敌"水溶液中浸泡。与按常规固定液（乙醇 15.5%、甘油 1.7%、福尔马林 2.5%、水 70.3%）经总动脉注入体内，用 5% 福尔马林溶液浸泡的尸体及用清水保养的尸体做对比实验。选取的标本有整具的成人或小孩子尸体及大脑、肝脏、子宫、直肠、胸膜等脏器。

2. 实验结果

上述用不同浓度的霉敌及其他保存液、不同尸体及不同脏器的保养实验在室温（温度变化 8 ~ 32℃），保养的标本除用清水保养的标本在一个月内（冬季 8 ~ 12℃）发生霉腐外，其余保养液保养的所有标本至今 21 年均无任何异常现象。而且保养的尸体及脏器标本均手感柔软、保养液清亮、透明、无刺激味。

用"霉敌"水溶液保养的尸体及脏器标本，经西安医科大学解剖教研室和第四军医大学解剖教研室对子宫、髂外动脉和直肠，做切片和 HE 染色光镜下观察、鉴定，发现组织结构排列整齐、光滑、胞质清楚、核无溶解、细胞轮廓清楚，具体鉴定结果如下。

子宫肌：浆膜层，肌层、内层层次分明，尤其是内膜固有层内子宫腺特别清晰，单管腺清晰可见。

动脉（中）：三层膜层次清楚，内、外膜的弹性膜清晰完整，中膜平滑肌细胞轮廓清晰完整，核膜整齐。

直肠：四层结构层次清楚，在黏膜层可见下皮为单层柱状细胞、杯状细胞，固有层内肠腺及孤立淋巴小结轮廓完整。

脑（延髓）：橄榄核排列有序，胞体结构完整，核清楚。

肝脏：肝细胞胞体完整，肝板呈放射状排列致密有序，圆形核位于中央，核膜清楚完整。

骨骼肌：肌细胞完整，边缘整齐，核清楚，细胞间隙软疏。

从切片观察，用0.02%"霉敌"保存液保存组织，组织结构排列整齐，边缘光滑，胞质完整清晰，核膜清楚，轮廓明显。

3. 用"霉敌"水溶液保存尸体的优点

（1）对解剖学、医学、生物学工作者安全

① 霉敌高效、低毒（使用浓度几乎无毒）、无臭、无刺激。不刺激皮肤、眼和呼吸道、不引起鼻炎、咽炎、气管炎。

② 操作接触不会产生皮肤硬化干裂。

③ "霉敌"溶解在水中很稳定，不挥发、不分解；使用起来省工、省时，比用甲醛经济、方便。

④ 对操作者的肝、肺、淋巴均不会导致病变。

（2）"霉敌"水溶液保存尸体文物的优点

① 不会使尸体的蛋白质、脂肪固化，因而不会使尸体硬化而失去弹性，不会使皮肤皱褶。

② 用"霉敌"水溶液保存尸体，不需取出内脏、大脑，既简便又能维持文物原貌。

③ 用"霉敌"水溶液保存尸体不变色。

④ 保存液清亮、透明、无色、无臭。

⑤ 保存的尸体组织结构排列整齐、完整、边缘光滑、胞质完整清晰，核膜清楚。

⑥ 保存期长，保存的尸体及脏器标本，21年仍完全正常。保存的15缸尸体不霉不腐不变色。

⑦ 常温下，不需要空调，不需置于地下室。设备很简单，使用很方便。

此项研究成果已于1991年9月20日通过陕西省科委（现陕西省科技厅）主持的鉴定，鉴定认为"此项研究工作，是一项突破性的工作，解决了国内外长期没有解决的问题，填补了国内空白，达到国际先进水平"。

"霉敌"于1994年5月于美国匹兹堡获第十届国际发明博览会银奖，获陕西省第三届高新技术博览会金奖。西安交大医学院，西安体育学院解剖教研室、山东医科大学、兰州医科大学等院校及一些卫校、护校已用"霉敌"水溶液保存尸体及标本。

"霉敌"水溶液保存尸体及动物标本的研究,为尸体、标本类文物的保护提供了一套简便、安全、经济、效果好的新方法。

## 第三节 骨角质、象牙、琥珀类文物保护

古代人类骨骼和各类兽骨是研究人类发展历史和自然界发展历史的重要实物依据。经测定距今约 170 万年的元谋猿人,是我国迄今发现最早的猿人,已能制造工具和使用石器。元谋人化石的发现,为探索研究我国最早猿人的体质特征和原始文化、生活习俗提供了宝贵的材料,同时也说明我国西南地区是人类起源和早期人类演化的重要地区之一。蓝田猿人的绝对年代距今 80 万 ~ 65 万年,其地质年代属于更新世纪早期,从体质分析蓝田猿人比北京猿人具有更多的原始性。北京猿人的绝对年代距今 69 万年,地质年代属更新年代中期,其脑容量平均为 1059 毫升,四肢大小形状与现代人相近,制造和使用的工具十分粗糙简单,多为粗糙的石、骨工具,并开始用火。根据其文化特征分析,北京猿人是群居乱婚,以狩猎为主。北京猿人的发现对研究人类历史有着重大意义。西北大学舒德干教授发现的海鱼(又称西大鱼化石),将生命起源提前了 1.4 亿年,轰动了世界。以上情况说明骨质文物及动物化石的发现对研究生命起源和人类历史都具有重大意义。

### 一、骨和象牙类文物的保护

(一)骨质和象牙类文物的清洗

1. 质地比较好、比较完整的骨角质的清洗

质地比较好而且比较完整的骨角质文物,可用清水(离子交换水或蒸馏水)或适当的洗涤剂溶液(如肥皂水)清洗。用毛刷轻轻刷洗,洗除沾染的污物,洗涤时间不宜过长,清洗后应立即用软毛巾揩干(不能用毛巾揩已有些糟朽的骨和象牙类文物)。清洗后可用 95% 酒精浸几次,以使更易挥发的乙醇替代水洗时留在骨空隙之水,因乙醇易挥发,用吸干材料(吸墨纸类)吸干。

2. 发黄变黑的骨质和象牙类文物的清洗

（1）一些发黄变黑需用漂白清洗的骨质文物，可用市售双氧水（$H_2O_2$）来漂白清洗。

（2）若用 $H_2O_2$ 不易漂白时，可用 2%～5% 的次氯酸钙 $[Ca（OCl）_2]$ 来漂白清洗。

（3）如用前两种氧化漂白的方法仍清洗不掉的发黄发黑部分，可用 2% 的草酸溶液来还原清洗。

（4）清洗中注意的问题

①古旧象牙类文物给人一种天然古色的美感，有一定艺术欣赏效果的黄色不需漂白。

②一些无害或不影响美观的斑痕，一般也不要除去，以免伤害文物。

（二）骨和象牙类文物的加固

1. 考古发掘出土极脆弱的骨质文物的加固

对极脆弱的骨质文物，为避免搬动过程中发生意外，应立即进行现场加固。现场条件不允许时，也可采取将骨质文物所在的土或器物大面积整体搬回实验室，然后再慢慢清理。

2. 馆藏骨角质文物的加固方法

①馆藏骨角质需加固时，可用 15% 的聚醋酸乙烯酯丙酮溶液浸渗数小时后取出，用软布擦去表面多余的聚醋酸乙烯醋溶液即可。

②也可采用熔化的石蜡浸渗加固，取出后擦去表面多余的石蜡，用热的微风吹器物表面，以防蜡凝固而表面产生炫光。

③还可采用下列配方浸渗加固

达玛树脂1份＋巴西棕榈蜡1份＋蜂蜡3份＋普通硬石蜡1份，混合均匀，加热到 120C，将骨角器浸入蜡液，冷却到快要凝固前取出，用甲苯揩去表面多余的凝蜡。

3. 断裂、剥落的骨器或象牙器文物的加固

首先用硝酸纤维素丙酮溶液或聚醋酸乙烯酯乳液黏结断裂、剥落的部分。这两种黏结剂强度不太高，易调整修理，且易除去；对于文物上的小缺口可用蜂蜡和棕桐蜡来填补，细小的裂缝则留作胀缩余地而不必填补。

对于古代人类头盖骨化石、刻有文字的兽骨龟甲等珍贵文物，不但要

谨慎处理，还应注意保存环境的适宜和稳定。

4.对糟朽的象牙梳子的保护处理

位于西北大学中心礼堂广场的唐实际寺遗址经考古勘探与发掘，出土了一批唐代文物，其中以陶质类文物最多，此外还有瓷器、金属类文物、壁画残片、漆器残片、梳子等。由于这些器物长期埋在地下，受到地下水、溶盐、文物周围污泥浊土、细菌、霉菌的侵蚀和破坏，这批文物不仅残破而且污染严重，清洗、黏结、加固、修复、防霉腐处理等一系列保护工作的难度加大。其中一块黄白色的东西，一部分在土上面，而另一部分还埋在土中。这块东西的一边是稍带点弧度的光边，另一边则有等距离而长短不同的残断小齿痕根，在齿根附近还有不少长短不同的残断小齿。经发掘现场初步分析该器物是一个残损的梳子，但具体是骨质还是象牙，暂因污染严重而难以判断。为了保护这把梳子，先将梳子及其周边土地整体搬回实验室。为了确保掉下来的残断梳齿能全部找到并清洗出来，先用离子交换水将黏附在梳背及梳齿上的土溶化开，再经用离子交换水 28 次边溶边洗边拣，共拣出长短不一的残断梳齿 70 个。清洗出来的梳子及残齿均呈淡黄色。梳子上发暗的部分用质量分数为2%的草酸溶液清洗，使$FeOOH$、$Fe_3O_4$、$Fe_2O_3$等经草酸溶液清洗后，梳背及梳齿变白，但梳齿强度较差。

经清洗晾干处理，在显微镜下可以看出梳子的组织细胞与一般骨质细胞不同，它不像骨头截面纹理比较粗糙具有一种特有的细胞隙，而是比较致密，条纹交错，形成扁豆状格子的网状纹理，具有象牙的特征纹理。经鉴定，此物是一把用于发髻装饰的象牙梳子。

这把象牙梳子不仅所含蛋白质、脂肪类物质变质，而且象牙梳子中所含无机成分也遭到破坏，因此我们采取先加固再黏结，黏结好后再进行加固和封护的办法。为了防止象牙梳子在保存过程中受环境影响再发生霉变腐败，我们采用质量分数为 0.02% 的"霉敌"和质量分数为 2% 的聚甲基丙烯酸甲酯溶液渗透加固后，用SA1O3 快速耐冲击胶将梳齿与梳背上的断痕拼对好黏结，固化后，再用上述加固剂渗透加固，效果很好。这个梳子是目前国内发掘的较大且又较完整的象牙梳子。

## 二、角质品和琥珀类文物的保护

角质文物包括牛角、鹿角、玳瑁(一种爬行动物，其甲壳黄褐色，有黑斑，可作装饰品）等角质制品文物。它们都是多孔质脆的文物，其清洗、加固方法、保管条件等与骨和象牙类文物差不多。我国墓葬中出土的这类文物不多。如马王堆汉墓的镇墓兽头部的鹿角（用作神像的装饰），中心海绵组织由于年代久远已经烂空，只剩下痕迹和空洞。对这类外皮完好的文物，可做一些内部支撑，或者用硝酸纤维素拌木骨填补加固。

牛角类制品在远古时代，常用作工具或号角，后来又做成各种梳妆品（如梳子）和装饰品，也是古墓葬中陪葬品之一。对于比较脆弱的牛角制品，可用聚醋酸乙烯酯等加固；若在潮湿状态下，可用乳液加固；已干燥的器物，不必再湿润，可用树脂溶于有机溶剂中，涂刷加固。

琥珀是第三纪松柏科植物的树脂化石，按结构和色泽不同可分为许多种类。这种制品在 120 ~ 130℃ 便变软，熔点为 350 ~ 370℃；常温下，性质比较脆弱，容易产生裂隙。若裂隙中灌入水，再遇冷冻结，就会使制品酥裂。琥珀易溶于醇或醚中，清洗去污时，应避免使用这类溶剂，加固方法与加固象牙类文物相同。

玳瑁、螺钿（以贝壳等为材料制作）、珊瑚等，是古代人常用的装饰品，其主要成分是碳酸钙，易被酸分解，因此清洗时应避免用酸性清洗剂。

# 第十一章 其他类文物藏品保护与管理

## 第一节 邮品类文物藏品保护管理

### 一、邮票的收集整理

集邮，除了向集邮分公司或门市部购买新邮票外，还可以从亲朋好友来信的信封上采集信销票，然后进行交换调剂。这本是几代集邮家成功的经验，但现在受商品经济大潮的冲击，收集信销票的集邮者已经越来越少，所以应大力提倡。

首先，对收集到的信封进行分类，观察一下这个信封是否值得保存，如果信封比较有特色、有某种意义，例如特殊日期、特殊地方的信封，邮戳比较清晰或纪念邮戳也比较清楚，品相好的实寄封，就可作实寄封保存起来，完整地收藏。特别是年代久远的信封，更不要轻易地把邮票剪下来。对于确实没有保存价值的信封，而且上面的邮票正是自己所需要的，这时可以把邮票连同边上的一些信封纸剪下来，在剪的时候，边要稍微多留一些，不要剪掉、剪坏了邮票的齿孔。剪下的邮票可以用水泡法揭下来：把剪下的邮票在微温的水里泡上十来分钟，邮票和贴在一起的信封纸就可以自然分开或者可以轻轻地顺利揭下来。否则，应换温度稍高一些的水浸泡。邮票揭开后，轻轻用毛笔刷去背面的胶水、糨糊，要仔细把邮票背面的糨糊或胶水洗干净，若是背胶没有洗干净，邮票干了以后就会卷起。如果浸泡的邮票太多，水里溶解的背胶太多，则应另换一盆干净水再洗一遍。洗干净背胶后，再用清水漂洗。在盆边把邮票控干水，然后用镊子夹出来，背面朝上放在可以吸水的白纸上，或者将潮湿的邮票夹在新闻纸订成的本子里阴干，到快干的时候放进厚一些的书里压平，并等到邮票完全干燥以后再取出来。若是没有干透就取出来，以后邮票就会起皱。另外，有少数邮票浸水后，油墨的光泽会有所减退。若邮票在权威的邮票目录中都已指出，最好将其留在信封上，以免损坏。现国外有种专门漂洗的设备，是一种由上下两部分构成的小盒子，上层为打开的铁架台，用于放置邮票，下层放着一块吸满水的海绵。使用时，不必再将邮票浸泡在水中，海绵所挥发的潮气几个小时后会使邮票与纸分离，但通常只能同时放入一到两枚邮票。

收集了一定数量的邮票之后，就应该进行整理。如果集邮票品不精心整理，就会杂乱无章，而且容易损坏邮票的品相。整理的目的是使藏品摆放有序，便于查找、鉴赏、研究，并随时增补所缺项目。

### 二、邮票作伪的形式

邮票伪品通常有伪造邮票、臆造邮票、修补邮票和变造邮票几种。

伪造邮票是指摹仿真邮票制造出来的假邮票，甚至直接从已有的印刷品上剪下冒充，曾经发生过剪下印有猴票图案的四方连纪念张的部分内容冒充"猴"票来行骗。

臆造邮票是指凭空捏造出来的假邮票，许多貌似外国邮票的"花纸头"中就有不少是臆造邮票。另外，还有人臆造过解放区邮票。

修补邮票是将有缺陷的邮票经加工、修补后得到的有较好品相的邮票。

### 三、邮票真伪的鉴别方法

要鉴别断定邮票的真假，不能仅靠感觉，必须有真凭实据。一般来说，所谓的真凭实据主要依据以下几个方面，即邮票的版别、刷色、齿孔、背胶、水印、暗记、纸张、票幅和背景知识等。要丰富背景知识，平时就应多查阅集邮书刊，特别是有关邮票鉴别方面的文章和邮票目录，有了足够的经验阅历，才不致上当受骗。

（一）从版别方面鉴别邮票

版别是指各种不同的印刷方式。鉴别邮票，首先要了解邮票的印刷版别，即不同时期邮票印刷工艺的特点及区别。中华人民共和国成立初期采用雕刻版、胶版、凸版等印刷工艺来印制邮票，20世纪50年代末引进了照相凹版技术，邮票生产基本以影写版（即照相凹版）和雕刻版为主，80年代引进电子制版技术，影写版邮票由照相凹版改为电子制版印制，新中国还有影写版与雕刻版套印的邮票（简称影雕套印版）以及少量与胶版、凸版套印邮票。

影写版分照相凹版与电子雕刻版两种，它具有网纹细、层次丰富的特点，它画面的细腻柔和与墨色厚实的程度也是胶版印刷所无法达到的。在放大镜下，胶版所印假票与影写版邮票的网纹、网点有显著区别，假票的网纹线数一般在每毫米 4 ~ 8 线（每英寸 120 ~ 210 线），而影写版邮票的网纹线数在每毫米 10 线（每英寸 250 线）以上，目前北京邮票厂所使用的电子刻版机更使影写版的网纹达到了每毫米 14 线（每英寸 350 线）。用放大镜观察，影写版邮票图案清晰，色彩柔和均匀，墨色厚重，字体坚实；而胶印版的假票网点粗大，图案模糊，字体虚浮。

（二）从刷色方面鉴别邮票

刷色是印刷工艺、纸张、油墨等诸多因素综合作用的产物，主要是由油墨决定的。印制邮票用的油墨是专门配制的，色相正，色泽浓艳；而伪造的邮票由于用普通油墨，颜色难免发闷发暗，色相不正，又会因套色不准而产生叠色、露红（图案和文字伴有红色暗影）等纰漏。

（三）从齿孔方面鉴别邮票

齿孔的形状、打孔方式与齿孔度数是鉴定邮票的重要依据。

1. 齿形真假

邮票的齿形大有文章。邮票印刷厂的打孔设备有严格的工艺标准，并定时定点维修、更新，所打齿孔形状规则，光洁圆滑，而造假者不可能具备同等技术条件，只能将就凑合，一些假票目测看来是类三角形齿孔，但在放大镜下却呈现出槽形、多边形齿孔。

2. 打孔方式

邮票的打孔方式有线式、平式、梳式、滚筒式等。线式齿是最早的专业打孔方式，也称单线齿针板，是由一大堆排列整齐的针组成，将邮票送入打孔机，依次踩动踏板，先打出整张上的全部横向齿，再转动 90 度，打出纵向齿。这样打出的齿在邮票的四角几乎都不同，所以，当发现邮票四角齿孔不规则时，应当多加注意，要查阅有关文献，弄清是不是邮票的品相问题。

3. 齿孔度数

由于邮票打孔器上孔针的粗细与排列间距千差万别，因此衍变出纷杂的齿孔度数。国际集邮界以 20 毫米的长度为单位，在这一长度内的齿孔数就是齿孔度数，其测量精确到 1/4 孔。测量的方法是将量齿尺上下移动，当邮票与量齿尺上的齿孔完全吻合时，即是齿孔度数。

（四）从背胶方面鉴别邮票

邮票背胶也是研究和辨别邮票真伪的要素，鉴别这类差别首先应了解邮票背胶工艺的发展过程。一般来说，我国的邮票在 20 世纪 50 年代是用以马铃薯淀粉做原料的糊精胶来涂刷背胶的，这种背胶的特点是胶质光亮、发黄，胶层较厚；20 世纪 60 年代采用合成胶，光泽较糊精胶差，颜色发白，胶层较薄。目前发现的假票一般无背胶，有的是在票背上涂上一种半透明的白色涂料，冒充背胶。对造假者来说，不走样地均匀刷涂背胶并非易事，要调制出配比正确、胶色逼真的胶料就更加困难了。

一般鉴别还可从胶层的厚薄、刷胶的纹路、胶层的颜色光泽差异来进行，特别要看齿孔，如果胶水由齿孔溢到邮票表面，齿孔尖端被胶水包住，无纤维露出，并且胶层厚薄不匀，那肯定是假背胶。

（五）从水印方面鉴别邮票

水印无色透明，可用水印器来观察。水印器形如盘状，黑色，盘底光滑。使用时将邮票放在水印器上，通过灯光照射，即可清晰看出纸上有无水印图案，是否与邮票上的水印花纹相同。同时，还要检查核对水印的方式，如凸水印、凹水印、复合水印等。

（六）从暗记方面鉴别邮票

暗记是邮票发行部门及印刷厂家在图案中特意做上的极小的隐蔽标记，一般并不通报。暗记对区分不同版别及防止伪造有重大的作用。辨别邮票上的暗记，可采用定位器"测量定位法"，也有人用"角度定位法"，但人们通常采用"文字描述法"，即用简练的文字对暗记在邮票上所处的位置加以描述。应提醒集邮者注意的是，当观察邮票时，由于印刷缘故，不可能绝对一致，不要把所见的差异都当作暗记。邮票上的暗记只有细微的一两处，目的是不让人发觉。与此同时，真正的暗记也有可能因油墨深浅、纸张凹凸不平或压力轻重而显示不清，或者显示不完整，出现这种情况是难免的，不要过早地下结论，而应尽量多地观察不同地区、不同时间购得的同一邮票，用高倍放大镜反复核实，避免失误。

（七）从纸张方面鉴别邮票

集邮活动中最忌讳的是触摸邮票，这也给了假票兜售者以可乘之机。

我国的邮票用纸是国家邮政部门定点生产厂家专门生产的。它是根据邮票印制工艺的要求及邮票本身的特性而制作的，其纸张物理指标及表面外观要求都较为特殊。这些专用的"涂料邮票纸"，统称为邮票纸。由于"涂料邮票纸"不同于社会上所用的胶版纸、铜版纸，所以社会上出现的假票与真票在色泽上会产生差异。要科学地检测纸张，得化验纸张的酸碱成分，借助纸张克度仪、拉力器、正反检测仪等对纸张的形状结构、质地、正反面的纹路、色泽、厚薄重量（克）、韧性与弹力等指标进行综合测定，但这是集邮者难以办到的，因此往往需要仅凭视觉来鉴别邮票纸张。

（八）从票幅方面鉴别邮票

测量邮票的票幅主要有利于识别假无齿邮票。有的伪造者为了获利，常常在有齿票和无齿票之间做文章，他们将真的有齿邮票的齿尖剪掉后，冒充无齿票出售。这就要求集邮得掌握真无齿票所应该具有的票幅规格，才不致上当受骗。票幅的规格是以毫米计算的，知道了每套票的确切票幅尺寸，也就知道了每套邮票的图案四周应有多宽的边。经验丰富的集邮者，甚至凭目测就可以识破用剪去齿尖的有齿票冒充的无齿票，而初学集邮的人则必须对照邮票目录上的票幅数据认真核对测量。要充分运用高倍放大镜，在多数情况下，如果是假无齿票，就可以观察到齿孔的痕迹，因为伪造者为了尽量留出比较宽的票边，不得不最大限度地减少剪掉的部分。

在鉴别一般有齿孔邮票时，留意一下票幅也可查出假票。因为大部分伪造者的作伪技术并不会很高明，假票的票幅尺寸与真票往往不能完全吻合，尤其是伪造的小型张的齿孔。小型张打孔时要制作专门的针板，所以造假邮票产生 1 ~ 2 毫米的误差是在所难免的。

（九）修补邮票的鉴别

修补邮票在交易中通常被视为伪品的一种，它是将破损、缺齿、揭薄等有缺陷的邮票经过加工、修补后得到较好品相的邮票。修补过的邮票如果不说明，那么修补的目的无非是以次充好，在交易中坑骗对方。

修补的手法大致有以下几种。

### 1. 污斑修补

因受潮或保管不当造成污点、纸质泛黄或有锈斑的邮票可用洗涤用品甚至过氧化氢、褪色灵等化学溶液进行漂洗或局部描涂。有时这又会造成邮票变色，于是又有人将它冒充成罕见的错体邮票，但这种邮票色相显得陈旧，不鲜艳。

### 2. 揭薄修补

将揭薄的邮票用纸浆填补，成为纸张薄厚均匀的邮票；或者用水使邮票稍湿，在揭薄处涂一点胶水，贴上同样大小的薄纸，再滴上一点水，用吸水纸盖上，拿一支钢笔杆在上面来回滚动，将邮票压平；还有一种手法是选取另一枚图案、刷色相同的淘汰邮票，剪下同一位置的小块图案进行修补，这与拼接邮票的手法相似。

### 3. 折痕修补

对有小折痕的邮票采用熨平或者压平的手法修补。

### 4. 裂口修补

用胶水将邮票上的小撕裂口黏合。

### 5. 邮票拼接

将上下或左右两个半枚的残缺邮票对口拼接粘贴，合成"完整"的邮票。在连接处的两边各自刮薄一些，使两边完全吻合后再压平磨光。

### 6. 齿孔修补

将缺齿或某一边平齿的邮票重新打孔，修补成"正常"齿孔，但这样的邮票会比原票小一些，因此有的人又采取先补后打孔的手法。

### 7. 票面描画

将票面局部褪色、变色或擦伤的邮票用颜料描画补缺。

### 8. 背胶修补

将粘损、泛黄或受潮的有缺陷的背胶清洗后重新刷胶，但这样的背胶一般都不均匀，也很难有光泽。

要鉴别邮票的修补品，除了靠长期积累的经验外，还应学会手触和对光用放大镜仔细观察，看有无异样痕迹，有无厚薄和形状上的差异，并精确测量尺寸，这样一般可鉴别出真假。如果旧票可以用水洗，一般修补过的票可能会洗去胶水、颜料，露出原状；也可以用紫光灯照，修补部分往往就会显露出来。另外，如果是留作自己欣赏的邮品，采用上述手法，倒不失为一种积极有用的方法。

（十）纪念张的鉴别方法

纪念张是有关部门为纪念某些有意义的事件而设计印制的一种图片，一般也由集邮部门发行出售。严格地讲纪念张不属于集邮品，但由于其形状和小型张相似，有的也带齿孔，因此被许多人认为是集邮品，尤其有些纪念张是直接与集邮活动有关的。

**四、邮票的保存与养护技巧**

邮票的品相非常重要，要使邮票的品相保持完好，就要了解影响邮票"容貌"的种种原因，用正确的方法来处理每一枚邮票，要特别重视邮票的保存方法。

（一）邮票的品相

邮票的品相就是指邮票的外观质量，即本身是否完整、清洁、美观等，包括其正面、背面各个部分的情况，也包括邮票背胶和齿孔的质量情况。一枚邮票的价值很大程度上取决于邮品的品相，若是由于保管或处理不当，损坏了邮票的品相，邮票的价值就大打折扣了。

邮票的品相好坏，可以从票面是否完整、有无缺齿，票面是否脏污、是否揭薄，背胶是否完整、是否褶皱，票面的位置和邮戳盖得是否恰当这几个方面来评价。对邮戳盖法的关注与收集邮票的目的有关，若主要关心邮票的图案，则要求邮戳盖在邮票上的印迹越少越好，特别是人像邮票，邮戳不能盖在人的头部。若是主要收集邮戳，则应要求邮戳盖得清楚和完整，否则也算品相不好。至于邮戳油墨浓重，不论是哪种情况，都属不受欢迎之列。

票面有破损的邮票则品相不好，因其价值很低，不能收入邮集，当然珍贵稀有的邮票属于例外。

（二）处理邮票的注意事项

在处理邮票时要注意以下几点。

1.防止污迹

主要是避免用手拿取邮票，否则很容易留下手纹印迹弄脏邮票。即使是干净的手，也避免不了分泌的汗渍和油渍弄脏邮票，故应养成使用邮票镊子的习惯。另外，还要注意不要把墨水、茶水之类的液体洒到邮票上。

## 2. 防止揭薄

从信封上揭取邮票时，不能硬揭，不然会把邮票背面一部分仍粘在信封上，使邮票的一部分变薄，这就是所谓"揭薄"。因此要用清水浸泡透，使其自然脱落。检查是否有揭薄现象，只需把邮票朝亮处照一下，就能看到揭薄部分比别处亮。

## 3. 防止齿孔受损

把邮票放入插票册时容易损伤齿孔，一定要仔细，特别是邮票四角的齿，更应该特别小心，不要弄成缺损。

## 4. 防止折痕

邮票受潮变形或重压下会造成折痕。

## 5. 防止霉点

背胶受潮变质会引起发霉，形成霉点或黑色斑点，轻微的霉点可及时去除。

## 6. 防止褪色

避免让邮票长时间受阳光等强光照射及接触酸性或碱性物质，可防止邮票褪色或变色。

## 7. 防止背胶受损

现在的新票一般刷有背胶，新票的背胶不能洗去，背胶洗去的新票也算品相不好。

### （三）邮票的保护

以前为了保护邮票，有人用玻璃纸包，由于不透气，有时反而弄巧成拙。现在已被各国集邮者广泛采用的是用透明高分子材料生产的两边开口的"护邮袋"，这样既不会污染邮票，损坏背胶，又便于存取欣赏。

保存邮票常用插票册、定位册或贴票册。使用插票册，应先把邮票用护邮袋装好，再插入插册的透明纸槽内，透明纸槽的间距最好大于邮票的高度，不然易产生折痕。还要注意不要硬塞，以免弄伤齿孔或票角。往插册里放邮票时，不要直接用手拿，要用镊子去夹。最好是用两把镊子，一把轻轻地掀开插册上的玻璃纸，一把夹住邮票往里插，这样既不会弄脏邮票，也不会损伤齿孔。如果不用护邮袋，直接把邮票插入就容易损坏齿孔。放在插册里的邮票要插得稀疏一些，不要重叠插放，否则会使插册上的玻璃纸条变松，以后再插别的邮票就容易掉出来。

如需要将有背胶的邮票放入插册内存放，应在插槽里先垫一层蜡纸或在带背胶的邮票胶面上洒一点滑石粉，或者将邮票装入"护邮袋"内再插入，以免邮票因背胶在天气潮湿时融化而粘在插册插页纸上。应记住：插册只适宜在不太长的时间内保存邮票。

贴票册由一页一页贴片组成，把用护邮袋装好的邮票贴在贴片上，然后在贴片上注明邮票内容或相关资料。

贴片的页面有较大的伸缩余地，能贴下邮票封片、戳记等大小不等的集邮品，便于统一保存。贴片可以随意分散与集中，还能变换顺序，使用贴票册的优点是既适于个人观赏，利于邮票的保存，也利于邮集的展出。

（四）保护邮票的注意事项

邮票无论存放在何种集邮册内，都要注意防潮、防热、防压、防灰、防虫，否则受潮、受热会使邮票生霉、泛黄、背胶变化，从而影响品相。邮册应放在干燥通风的地方，插册要竖放在架子上，不要重叠着横放。若将插册重叠横放，邮票由于受压，就可能粘在插册上，而且时间长了，票面上会留下玻璃纸边的压痕，这也会影响邮票的品相。

在多雨季节和烈日下均不宜翻看邮册、摆弄邮票，否则潮湿的时候邮票会吸收潮气，放起来之后，潮气并没有跑掉，弄不好就可能会生霉点；而烈日下邮票易变色受损。

插册存放的地方要尽量干燥、通风、阴凉，避免受潮、受热和太阳暴晒。要防止有害物质和气体的侵蚀，如酸性和碱性物质、煤气、沼气及化学药品散发的气味等。有人为了防虫使用樟脑，但邮票的色彩遇到樟脑会起化学反应而导致变色、褪色。鉴于此，邮册保藏柜里不能放置樟脑。为了防止邮票受潮发霉，可在雨季来临前，把集邮簿放入没有破洞的新塑料袋内，袋口扎紧，以防止湿气进入袋内，然后把它放置在干燥的地方。万一邮票有受潮现象，就要多通风，但绝不能拿到太阳光下面去暴晒。邮票册的通风应选择干燥晴朗的天气，将邮票册竖起来，并把它打开成扇形那样站立，使空气可以流通，过几十分钟再收起来保存。

要注意邮册不能和食品、衣物、皮货等放在同一个箱柜中，以防鼠咬虫蛀。

不要将邮票久藏在箱柜里长期不拿出来翻看，因为日子久了，空气不流通，潮气散不出，也会使邮票受潮，发生粘连，甚至虫蛀。装满邮票的贴票册、插票册或袋装邮票都怕挤压，尤其是刷胶票，长期挤压会粘连，所以不要将邮票长期闭藏在箱柜里不去过问，而应该在干燥时经常翻弄、检查。保藏邮票的箱柜里最好放一包防潮硅胶或生石灰以吸收潮气，当然防潮硅胶应定期拿出来烘烤，生石灰应定期更换。另外，隔段时间用电吹风吹一下存放邮册的箱柜，也可起到干燥作用，但要注意不能对着邮票吹，防止热气融化邮票背胶。

要注意在欣赏、整理或检查邮票时最好不要说话、吸烟，以免唾液、烟灰等污染邮票而留下遗憾。

在梅雨季节，刚从信封上洗下的旧票不易干透，即使是新票也会吸收潮气，故不要急忙插入邮册中。可先把邮票夹入厚书中一段时间，或放进冰箱将水分吸干后再放入邮册。

邮票不宜长期被压在玻璃板下，也不要将其装入镜框内长期悬挂在墙上，参展邮票应及时取下来存放在邮册中。

有人将这些注意事项归纳为下述"十忌"，值得集邮者记取：

一忌日光暴晒，二忌受潮，三忌接近酸，四忌票面污染，五忌用手指摸，六忌长期闭藏重压，七忌鼠咬虫蛀，八忌硬撕蛮揭，九忌胡粘乱贴，十忌杂乱无章。

### 五、邮票的破损补救技巧

如果由于保管和存放不妥而使邮票、邮册出现一些轻微的玷污、折痕、变形等缺陷，可以采取一些办法进行补救。以下介绍一些方法，但这些方法有可能造成邮票褪色、变色，对此风险应有思想准备。为了不至于弄巧成拙，不妨先用一两枚不要的邮票做些实验，觉得有把握以后再对那些需要处理的邮票进行操作。处理后的邮品干燥后都应套上护邮套加以保护，再归类放入邮册。

（一）消除污点

邮票上沾有污点，可先把邮票放在玻璃板上，用棉花蘸些汽油溶剂，轻轻在邮票面上的脏处擦洗，但要注意，如果邮票上有邮戳，用汽油擦拭时注意不要接触到邮戳，以免把邮票弄得更脏。待汽油挥发后，用温水泡一下邮票，然后放在玻璃板上，用一支新毛笔蘸点肥皂液，轻轻地在邮票玷污的地方擦一下，再放进温水中洗去肥皂液。之后将邮票放在吸水纸上吸去水分，再放入白纸本中压平即可。

（二）消除污垢

邮票表面有污垢时，可到照相器材商店买定影粉，按要求泡成定影液，把沾有污垢的邮票放入浸 5 ~ 6 分钟后，用清水漂洗晾干，放在两张吸水纸中间夹紧，过两天后取出。如果邮票沾上泥浆，可轻轻擦拭较厚的浆土，把邮票放入清水中浸 10 分钟后，在水中可轻轻擦去剩下泥浆，再把邮票从水中捞出，放在两张吸水纸中间，干燥后用橡皮擦擦去浆迹。

（三）消除印油

若邮票沾上印油，处理方法与消除污点类同，用脱脂棉花蘸少量汽油，轻轻擦拭油渍，再用清水漂洗晾干。

（四）消除蜡或油

如果邮票被蜡或动植物油污染，可把邮票放在两张吸水纸中间，用电熨斗稍烫一下，油或蜡会被吸水纸吸去，即可消除蜡或油迹。

（五）消除墨迹

根据不同的墨水，需采取不同的处理办法。邮票沾染红墨水，可将邮票放入溶有少许酒的米汤中浸 10 分钟，红迹可能会消除，再用清水漂洗晾干；邮票沾染蓝墨水，可先将少量小苏打和漂白粉按 1 ：1 的比例溶于水中，再将邮票浸泡 15 分钟，蓝墨迹一般能消除，然后再用清水漂洗晾干；邮票沾染蓝黑墨水，可用温水溶解少许细盐，将邮票浸泡 15 分钟，如果墨迹还未消除，可以再将少许牛奶滴入盐水中，加热到 30 ~ 40℃，浸 7 ~ 10 分钟，墨迹便可清除，然后用清水漂洗晾干；邮票沾染紫色墨水，先将邮票放入纯度较高的酒精中浸 10 ~ 20 分钟，再用脱脂棉花轻轻擦拭，痕迹可能会减轻或消除，可重复此过程。

（六）清除霉点

霉点是不容易完全去掉的。若是霉点不多或出现不久，可将适量细盐放入热牛奶中搅拌均匀，当温度降到 30℃ 时，把沾霉斑的邮票放入浸 1 ~ 2 小时，并用干净的毛笔或棉花轻轻抹拭，有时可去掉一些。还可以试一下用洗洁精加温水洗，但浸洗后必须用清水漂洗一两次，然后用吸水纸压干，防止再受潮发霉。

（七）清除黄斑

轻微的黄斑清除方法同上，黄斑较重的邮票要用专用的药水处理，但不宜浸泡太久，否则会泛蓝褪色。有时下水后的邮票会造成四周发皱，这些邮票在水洗后要放在冰箱中，干燥后才能压平。

（八）处理折痕

将有折痕、皱纹的邮票浸在水中，待全部浸湿以后取出，用吸水纸将表面附着的水吸干，放在平整的玻璃或金属板上，表面覆盖一张玻璃纸或薄而质韧的纸，用大拇指指甲轻轻地将褶皱处展开，当然不能用力太大，否则会损坏邮票。然后把邮票放在白纸本中阴干压平，或放在冰箱中干燥。

邮票若有轻微的褶皱，可将其稍微打湿，夹在两张吸水纸中，用熨斗进行熨压处理，或者尝试用水浸泡后重新压平，这样可以使褶皱或折痕变得平整。但要注意，熨压时温度不能太高。

（九）处理粘连

带有背胶的邮票，有时因相互叠放受压而粘连在一起。若放入水中后，再将它们撕开，背胶就被损坏了。如果既要把它们分开，又要保留背胶，可把邮票放在热水瓶口约3厘米远的地方，利用蒸汽熏蒸片刻以后，邮票便卷曲而分开，或把粘连的邮票放在电冰箱里也可以，不过时间要长一些。

以上方法，实际上与修补邮票在本质上并无多大差别，如果用于交易，应加以说明，不然别人会认为其中存在欺骗行为。当然，只要是留作自己欣赏的邮品，尽可采用，还可结合上述"修补邮票的鉴别"中的一些方法修补有缺陷的邮票。

（十）矫正邮册变形

邮册有时竖放一段时间后，由于其原材料不够理想或工艺不够完善等原因，受空气中水分的影响会变弯形成"弓"形。如果要矫正，可将邮册逐页均匀地喷少许水雾，等水渗入纸中，每两页中间夹一张白纸平放在桌上，上面压一块稍大于邮册的木板，木板上再压些重物。过一昼夜之后，把邮册打开，呈扇状竖直放到太阳不能直射但又能吹到风的地方阴干数小时，然后压一昼夜，即可基本平复。

## 第二节 期刊类文物藏品保护管理

### 一、期刊收集的主要渠道

期刊收集主要有以下三种渠道。

（一）通过购买、交换、赠阅的方式进行收集

购买的方式主要针对近年来出版的期刊而言；交换和赠阅则针对不公开发行的内部刊物。

（二）从旧书市场中收集

旧书市场上都有机会收集到比较满意的旧期刊，但这需要有耐心，不是走一两趟就会有收获的。

（三）从拍卖会上获得

期刊作为图书的一大类，长期以来深受藏书者们的青睐，从成交和有影响的一些拍卖品来看，大多数以 20 世纪 50 年代前出版的和 70 年代后出版的成套期刊为主，且价格不菲。从拍卖会上获得无疑是收集期刊一条捷径。

### 二、期刊的种类与增值的关系

据不完全统计，全世界已发行的期刊多达数万种。面对浩如烟海的期刊，应该确定最基本的收集原则：从个人兴趣出发，以经济实力做后盾。另外，在收集过程中还要充分考虑到期刊增值的潜力。要做到这一点，应遵守下列原则：

（一）收集稀缺度高的期刊

凡历史悠久而又具有纪念意义和文物价值、艺术价值的期刊，世上必然不多见，其稀缺度构成了它们的增值可能性。

（二）投资者众多的期刊

某些期刊是否增值，受市场供求关系的影响很大。投资者众多的期刊，增值明显；反之，增值性就要小得多。

（三）"稀少、珍贵、有特色"的期刊

1.稀少

如 1857 年上海最早出版的中文期刊《六合丛谈》；1872 年北京出版的

我国最早的科学杂志《中西见闻录》等，这些都是非常难得的期刊，因其年代久远且稀少，故价格昂贵，收藏价值极高。

2. 珍贵

这部分期刊是指有名人作画和名家做客的期刊。早期期刊的封面和插画的绘制者大多是名家，而且很多人早已谢世，他们绘制的画往往是绝世之作。这些画既可以作为学画者的范本，又可以当成艺术品拿来欣赏。此外，一些期刊为了扩大它的知名度，往往请名人在期刊上发表他们的文章，这些都成为期刊的亮点。名家作品的存在，使期刊本身具有了很大的收藏价值和增值前景，值得收集。

3. 有特色

"有特色"是指具有特殊时代意义的期刊，因为它是特定环境下印刷的书籍，是那个时代的产物，而且再版的可能性很小，所以非常有收藏价值。

### 三、期刊收集应注意的问题

（一）确定收集目标

1. 目标相对集中

收集期刊，其目标要相对集中，切忌撒网过大。一般来讲，期刊可分为：近代、现代、当代和革命刊物四大类。可视自己的经济实力在某一范围内选择购买。

2. 目标相对放长远

从事期刊的收集要以经济实力作后盾，而且"稀少、珍贵、有特色"的期刊毕竟数量有限，所以应遵循"机不可失，时不再来"的原则，一旦遇见，要当机立断。

3. 注意价格低的期刊

"稀少、珍贵、有特色"的期刊数量有限，且价格较高，有幸购得的人毕竟是少数，所以要把眼光放长远一点，关注低价位的期刊。在收集低价位期刊时，要充分了解图书市场的走向，这样才能使藏品不断增值。

（二）按质量论价

期刊分为上、中、下三个等级。完整成套、没有破损、没有折皱、没有粘贴、清洁如新的期刊为上等品。有粘贴，但不影响原貌，且完整成套的期刊为中等品。零星不成套且有破损、折皱、粘贴痕迹的，只能是三等品。各个等级之间价格差异颇大。

（三）具体操作

投资者在投资期刊时，应掌握一定的图书版本鉴别常识。在具体购买中决不能掉以轻心，尽量不去没有质量保证的市场、摊点购买。应选择具备货真价实、服务优质的拍卖行去竞投。

### 四、保存与养护知识

（一）造成期刊损毁的原因

藏书是为了利用，而利用则必须以书籍的有效保管为条件。只有有效地保护好藏书，才能延长书籍的使用寿命，特别是能使那些具有长久使用价值的书刊保持良好状态。

要保护期刊免受损毁，必须研究影响藏书安全、造成藏书损毁的原因，从而采取预防和治理措施，使藏书避免意外损毁。造成这类书籍损毁的原因是多方面的，但归纳起来，不外乎两个方面：一是社会原因，二是自然原因。

社会原因，即是指人为造成的损毁，例如人为地不爱护书籍，造成对书的损坏、丢失，甚至故意撕毁、涂改，偷窃藏书。

除了这些原因外，自然原因也是造成书籍损毁的重要因素。自然原因有两个方面：一是内因，即书籍本身由于各种条件影响，纸张或墨等发生物理或化学的变化；二是外因，即周围环境中各种有害因素对书籍的破坏，以及藏书设备条件的限制等。

期刊的主要构成材料是纸张。纸张是由植物纤维经过汇制、蒸煮、制浆、抄造、干燥等若十道工艺制成的。植物纤维是各种蛀虫喜食的养料，也是真菌生长的养料。因此，它们非常容易受到虫蛀霉烂。除此之外，在物理和化学条件下使期刊发生变质的原因还有：① 受热和曝晒；② 潮湿；③ 温度和湿度经常而显著的变化；④ 工业区空气以及灰尘中的酸性杂质。强碱也是有害的，也会促使纸变质。例如真菌就很容易在碱性纸上生长；⑤ 氧气剂；⑥ 重金属的存在，即使是很微量的，也会对氧化变质起触媒作用。硫酸也会由大气中所含的二氧化硫形成；⑦ 含有和使用酸性填料，如明矾、树脂等。由于上述原因即光、潮湿、热、灰尘微粒、昆虫和酸引起的变质不同于因纸张的正常老化而引起的变质；所有的纸，不管是用什么材料制成的，即使是在理想的存放条件下，也必定随着年代的推移而变质。因此，加强对期刊的保护，就可以将变质降到最低限度，或者说至少可以推迟。

（二）期刊的养护

期刊的养护主要包括防火、防水、防潮、防霉、防高温、防虫、防鼠、装订修补等。

1. 防火、防水

书籍是易燃品，遇火成灾。火灾对书籍的损毁最为彻底。火是书籍的第一大敌，防火是保护藏书的首要任务。① 在书籍存放处要防止一切可能引发火灾的祸源，严禁存放易燃品，严禁吸烟、烤火，并专门制定防火措施和安置灭火器等消防设备。若发生失火，不宜用水救，而应装设碳酸气灭火系统来窒息火势；② 要建立严格的消防制度，定期检查电路和供电设备、灭火器材、沙包等消防系统；③ 要保持书库整齐清洁，定期清除报废的书籍、纸屑和各种多余的东西；④ 个人应加强防火意识，熟悉灭火器材的放置地点和它们的使用方法，随时准备与火灾做斗争。

藏书又最怕水，所以在救助火灾时切忌用水，平时应注意防涝、防漏，汛期特别要采取可靠的防洪措施。

2. 防紫外线和光照

据研究表明，最大的损坏是由波长短于 360 纳米的紫外线引起的。在书库内采用无紫外线光源，例如无紫外线荧光灯，在自然采光的窗玻璃上涂刷吸收紫外线的涂料（含有 UV 吸收剂的涂料）或贴吸收紫外线的薄膜（含有 UV 吸收剂的塑料薄膜），这样可以除掉光源中 99% 的紫外光，基本上可以消除紫外光对书籍的影响。另外，阳光和富有紫外线的人工光线也是特别有害的。光照和邻近紫外线的辐射，会使纸张失掉强度并且氧化，变质的速度比较快。控制光照首先是防止阳光对书籍的直接照射，书库的窗子应少而窄，窗户上安装不透光的遮帘或厚窗帘、百叶窗、毛玻璃，需要时用低瓦数的灯光照明，灯泡宜考虑选用乳白色灯泡或加灯罩白炽灯，不宜使用日光灯；在保证使用照明的前提下，应尽量降低光照的强度，并可安装自动关灯装置等，减少不必要的光照时间。此外，还可以在窗户的玻璃上涂颜料，用它们来挡掉光谱上的一部分光线，以此来排除最有害的光线。实践证明，含有氧化铺和氧化钻的玻璃能够最有效地防止书籍受到紫外线的照射，这类玻璃呈红色、绿色、柠檬黄色、黑褐色、黄色和浅黄色，其中，褐黄色玻璃遮光能力最强。

### 3.控制藏书室的温度和湿度

温度和湿度是影响期刊寿命的一个重要因素。温度过高，空气干燥，纸张容易脱水脆裂；空气潮湿，书籍容易吸水霉变。因此书库应保持适当的温度和相对的湿度。书库的理想温度是 14 ~ 20℃。根据我国图书馆提供的信息，一般夏季书库的温度应控制在 27℃以下，冬季应控制在 0℃以上；相对湿度应控制在 30% ~ 80%。控制温湿度最有效的方法是采用空调设备，如果不可能把温度和湿度控制在这个限度内，那也要尽量保持空气的自由流通，以延缓真菌的增长。空气的自由流通有助于阻止湿度的升降，从而阻止形成容许真菌增长的死角。使用除湿器或者诸如硅胶、无水氯化钙和熟石灰这样的化学药品，也可以降低室内过高的湿度。门要开得尽量小，空气要用排风扇保持不断流通。如发现发霉的情况，应采取补救的方法；对书籍倒架，用排风扇通风以免形成死角，对发霉的地方进行去污。

### 4.防菌、防霉

细菌和真菌都是对期刊有害的微生物。它们繁殖所分泌出的酶会加速纸张纤维的水解，降低纸张的强度，同时其分泌物又污染了书籍，影响识读。利用酒精涂擦除菌、除霉和杀虫，既经济实惠，又便于操作，不失为一种行之有效的方法。医学上常常用酒精消毒灭菌。近年来，一些图书馆也尝试用高纯度的医用酒精来消除书籍的真菌和蛀虫。具体操作的方法是用柔软洁净的纱布，蘸取 95% 的优质酒精，根据书籍生霉生虫的程度，对生霉生虫处进行反复擦拭，真菌严重的地方要反复多次地擦，才能收到明显的效果。在使用时要注意：酒精易燃、易挥发，要注意防火；不要使用工业酒精，因为工业酒精中不仅含水量高，而且含有甲醛等有毒物质。

### 5.减少期刊的伤残

阅读期刊时，应注意不要卷书脊，不在书上折角，不用指甲在书上划，不蘸唾沫揭纸，不将书作枕头，不在书中夹纸。期刊随时破损要随时修补，看完书后要随即合上。注意了上述这些问题，可减少期刊的伤残。

### 6.期刊应采取的管理方法

期刊的管理方法比较常用的有两种，即上架法和合订法。上架法是将期刊分门别类，按照期号排列在书架上的方法，其优点是便于查找。合订法是将分类后的杂志合并装订在一起，具有容易查找、保存的优点。一般对于流通量较大的期刊，应采取合订法，增强其抗磨强度，延长使用寿命。具体的方法是：采用加固封面、增添书衣等保护性外壳的办法，同时按年度（较厚的也可半年）装订成册，既防止散乱、损坏，又利于保管。

（三）破损补救技巧

装订和修补期刊是长久的，它是有效保护期刊的重要手段之一。由于这类书籍的使用率非常高，所以必然受到不同程度的人为或自然损毁。为了使这些书籍能够长期保存，一方面要加倍爱护，妥善保管；另一方面要对已经有所损坏的期刊进行修补装订。经过精心装订修补的旧期刊，不仅能够保证书籍的完整性，使其装潢美观，而且更便于阅读。为了更好地保存和利用这些书籍，必须学会书籍修补的一些基本技法。

1. 期刊修补前应做的准备工作

修复前的准备：简单的修复装订，不需要购置大量的材料。只需要适当地准备一些棉连纸、透明纸、玻璃纸、薄纸、云母纸、棉线、线、排笔、棕刷和糨糊（应选择透明、黏合性能好而不伤书籍的材料，最好能使用小麦淀粉糨糊）等，以及常用的小工具就可以进行工作了。

2. 对期刊进行小的修补

小的修复，是针对只有轻微损伤或扯裂的书籍。具体地说，就是先将诸如合成糨糊或淀粉糨糊这样的胶黏剂涂在扯裂的地方，然后放一块砂纸，并把砂纸压上去，在另一面也做同样的处理。在糨糊干燥时，去砂纸的多余部分。这种技术可以加固扯裂的部分，弥合纸张的裂口。

3. 对期刊进行托裱

期刊托裱的修复方式分为两种：单面托裱和双面托裱。单面托裱的方式一般用于修复期刊的封面或封底。为了保护书籍的旧貌，对封面（或封底）尽可能采用托裱的方法，先补、后裱。封面（或封底）用稀糨糊在背面裱一层纸，绷在纸壁上，等干后就可用。裱封面（或封底）的纸宜用有韧性的棉纸。封面（或封底）残缺过多，无法选配齐全的，可将封面（或封底）粘在里面，外面再加一层颜色适中的新封面（或封底）。双面托裱适用于双面有字的书页。其操作方式是把书页展平，再用排笔蘸糨糊从左向右薄薄刷上一层。然后用左手拿着比书页四周大 5 厘米的托纸，右手握住棕刷，从右向左进行排刷。托纸上完后，再用棕刷刷一遍，使书页和托纸紧贴在一起。若书页上发现有裂纹，要求要对齐，有排笔毛要用镊子拿掉；书页和托纸之间若有气泡，要用棕刷赶走压实。同时对托纸也有特殊的要求，要求纸张含纤维素多、纸薄、透明度高。一般使用云母原纸、镜头纸和打字纸等。

双面托裱应注意的问题：① 托裱的书页需加边时，要先加边后托裱；② 严格选用糨糊和托纸，这是保证托裱书页质量的关键；③ 托裱时托纸要上正，托纸纤维方向和书页纸张纤维方向、光滑面要求一致。

4. 期刊发生断线的处理方法

有的期刊，由于年代久远或使用频繁，原有的装订线已经磨断，如不重新装订好，日久会使整本书籍散落。因此，应选择适当的线加以固定。装订书籍，不仅要照顾到坚固耐用，还应考虑线的质地、颜色与书籍是否协调。线有丝线、棉线和粗细之分，选择用线需要根据期刊的具体情况而定。一般情况下，厚本书选用粗线，薄本书选用细线；开本大而薄的书，可用三股细线平行并列来订；普通书使用棉轴线即可。订线时按书大小剪一条比书长六倍的棉线，将双头对齐，在书的上方第二个眼开始，由上往下穿订，再将线头用针拔在书脑内。上下往返订完，最后将线头捆结在结尾处。

5. 期刊发生焦脆的修补方法

期刊由于长期放在书架、书桌上或阳光照射等方面的原因，纸张变得非常焦脆，着手即破。遇到这种情况，我们应该采取不同的办法进行修补。具体地讲，对于书页焦脆较轻，可以采用冲水的方法去掉焦性，经过水冲过的书页，纸张变得柔软，只需要对其中破了的书页稍作修补即可。对于书页焦脆较严重的，可参照托裱中双面托裱的操作方法进行；如果书页四周焦脆，中间还很坚固，可以在书页四周涂稀糨糊，粘棉纸条，不必全裱。

6. 除掉期刊上的各类斑点的方法

期刊上的斑点包括：灰尘、真菌及害虫对书页的污染；油渍、水渍、墨点和食物斑点等对书页的污染。常用除斑点的方法如下。

（1）干法去污

主要是用刷子、橡皮、刀片、砂纸等把附着在书页上的斑点轻轻地刷掉，或将蜡斑轻轻地刮去蜡质，用橡皮把铅笔笔迹擦去。如果书页上积有灰尘，少量的可刷掉，大量的用空气压缩机除去。

（2）水洗去污法

这是一种使用普遍的方法。如一些斑点被刷子刷去后还留有渍印，可用水洗的方法继续去污。操作方法是：用容器盛入含有1%明矾的水溶液，温度控制在70℃，把去污不彻底的书页放入容器内轻轻刷洗污斑处，洗净后再放入清水中洗一下，拿出来放在吸水纸中压干，在压干的过程中要经常翻动，防止发霉。如果渍印严重的也可用1%～2%的纯碱水冲洗，再用清水冲干净，放入吸水纸中压干。

（3）高锰酸钾去污法

主要用于霉斑、蓝黑墨水斑点等难以除去的情况。高锰酸钾为深紫色结晶，水溶液为紫红色，是强氧化剂，能氧化污斑中的色素。使用时先把书页润湿，然后放入0.5%～1%的高锰酸钾溶液中，约5分钟之后放入清水中洗一下，再放入浓度为0.5%～1%的亚硫酸氢钠溶液中，使之慢慢变为白色。再用清水冲洗书页，放入吸水纸中压干。这种方法对纤维素有一定损害，要慎重使用。

7.期刊缺页的处理方法

长期的日照和频繁地使用必然对期刊有损害，有些书页甚至会丢失。因此，要经常检查书籍，如发现丢失，应立即补缺。办法是先找一本相同的期刊，将丢失的那一页影印下来，然后拆开需要补缺的杂志，把影印的书页放入补缺位置，再按照处理期刊断线的方法，重新进行装订。

期刊的修复方法有很多，在此就不一一介绍了。总之，期刊的装订修复是一项比较细致复杂的工作。操作时，应从小修补着手，以免加重书籍的损坏；同时还要根据具体情况，机动灵活地选择修复的方法，要做到既要有所创新，又要保持它原有的风貌。

# 第三节　照片与底片类文物藏品保护管理

## 一、关于照片和底片

（一）照片和底片

照片是一种使感光纸通过底片曝光，再经显影和定影等化学处理而得到明暗程度或色彩与被摄景物一致的正像。底片是使景物形态通过物镜在感光片上曝光，构成潜影，再将曝光后的感光片经显影和定影等化学处理得到明暗程度与景物相反或色彩与景物互成补色的图像。

（二）照片和底片的作用

照片是通过底片曝光后经化学处理得到的，也就是说底片是照片的母版，先有底片后才有照片，一张底片可复制若干张照片出来。底片是将感光片放在照相机中，曝光后经化学处理得到的。用照相机摄取景物影像的过程叫照相，也称为摄影，它是一门科学技术，也是一门艺术，广泛运用于社会各个领域。在新闻宣传报道中，它起着文字无法替代的作用，是新闻报道工作者不可缺少的技术手段。在科学技术研究领域，它起着非常重要的作用，除本身具有很高的科技含量外，它在科研过程中也被广泛运用，不仅能记录科研的过程和成果，有时还是科研的重要资料。

（三）老照片的作用

历史照片具有特殊的文物作用，在博物馆中，历史照片扮演着重要的角色。不同时期的历史照片具有很强的时代特色，它记录着那个年代人类社会活动的真实面貌，从不同侧面再现当时政治、经济、军事、科学技术、文化艺术、风情习俗等，这些也构成照片具有时代特点的主要内容。从照片的时代性中可看出照片的史料价值。照片和文献一样记载着历史，虽说它们的形式不同，但作用是一样的。人们要研究历史，首先必须了解历史，通过文献得到的知识要是加上照片的证实，就能使你更完整、准确、形象、生动地了解到历史的真相。

（四）收集照片和底片的价值

老照片热不仅仅出于人们的怀旧心理，人们从它记录历史的方式、储藏的大量真实的信息中，看到了老照片具有的重要历史价值、文物价值、艺术价值和经济价值。照片的历史价值主要体现在它的纪实性上，它能真实地记录下某段历史时期中自然、社会与人的现状，是任何文字资料无法做到的。它比文字更直观、更真实，因而它深深地吸引着人们，特别是历史学家、老照片爱好者。它的文物价值主要体现在它的史料性中，学者或研究人员可从一幅老照片中研究它所记录的当时的地域、民族、文化等。老照片本身就是记录历史的一个载体，与其他实物载体一样，也具有一定的文物价值。它的艺术价值体现在摄影艺术的用光、构图、影调处理等方面。摄影艺术与其他艺术一样，具有很强的时代性，一幅艺术照片凝聚了摄影家的艺术灵魂、思想内涵等。

（五）收藏照片和底片升值的可能

从收藏照片和底片的价值中我们不难推断出它潜在的极大的升值可能。它既是艺术品，又是文物，当然就像其他艺术品和文物一样，有其独特价值。

（六）收集照片和底片的方法

收集照片和底片是一种高雅的爱好，它需要有相关的知识，也要有一定的经济实力。照片和底片的种类繁多，内容复杂，如果不择重收集，一是不便管理；二是财力、物力、精力有限，往往让人半途而废。这几年兴起的收集照片和底片热是一个新的门类，收集难度较大。由于民众缺乏对老照片的收藏意识，认为老照片可大量复制，没有收藏价值，更没有升值的可能，因而一些人对家中留存的老照片不爱护，随意乱放乱丢，或将一些隔辈老人的照片，随老人的去世同他身边的用物一起焚烧掉。对于一些社会纪实和新闻老照片，因当时均为照相馆和报馆所摄，一经刊印使用，原作就被丢弃，流传于世的原件极少。收藏照片和底片应像收藏古字画和瓷器一样，必须是那个时代原汁原味的真品，复制品收来就没有太大的价值了。

**二、对照片和底片进行整理**

收集到的照片和底片，如不进行整理，你就心中无数，不仅会影响你的收藏质量，使你忽视研究，难以交流，而且使你的收藏毫无意义，你只不过是收了一大堆废品。整理的方法很多，如果收集时就已分出大类，再按大类来整理就不难了，下面介绍几种简单的方法。

（一）无底照片的整理

无底照片大部分是历史老照片，应按年代顺序排架入柜，再给每张照片一个顺序号，可以是流水号，也可以是年代号。然后对每张照片进行著录，著录的内容有照片号、时代、名称、照片的大小、来源和内容说明等。

（二）有底版照片的整理

这类照片可根据内容排架入柜，底版可随照片一起入柜，同样要每张照片一个号，照片上的号要同底片上的号一致，以免造成混乱。这个号可以是分类号，也可以是流水号。有了号，就要对照片号、时代、名称、大小、来源、作者、底版、内容等进行著录。

（三）彩色照片的整理

同样按内容排架入柜，写分类号，著录。

（四）黑白照片的整理

按内容排架入柜，写分类号，著录。

### 三、保护与养护技巧

（一）黑白照片和底片会发黄，会出现斑点

银是构成黑白照片和底片影像的重要成分，银的稳定性直接影响着银盐胶片上影像的保存。银是不活泼的重金属，在空气中比较稳定，与水几乎不反应，这些性质都为银盐照片和底片影像的长期保存提供了可能性。但在黑白照片和底片的保存过程中，也往往会出现影像被损坏的现象，如影像消退、照片和底片发黄或出现彩色斑点等。黑白底片的变质均与银的变质有关。底片中银的变质是通过两种方式进行的：一是影像上的银被氧化；二是影像上的银被硫化。

在保管黑白照片和底片时，底片上有时会出现一些外观独特的斑点。斑点为圆形，呈红色或黄色，有似浅色或深色的同心圆环，这些斑点十分微小，有的斑点只有针尖大。黑白底片生斑后，底片上的影像变形或颜色变浅，会使原有的信息失真。底片生斑的主要原因是影像上的银微粒被氧化而使影像上呈现出橙色或红色的颜色效应。引起银盐黑白底片生斑的外界因素主要是保存底片环境不宜造成的，有以下几方面。

①在非常潮湿的环境条件下或在受到污染的空气中保存照片和底片。有证据表明，空气中的过氧化物、臭氧及工业大气污染中的各种污染物均可以引起银变质而形成污斑。

②使银盐黑白底片生斑的氧化物除来自被污染的空气，也潜伏在保存内部的许多设备中，如经过漂白或已老化变质的包装纸就能释放出过氧化物而使与之接触的黑白底片生斑。

③除氧化物外，环境中不适宜的温度和湿度也是底片上污斑形成的重要因素。温度与湿度相比，湿度对斑污的形成影响较大。防止底片生斑的有效方法是将底片存放在低温、干燥、没有氧化性气体的环境中，除此之外，对底片进行特殊处理可减少污斑的产生。

（二）防止黑白底片生斑

1. 上金处理法

上金处理法是很简单的，对黄金的需要量也是很小的。银粒氧化之后在明胶内移动，并成为一些细小的颗粒，结果就出现了污斑。用黄金进行保护处理，似乎可以阻止这些污斑的形成。把照片和底片浸在水内，通过金的氯化物和其他化合物的稀释水溶液浸泡，然后用水充分洗涤，结果在银粒上就会形成薄薄的一层连续的、微观的黄金，这样就可避免底片被银污损，处理后的效果可保持 20 年以上。还有一种办法是使用黄金漆塑层，把黄金弄到影像上去，效果是一样的。

2. 碘化钾法

这种方法比上金处理法价格低，只需在每份显影剂中加 0.2 克碘化钾即可防止污斑的产生。

（三）黑白底片上的影像会消退

银影像的发黄与消退是黑白底片损坏的另一种形式，这种变质现象是银影像中的银被硫化造成的。在保存黑白底片的环境中，银影像被硫化的外界原因是包装用纸、艺术用纸、衬纸、透明胶水纸、橡胶带及醋酸乳化黏合剂等含硫物与底片影像接触后，致使底片发黄、褪色。为了避免这些污染物对底片的危害，要严格选用设备及包装材料，应选用化学性质稳定的片盒存放底片。

引起黑白底片发黄和褪色硫化的内因是底片在加工工艺中硫代硫酸钠的残留。在定影处理时，定影液中的硫代硫酸钠同未曝光的卤化银反应生成溶于水的硫代硫酸银。它可以通过水洗除去，但水洗若不彻底，底片上就会残留硫代硫酸钠，这样底片在长期保存时，便与空气中的二氧化碳发生反应，生成硫和亚硫酸。硫同影像上的银作用生成黄色硫化银，致使底片发黄；亚硫酸被空气中的氧氧化成硫酸，硫酸同硫化银缓慢作用生成硫化氢和白色可溶性硫酸银，使影像褪色。硫化氢仍可继续同影像中的银发生反应，生成黄色硫化银，使底片持续发黄，残留

在底片上的硫代硫酸盐的破坏作用一直要持续到其本身或影像中的银全部耗尽为止。这种破坏作用在温度升高或湿度增大时会加剧。为了底片能长期保存，底片中硫代硫酸钠的残留量越低越好，但至今无法全部去除。最

好是经常检查，如有异常，及时处理。

（四）彩色照片和底片容易褪色

黑白影像是由金属银组成的，而彩色影像是以染料组成的，这就使彩色影像的耐久性同黑白底片的耐久性有很大区别。彩色影像染料的特定性差，随着时间的推移不可避免地要褪色，因而彩色影像是难以长期保存的。彩色影像衰退主要表现在以下几个方面。

①亮部清晰度、还原密度及对比度降低，彩色平衡被破坏或彩色平衡中出现污斑。其中染料在感光乳剂层内的氧化还原反应是影响彩色褪色的根本原因。

②染料的褪色速度同照片和底片保存环境的温度、湿度、有害气体浓度及底片曝光情况、染料的种类及冲洗质量有关。

③光（特别是紫外光）、酸和有害化学药品对有机染料的破坏也使染料褪色。因此彩色照片和底片要避光保存。

（五）保护好照片和底片

照片的好坏，主要因素决定于底片，如果照片损坏了，可再冲洗一张，底片受到损坏，是无法弥补的，特别是一些珍贵的底片一定要慎重保存。同样有许多老照片也是孤版，十分珍贵。

①要防止照片和底片受潮：冲洗后的照片和底片虽然是稳定的，但潮湿、有害的环境对它的影响还是很大的，如果对其存放处不认真注意，它们就会受潮，就会发生褪色、变色、发霉甚至药膜脱落的现象。照片和底片应当尽可能避免存放在相对湿度高于60%的环境中，而相对湿度过低，又会引起底片发脆、卷曲和静态充气。因此照片和底片平时最好保存在通风干燥、温度变化不大的地方，对于长期的保护工作来说，恰如其分地控制空气温湿度是唯一实际可行的办法。研究发现，在40%～50%的相对湿度和20～22℃的温度中保存最为适宜，而且已经证明空气调节对于清除有害的空气污染也是有用的。如果底片受潮互相黏合时，千万不可强行揭开，应浸于清水中，待其湿透自行分离。在底片生霉的初期，用胶卷清洁剂擦拭或用水轻轻刷洗之后再用脱脂棉擦一下就可以去掉。生霉很严重的就不一定能擦掉了。

②防尘、防火、防水：尘埃到处都是，它不仅会玷污照片和底片，有

时还会擦伤胶膜，损伤它们，所以要特别小心。较好的办法是将照片和底片装在底片夹或透明纸口袋中，同时写上内容和编号，这样不仅可以避免各种损坏，使用时也比较方便。千万不要用橡胶胶布围在底片上，因为橡胶可能含有残余的硫，而硫是有害的。同样也不要用新闻纸之类的漂白纸或印刷纸围在底片上，这些东西对照片和底片有不良的作用。底片可剪成单张或多张连在一起保存，张数多少，要看底片夹或口袋的大小而定，但不可将两张底片重叠放在一个口袋内。底片最好不要数卷保存，因呈卷状容易摩擦损伤。如果一定要成卷保存，要存在专门设计的金属罐内，用优质的橡胶压合胶布把金属罐密封起来。底片夹和纸口袋都可以自制，所用材料应当符合保藏底片的规定，糊口袋要用胶水，若用糨糊，要加防腐剂，接缝应在边上，以免使底片产生斑迹。照片和底片的存放处应防火，禁止携带火种接近它们，周围不应堆放易燃物。众所周知，火灾一旦发生，很多东西都将化为灰烬，照片和底片如果接触到火，还没有达到燃点就会受到损害。同样，水对照片和底片的损害也是不小的，它能使照片和底片感光层溶化、脱落。为了防止各种原因引起的水害，应把存放点放在高出地面的位置上。

③要防止沾上手印：取用照片和底片最好戴上手套，在天气炎热的季节，手上多汗，汗渍会污染它们，如果没有手套，取照片和底片时一定要注意，必须拿它的四边或四角，手指不能触摸药膜面。如果照片和底片沾上了脏物或手印，可浸入底片清洁液内5分钟，然后用海绵等软物擦拭干净。底片清洁液配方：冰醋酸2毫升，无水亚硫酸钠10克，加水至500毫升。

④防止紫外光的照射和有害气体的熏染：存放照片和底片的环境除潮湿、温度变化对其有害外，有些有害气体对它影响也大，如硫化氢、二氧化硫、过氧化氢、驱虫剂、溶剂等。长时间被光线照射，也可能使照片和底片褪色或变色。因此存放的地方尽可能要避开有害气体的侵害和紫外光长期照射。有条件进行专业保藏的部门最好是将照片和底片放在地下室内。为了安全起见，最好是把它们放在防火、防尘而且涂有防蚀、防污和耐火的柜子里，柜子的设计要通风，让空气流通。

⑤对照片和底片要做检查，定期检查可及时发现照片和底片的变质情况，并针对这些情况采取应急的处理措施，避免它们继续损坏。检查的内容主要有：

其一，照片和底片是否变形，如片基是否卷曲、脆化、断裂，照片和底片是否粘连；

其二，照片和底片是否发生光学变化，如感光层是否发黄、褪色、生斑或出现灰雾；

其三，包装材料是否变质，如纸盒是否变色、脆化，金属容器是否锈蚀等。

## 四、破损补救技巧

照片和底片在保存中难免受到损坏，因此要根据不同的损坏情况进行处理。

（一）照片和底片沾上灰尘的去除方法

照片和底片上积有灰尘时必须除去，以防产生划伤。一般采用如下方法。

①用毛笔和软刷轻轻刷掉灰尘，对量大的可用去尘器。

②也可用棉花蘸酒精在个别灰尘较难去除的地方轻擦。棉球一定要湿润，否则会使灰尘划伤照片和底片。

③用清水冲洗，晾干，冲洗用水应是流动的。

（二）照片和底片沾上手印或油斑时的处理方法

除去照片和底片上的手印、油斑时可用20%～25%的汽油和75%～80%的甲苯的混合有机溶剂，用棉球蘸上配制好的混合溶剂在有手印或油斑处轻轻擦拭。如遇手印或油斑严重时，把照片和底片按以上方法处理后，用清水再漂洗15分钟，用5%冰醋酸过一遍，然后清水冲洗，晾干即可。

（三）照片和底片出现黑色斑点的处理方法

黑色斑点的去除使用配制药品，把10克赤血盐放入200毫升50℃温水中，使之溶解后加水至500毫升。这种化学药品也称比例减薄液——曝光不足、显影过度的底片就显得有些厚，洗出的照片发黑，使用减薄液，按比例减薄，可让底片洗出最佳效果。操作使用时，把带有黑斑的照片和底片放入此溶液0.5～2分钟后，用清水冲一下，再放入定影液中定影5分钟，然后水洗15分钟，晾干即可。

（四）照片和底片发黄了的处理方法

发黄底片的处理，首先应将底片定影10分钟左右，定影完毕，彻底水洗约15分钟。然后放入有1%的高锰酸钾溶液和2%的盐酸溶液的等量混合液中进行漂白处理。漂白后水洗，再放入D72显影液原液中显影5～10

分钟即可晾干。应该注意，用高锰酸钾—盐酸漂白液后，影像必须彻底漂白。另外，由于银粒的损失，底片发黄部分的密度会降低，所以局部发黄的底片经处理后，要用涂色的办法将密度补上，与底片其他部分的密度相一致。照片发黄了，就没有什么去除的好方法了，老照片多数都有些发黄。

（五）照片和底片生了霉斑和沾上墨水的处理方法

霉斑和墨水使照片和底片表面失去光泽而积一层杂质，因此一定要清除掉。具体的方法是把照片和底片放入清水中浸泡 15 分钟，使它们的乳剂膜浸透后放入显影液中，利用显影液的碱性物质洗去它们表面的杂质。要全部浸入显影液并经常翻动，温度为 20℃以下。显影液要根据底片的种类进行选择，然后放在流动的清水中冲洗，再放入 5% 的冰醋酸溶液中过一遍，除去照片和底片上残留的碱性物质后，再用清水冲洗 20 分钟，晾干。如果照片上的霉斑十分严重致使照片损坏时，以上的方法就不管用了，只有尽力保存好没有受损的部分。

（六）底片上有了划痕的消除方法

底片划痕的消除，可先将底片放在清水中漂洗 5 分钟，使药膜经水浸泡后膨胀。然后捞取底片晾干，药膜湿而复干，发生收缩，一些轻度划痕即可消除。135 底片，由于背面没有防光晕胶层，不容易吸收水分，所以经重新漂洗后的底片，干燥以后还需要用药棉蘸取修像油，在底片的背面擦一遍，划痕可进一步消除。

（七）底片上有了折痕的消除方法

底片折痕的消除，可将其放入清水中漂洗，洗去折痕处的灰尘，待底片变软后，将折痕折平。具体操作方法是：先将底片水洗 5 分钟左右，然后放入显影液内浸泡使药膜膨胀变软，同时将灰尘清除。5 分钟后，从显影液内取出底片，放入 5% 的冰醋酸溶液内过一遍，将底片上的显影液中和后即可水洗。在水洗过程中，要不断地将底片按折痕的反方向折动，用力不能过大，弯折不能过度，以免折断底片。水洗 15 分钟后，将底片取出晾干。

（八）照片撕破了的处理方法

照片撕破了，通常情况下是将照片取下来，将破损面接拢，利用装裱修补的办法，裱装在一张硬卡上，使破损的画面恢复原状。

综上所述，照片和底片是一种特殊文物，具有很强的时代性、历史性和艺术性，是值得收藏和保存的。要保存好照片和底片，也不是一件难事，只要你用心做，就一定能做好。在日常生活中，有污染和潮湿的空气是看不见、摸不着的，要随时观察周围事物的变化，比如经常感到有刺鼻的气味，室内的用具出现异常变化等现象，就要引起重视，及时查看，防患于未然。总而言之，要以预防为主，发现问题及时处理，这样照片和底片就会得到很好的保藏。

# 参考文献

[1] 陆建松. 博物馆建造及展览工程管理 [M]. 上海：复旦大学出版社，2019.10.

[2] 陈红京. 博物馆藏品数字化管理十讲 [M]. 上海：上海交通大学出版社，2019.

[3] 王波. 企业博物馆 3.0[M]. 南京：江苏人民出版社，2020.05.

[4] 高红清. 博物馆临时展览工作基础实务 [M]. 北京：北京燕山出版社，2016.03.

[5] 刘新阳. 展览的艺术博物馆陈列操作与思考 [M]. 武汉：武汉出版社，2016.12.

[6] 郑燃. 公共文化服务均等化视角下图书馆博物馆数字文化服务融合研究 [M]. 武汉：武汉大学出版社，2019.08.

[7] 陈筹，王俊卿，徐敏. 自然科学博物馆场馆运行与公共安全研究 [M]. 北京：中国科学技术出版社，2019.07.

[8] 段勇. 当代中国博物馆 [M]. 南京：译林出版社，2017.10.

[9] 徐丹. 长三角设计博物馆的功能演进与设计体验 [M]. 长春：东北师范大学出版社，2018.02.

[10] 陈履生. 博物馆之美 [M]. 桂林：广西师范大学出版社，2019.09.

[11] 潘力，刘剑平. 文博创造力高校博物馆理论与实践 [M]. 北京：中国传媒大学出版社，2018.12.

[12] 李佳一. 从展场到展览 [M]. 上海：上海社会科学院出版社，2020.

[13] 单霁翔. 博物馆的陈列展览 [M]. 天津：天津大学出版社，2017.10.

[14] 张子康，罗怡. 艺术博物馆理论与实务 [M]. 北京：文化艺术出版社，2017.10.

[15] 王舒静 . 圣彼得堡博物馆解读 [M]. 兰州：敦煌文艺出版社，2019.01.

[16] 李万万 . 博物馆的历史：从欧洲原型到本土化发展的中国博物馆 [M]. 北京：人民美术出版社，2019.01.

[17] 张礼智 . 生存陕西民办博物馆 20 年发展观察记 [M]. 西安：陕西科学技术出版社，2019.05.

[18] 吕建中 . 第三届丝绸之路国际博物馆友好联盟大会论文集 [M]. 西安：陕西人民出版社，2019.

[19] 吕章申 . 大英博物馆展览 100 件文物中的世界史 [M]. 北京时代华文书局，2017.02.

[20] 王婷 . 博物馆教育项目的策划与实施 [M]. 北京：国家行政学院出版社，2018.09.

[21] 陈剑秋，杨晓琳，贺康 . 上海自然博物馆设计与技术集成 [M]. 上海：同济大学出版社，2018.02.

[22] 赵国春，关亮亮，刘雷 . 记忆与守望北大荒博物馆十年纪实 [M]. 哈尔滨：黑龙江人民出版社，2015.07.

[23] 庞有学 . 梁带村遗址博物馆 [M]. 西安：陕西科学技术出版社，2018.01.

[24] 徐鑫磊 . 湖北地质博物馆 [M]. 武汉：中国地质大学出版社，2018.04.

[25] 胡玺丹，王俊卿，徐佳艺 . 博物馆拓展类教育活动研究 [M]. 上海：上海科学技术出版社，2019.09.

[26] 杨志刚 . 博物馆评论 [M]. 上海：上海辞书出版社，2018.01.

[27] 一帆 . 漫步大英博物馆 [M]. 南昌：江西美术出版社，2018.03.

[28] 赵梅，唐思雯，谢昊伊 . 中国博物馆 100 上 [M]. 开封：河南大学出版社，2018.06.

[29] 徐善衍 . 域外博物馆印象 [M]. 北京：中国科学技术出版社，2018.03.

[30] 王芳，彭哲 . 面向儿童的博物馆教育 [M]. 广州：暨南大学出版社，2018.08.